帝国の島

琉球・尖閣に対する
植民地主義と闘う

松島泰勝

明石書店

はじめに

尖閣諸島は日本の「固有の領土」なのだろうか。2010年9月、尖閣諸島の「領海」内で日本の巡視船と中国漁船の接触事件が発生した。2012年4月に石原慎太郎・東京都知事が同諸島の購入に動きだした。同年8月、「釣魚台防衛」を掲げる香港の活動家を中心とする中国人14人が魚釣島に上陸し、「不法入国」で逮捕、強制送還された。同じ年の9月、日本政府は魚釣島等、三島を国有化した。日本政府は、尖閣諸島を「固有の領土」として中国漁船を取り締まり、中国人の上陸を許さず、国有化まで行ったのである。

日本政府は本当に尖閣諸島を国有化できる、正当な歴史的、法的根拠をもっているのだろうか。1879年に日本国は琉球国を併呑（強制併合）した。その後、尖閣諸島を自らの領土として組みこんだ。琉球とともに尖閣諸島も日本の「固有の領土」ではない。明治政府は「無主地先占」という帝国主義の論理に基づいて、1874年に台湾出兵（台湾侵略）を行い、日清戦争終了間際の1895年1月14日、尖閣諸島を閣議決定により領有化した。その領有化過程は不完全であり、現在の国際人権法から考えれば違法であった。しかし、日本政府は現在も、「無主地先占」という帝国主義を正当化する国際法を尖閣領有の法的根拠としている。

1879年の琉球併呑まで、日本政府と尖閣諸島とはまったく関係がなかった。日本は琉球を自らの植民地にし、そこを拠点として尖閣諸島の領有を主張しているにすぎない。琉球併呑が国際慣習法違反であり、無効であるとすると、当然、尖閣諸島の領有化も無効となる。

本書は、天皇制国家による島嶼侵略の問題として尖閣諸島領有について論じ、それが現在の琉球の平和、独立運動にどのような影響を与えているのかを分析する。そして、日本政府の「無主地先占」論を世界の脱植民地化運動という文脈のなかで批判的に検討する。その過程で、尖閣諸島と琉球の領有をめぐる、日中関係の変遷を論じ、帝国主義が未だに存在していることを明らかにする。最後に、琉球人遺骨問題と尖閣諸島問題との共通性を検討したうえで、民族自決権行使としての琉球独立を展望する。

天皇制国家は軍国主義国家と同義語である。日清戦争で日本の勝利が見えた段階で尖閣諸島の領有を閣議決定した。その後、日本は日露戦争、日中戦争、アジア太平洋戦争に突入し、帝国主義の道を歩んだ。尖閣諸島は琉球と同様に、日本が帝国主義国家になるステップストーンとしての役割を果たした。しかし太平洋戦争に敗北し、日本帝国は崩壊した。1960年代末に同諸島周辺海域に石油資源が発見され、中国、台湾、日本・琉球による資源争奪の対象となり、その領有権をめぐる対立が激化した。特に2012年の尖閣諸島の日本政府による国有化後、琉球列島における自衛隊基地の建設が加速する等、「尖閣諸島防衛」を掲げる「島嶼防衛」体制が構築されている。同時期に八重山諸島において教科書採択問題が発生したが、自衛隊基地建設と国家主義的な教科書採択は相互に関連しながら進められた。

琉球は日本政府によってその土地が奪われたが、同時に日本人研究者により祖先の遺骨も盗掘され、日本民族の来歴を明らかにするために「人骨研究」が行われてきた。2018年12月、琉球民族遺骨返還請求訴訟が京都地裁で起こされ、学知の植民地主義が明るみになってきた。提訴後の法廷における議論、日本人類学会による京大への要望書問題、京大総長による琉球人差別発言、琉球弧（琉球列島）における遺骨返還運動等について検討し、日本の植民地主義が今も続いていることを具体的に論じる。教科書検定における沖縄戦史の修正主義への批判、日の丸・君が代反対、反軍事基地、遺骨返還、琉球独立等の各闘争は琉球の脱植民地化として位置づけることができる。

本書の第一の学術的な独自性は、琉球の脱植民地化、民族自決権という観点から分析した、初めての尖閣諸島問題研究であり、日本の「固有の領土」論を歴史、社会、経済、国際法の各観点から批判したことにある。日本の「固有の領土」論を主張する、日本における全体主義的、画一的な言論、研究状況に一石を投じるとともに、同論を根拠にして琉球列島における軍事基地機能の強化を進める、日本政府の軍国主義政策を批判する。

尖閣諸島には、石垣市登野城の番地が付与されている。2020年6月、石垣市議会は同諸島の字名を「登野城尖閣」に変更する議案を採択した。本書は、石垣島生まれの琉球人研究者が、琉球独立論の立場から尖閣の日本領有論を批判する最初の著書となる。日本による尖閣領有問題は、現在進行形で展開されている琉球の軍国主義化、教科書問題、琉球人遺骨返還運動、独立運動等と密接に関係している。本書は、琉球の脱植民地化、脱軍事基地化を進めるために、尖閣諸島や琉球に対する日本の帝国主義、植民地主義を批判的に検討する。

本書において、尖閣諸島問題を、「島は誰のモノか」という国民国家の所有権をめぐる問題としてではなく、歴史認識問題、日本の帝国主義問題として考え、琉球の脱植民地化、独立にとって鍵となる問題として真正面から取り組みたい。

帝国の島——琉球・尖閣に対する植民地主義と闘う

Ⅰ　日本政府はどのように琉球、尖閣諸島を奪ったのか

現在、多くの日本人は尖閣諸島、琉球を「日本固有の領土」であると考えているが、本当にそうだろうか。本章では、これらの島々が日本帝国によって奪われたことを明らかにする。

日本政府は、「無主地先占」という国際法の法理を根拠にして尖閣諸島の領有化を合法としている。これまで世界の多くの植民地は、欧米諸国の支配がおよんでいないとして「無主地先占」を一方的に宣言されて、その支配下に置かれてきた。しかし、先占状態からの脱却を目指して脱植民地化運動、独立運動が行われてきた。「無主地先占」を根拠にして世界中に植民地を拡げてきた欧米諸国による「略奪の論理」に従って、日本政府は尖閣諸島を自らの領土にしたのである。

1874年の台湾出兵（台湾侵略）において、日本政府は台湾が「無主地先占」の対象であると考え、琉球併呑を睨んで軍事侵略を行った。また清朝との終戦条約「互換条款」において、日本は被害を受けた琉球国の人びとを日本国民であると主張して、1879年の琉球併呑を強行した。今日でも「無主地先占」の法理を尖閣諸島領有の根拠としている日本政府は、自らの植民地主義、帝国主義を何ら反省せず、現在までそれを温存している。

1　植民地主義を正当化する「無主地先占」論

欧米諸国が世界に植民地を獲得したときに利用されたのが、「無主地先占」という国際法上の概念であり、これは強国に都合のよい論理であった。当初、国際法を作ったのは植民地を獲得した欧米諸国であり、支配された植民地側ではなかった。その当時、世界を支配していた欧米諸国が自らの帝国主義を確立するために国際的な法理をつくった。

軍事力に優れた大国による支配という優勝劣敗を正当化したのが、その当時の国際法であった。近代欧州の強国が他民族の領土を略奪するためにひねりだした「法理」が、その後の帝国主義の国々に受け継がれ、国際法として確立した。この「法理」を清朝の領土であった尖閣諸島に適用して、その合法性の有無を論じること自体が、歴史を無視した、現代帝国主義の横暴である。[1]

先占の法理は帝国主義時代の産物であるが、それを日本政府は未だに尖閣領有の法的根拠にしており、日本は自らの帝国主義を清算していないのである。

歴史研究者の井上清は、同諸島が清朝の領土であった理由として次のように述べている。16、17世紀において新たな土地を「発見」したものがその領有権者になったのであり、この「法理」を適用すれば、釣魚諸島（尖閣諸島）は中国領以外の何ものでもない。なぜなら、中国人が発見した土地に、中国名がつけられ、その名は中国の公的記録である冊封使（明朝、清朝の皇帝が琉球国王の就任を認めるために派遣した使節団）の使録に繰り返し記載されているからである。[2]

明朝政府においても釣魚嶼等を海上防衛の区域に加え、倭寇に対する防衛策を体系的に示した書物『籌海図編』（1562年）に、島々の位置、その所管区が明示されていた。[3] 同書は、明朝東南沿海駐屯軍最高司令官の胡宗憲が監修し、地理学者の鄭若曽が編纂した。その第1巻「福建沿海山沙図」には、「赤嶼（赤尾嶼）」、「黄毛山（黄尾嶼）」、「釣魚嶼」の記載が見られる。

魚釣島は、標高362メートルであり、山頂の最高地点は晴れた日中であれば、70キロ先まで見通すことができる。明朝、清朝時代において、皇帝からの高価な下賜品や交易品を満載した朝貢船や冊封船は、尖閣諸島を航路上の目標地にしていた。そのため、海賊が同島に望楼を建設すると、これらの船舶が襲われる危険性が高くなる。そのため明朝は、魚釣島を海防範囲に組みいれたと考えられる。[4]

同時期の琉球国においても、明朝の倭寇対策に符合するような施策が実施されていた。1522年に記された「真《ま》珠《だま》湊《みなと》碑文」の石碑は、首里城と那覇港を結ぶ道や橋の完成を記念して建立された。港湾機能を支える城砦と水源防衛のために、各地から速やかに兵力を結集させることが記されている。ここで想定されている敵が、海外から那覇港を攻撃する「いくさ（軍）・かぢよく（海賊）」であることは、同碑文の軍勢結集策の拡大版が記された、1553年の「屋《や》良《ら》座《ざ》森《もり》城《ぐすく》碑文」でも確認することができる。[5]

現在、日本政府は先占によって尖閣諸島を領有化したと主張するが、1885年、井上馨・外務卿は、その領有過程には以下のような問題があると指摘していた。同年に政府部内と沖縄県の間で行われた、同諸島の領有をめぐる書簡の往復において、以下のような事実が明らかになった。①内務省が、この島々を領有する意図をもって沖縄県にその調査を内命した、②沖縄県は、ここは中国領かもしれないので、これを日本領とするのをためらった、③なおも内務省は領有を強行しようとした、④しかし、外務省は清朝の抗議を恐れて、領有に反対した、⑤その結果、内務省もその領有化を諦めた[6]。

1895年1月の日本政府の閣議において尖閣諸島の領有化が決定されたが、その事実は公表されなかった。同月21日、日本政府が沖縄県に「魚釣」、「久場」両島に沖縄県所轄の標杭を建てるよう指令したが、それは一度も公示されなかった。それらの事実は、1952年3月、『日本外交文書』第23巻の刊行で初めて公開された[7]。

日本政府は、現在にいたるまで、その標杭を建立していない。

「無主地」を「先占」した場合、そのことを国際的に通告する必要は必ずしもないとの見解がある。しかし、日本政府が国民にも秘密のうちに、領土とすると決定しただけでは、日本領土に編入されたことにはならない[8]。

1885年に領有化を検討した時点で懸念となっていた、領有をめぐる清朝との対立が存在していたことはたしかであり、少なくとも清朝に領有化の事実を通知するのが外交関係上の義務であり、常識である。そうしないのは、清朝が日本との戦争に敗れて不平等な関係性になった状態を利用して、領有化を行ったからであると考える。同様なことは、琉球併呑についてもいえる。1879年に日本政府は暴力的に琉球国を併呑し、清朝政府から抗議を受け、1880年には「分島改約」の交渉が始まった。琉球の領有化をめぐる交渉は日清戦争前まで続いていた。不平等な関係を利用して、日本は琉球を領土として確定した。清朝の了解を得ずに琉球を植民地にしたが、同様なことを、尖閣に対しても日本は行ったのである。

明朝の時代から尖閣諸島には中国語名がつけられ、そのことが中国の公的文献に記録され、伝承された。その島々は、中国の沿海にあり、中国領であることが自明な島々に連なる形で位置している。尖閣諸島のさらに先に連なる島（久米島以東）は琉球語名がつけられ、琉球領として中国語名の尖閣諸島とは区別されていた。[9]

尖閣諸島と琉球国とは異なる地域であることを、明朝、琉球国の両政府は認識していたのである。領域取得の権原として国際法が認めるものは、「割譲、併合、征服、先占、時効、添付」である。「割譲」とは、国家が他の国との合意によって領域の一部を譲り受けることである。平時になされる「割譲」は、贈与、交換、売買で行われる。「併合」とは、国家が他国との合意によって、領域の全部を譲り受けることである。「征服」とは、国家が実力を用いて他の国の領域を一方的に取得することである。[10]

日本政府による「征服」の結果、琉球国が消滅し、植民地政府である沖縄県が樹立された。沖縄県が日本政府の命令を受けて、尖閣諸島の調査を行い、国標設置の申請をしたのである。また琉球の場合、「併合」ではなく、「征服」であったのであり、正式には「琉球征服」、「琉球併呑」と呼ばれるべきである。

「韓国併合」当時、日本帝国は大韓帝国を「併呑」したが、その侵略的な意図を隠蔽するため、日本政府外務省の官僚が「併合」という言葉を意図的に作りだしていた。それは、倉知鉄吉（韓国併呑当時、外務省政務局長）の回顧録「韓国併合ノ経緯」から明らかになった。当時の小村寿太郎外相は、韓国は完全に日本内に含まれ、韓国と外国との関係もなくなると考えた。「併呑」ではいかにも侵略的な印象を与えるため使うことができず、これまで使われたことのない「併合」という言葉が作り出された。「併合」という言葉が最初に使われたのは、1909年に小村外相が桂太郎首相に提出した「対韓大方針案」であった[11]。

「征服」が国際法上の制度として認められたのは、戦争が一般的に合法とされていた時代においてである。「国連憲章」2条4項によって、国の領土保全、政治的独立に対する武力行使が違法とされるようになり、「征服」が領域取得の権原として維持されるかどうかは疑わしい[12]。現在、「国連憲章」に基づいて地球上の国際関係が規定されているが、琉球併呑の違法性を問い、新たな政治的地位の確立に向けた議論を展開すべきであると考える。

日本政府が尖閣領有の権原としているのが「先占」である。それは「帰属未定」の地域に国家が支配権をおよぼして、これを取得することを意味する。「先占」が有効になるには、国家が領有の意思をもち、「無主の地」を実効的に占有することが必要となる。国際法上の「無主地」とは、どの国の領有にも属していない土地をいうのであり、たとえそこに人が住んでいても、国家の領土でなければ先占できるとされている。つまり先占が実現するには、次の2つの要件を必要とする。①領有意思の表明。国家の版図に編入すると宣言し、立法上や行政上の措置をとり、他国に通告する。②実効的占有。占有には、土地の使用、定住という物理的占有、占有地域に対する支配権の確立という社会的占有がある。無人島や極地でも、定期的な巡視などの方法で国家的機能をおよぼすことにより、これに対する先占は有効になる。国家が他国の領土に対して長期間、平穏かつ継続して支配権を行使した結果として、これを取得することを「時効」という。「時効」は「無主地」ではなく、他国の領土を対象とする[13]。

「無主地」という言葉そのものが帝国主義的である。欧米諸国によって「発見」されない島は「無主」であるとの認識は一方的であり、差別でもある。なぜなら、その島に住み、または島を拠点にして漁労を営み、航海の目印にしてきた人々の存在を認めない、同じ人間とは見なさないというのと等しいからである。自らを「文明人」とし、被支配者を「野蛮人」として位置づけ、その土地を奪っていく欧米諸国の強欲が、「無主地」という言葉に示されている。明治維新とは日本が欧米諸国のように振る舞い、「無主地先占」の国際法に基づいてもう一つの帝国になる過程であった。

日本政府は尖閣領有の宣言、清朝政府への通告を行っていないので、「領有意思の表明」の要件を欠いている。尖閣諸島は1940年代頃から現在まで無人島の状態である。戦後、同諸島に対する米政府の領有権が確立されず、「沖縄復帰」後の今でも、施政権だけが日本に移された状態が続いている。日本政府は物理的占有や社会的占有を行わず、定期的な巡視活動などをしているだけである。巡視活動等は中国の公船によっても行われているのであり、日本だけの国家的権能の実施とはいえない。日本のマスコミは、中国や台湾側の尖閣周辺での活動を「領海侵犯」と報道するが、中国や台湾から見れば、日本の海上保安庁の巡視活動が「領海侵犯」として認識されるだろう。

尖閣諸島に対する「先占」は、先の定義からすれば無効であるといえる。また尖閣の日本領有を主張する国際法学者には「時効」を指摘する人もいるが、それは尖閣が清朝の領土であることを認めたことになる。

ある国が土地を占有し、継続して支配権をおよぼしている場合において、別の国がなんらかの実効的な対抗措置をとらないことで、占有している国の「取得時効」が成立し、別の国は当該地域に対する領有権を喪失するとされている。[14]

中国や台湾は1971年以降現在まで、国際法上の法理に基づいて島々の返還を主張し、公船による監視、民間船による漁業活動等を行っている。日本政府の「取得時効」は成立したとはいえない。

さらに「先占」は次のような要件を満たさなければならない。①「先占」の主体は、国家である。②「先占」の客体は、国際法上の「無主地」である。国際法上の「無主地」とは、未だにいかなる国家の領有にも属していない地域である。たとえ「未開の部族」が現実に土地を支配していても、国家の領土でなければ、この地が「先占」の対象にはならない。③国家が領有の意思をもつ必要がある。その意思は、宣言、他国に対する通告、国旗または標柱を建てることなどで表示される。領有の意思を伴わない探検、科学的調査は「先占」行為とならない。④実効的な占有を行わなければならない。実効的な占有とは、自国民が土地を使用し、その上に定住し、当該地を支配する地方的権力が確立されることである。[15]

日本の場合は、尖閣諸島に関して「先占」の要件を満たしていない。国際法学者・太壽堂鼎が述べる「未開の部族」の土地に対する権利よりも、国家による領土保有の法理を「先占」として優先させることは、先住民族の権利を無視することになる。これまで「先占」によって世界の先住民族の土地が奪われてきたが、2007年に国連総会で採択された「先住民族の権利に関する国連宣言」のように、今日の世界においては「先占」の法理は完全に否定されている。しかし日本政府は、植民地主義を正当化する「先占」の法理を根拠にして尖閣諸島の領有を主張しているのである。国際社会に背を向ける、時代遅れの外交政策に基づいて尖閣領有に日本政府は固執している。

尖閣諸島の地籍は、「沖縄県石垣市字登野城」として登録されているが、それは外形的、表層的な行政的支配であり、同様な措置は台湾政府宜蘭県によっても行われている。1895年から今日まで日本政府は一度も、同諸島上に地方的権力を樹立したことがない。また政府として国旗、標杭、標木、国標等を設置したことがない。

「先占」は、地理上の発見以来、非欧州地域の獲得を目指す欧州諸国による、植民地分割の過程から生まれた法原則であった。それはまず、ローマ法王の認許、発見の優先に基づいて権利を主張するスペインやポルトガルに対して、後れて植民地獲得にのりだしたイギリス、フランス、オランダ等のよるべき根拠として、自然法学者の提供した法理論であった。植民地分割競争において後者の国々が優勢になるに従い、18世紀末に国際法上の原則として定立するようになった。非欧州地域を「先占」によって獲得することができるという主張は、ヴァッテルによって学問的に基礎づけられた。「先占」は、植民地分割を規定する法原則として成立した後、19世紀におけるアフリカ分割を契機にして、その法規内容が発展し、地方的権力の確立を意味する「実効的占有の要件」が新たに求められるようになった。[16]

「先占」という国際法の法理論が、欧州諸国の植民地の支配や分割の過程で生まれた、帝国主義時代の産物であった。尖閣諸島も「先占」によって領有化したと主張し続ける日本政府は、自らが戦前も現在も帝国主義国であることを認めることにほかならない。

「無主地」取得の方法として、「実効的占有を要件」とする「先占」の原則が確立する過程で、最初に発見した国に領有権を認めようとする「発見優先の原則」とのあいだに論争があった。「未知の土地」を発見しただけで、使用も管理もせずに放置している国に、その領有権が存続し、後から来た国を排除できるのはおかしいという反論が出された。その土地を必要とし、実際に使用し、管理の責任を負う国に権利を認めるのが合理的であるとの主張が出てきた。「先占の原則」が「発見の原則」を押さえて、国際法上の原則として確立したのは、前者を主張したイギリス等の国が、後者を主張したスペイン等とのあいだでの植民地獲得競争に勝ち抜き、「先占の原則」に上のような「合理性」があったからであったとされている。[17]

「発見」は単に未成熟な権原を発生させるだけであり、主権確立の出発点でしかない。その後、国家は、平穏かつ継続的な権能の発現による確定的権原を行使したかどうかが、ある土地に対する主権の確立には重要になると、国際法学者の緑間栄は主張している。[18]

明朝が実際に尖閣諸島を「発見」して、島名を命名したとしても、実効的支配をしておらず、それを行った日本側が領有化のための合理性を有するとの結論が導かれよう。しかし、それは植民地獲得競争で優勢に立った勝者側の合理性、論理でしかない。また、中国は明朝時代から航海の目印（先に発見していた）、倭冦対策のための軍事拠点として尖閣諸島を利用して、「平穏かつ継続的な権能の発現による確定的権原」を行使してきたと考えることができる。

国際法学者の松井芳郎は、次のように尖閣諸島問題に対して「人民の自決権」の法理は適用できないと述べている。国際法における「人民の自決権」の確立によって、植民地領域は「それを施政する国の領域とは別個のかつ異なった地位を有し」、この地位は当該の人民が「自決権を行使するまで存続する」ものとされるようになった（友好関係原則宣言）。植民地領域に対する権原は、たとえ過去において有効に取得されたものであっても、当該人民の意思に反して維持することはできない。しかし、それは住民が居住する領域に対してのみ適用可能であり、「無住地」である尖閣諸島の問題には適用できない。武力による領域取得の禁止という問題に関して、尖閣諸島については、第二次世界大戦後の日本の領土処理に関する国際文書によって「処理」済みとなった[19]。

日本の半植民地となった中国の人民は、日清戦争後割譲された尖閣諸島に対して自己決定権を行使することができる。無人島であることを理由にして、自決権の対象外とするのは暴論であるといえよう。日本により侵略され、半植民地になったという歴史過程、大陸棚上の海底資源に対する権利等を踏まえて、中国、台湾の人民は自決権によって同諸島を奪回することができる。尖閣諸島問題の対象となるのは、島嶼だけでなく、その周辺の海域や海底をも含んでいるのであり、自決権の法的根拠は、その対象地が無人島であるかどうかにはまったく関係がない。また「第二次世界大戦後の日本の領土処理に関する国際文書」とは、サンフランシスコ平和条約をさしている。その第2条に基づいて、同諸島は台湾とともに中国に返還されるべきであったが、それがなされず、同問題は未だに「処理」されていないのである。

2 尖閣日本領有論者に対する批判

次に、尖閣日本領有論の各根拠を紹介し、それぞれに対して反論を行いたい。

①　冊封使である陳侃は、久米島の近くまで来て、琉球人が我が家に帰れることを喜ぶ様をみて、琉球人に尋ねて、これらの島々が琉球領であることをはじめて知ったのであろう。陳侃の使録には、久米島に至るまでの「赤尾、黄尾、釣魚」などの島名が記載されている。同使録では、尖閣諸島が琉球領でないことだけは明らかだが、これらの島々がどこの国のものであるかは明らかでない[20]。

しかし、久米島が琉球国領であるとすると、尖閣諸島は明朝や清朝の支配範囲内にあり、それが日本領である可能性はまったくないことは事実である。

②　日本が尖閣諸島に対して領有意思をもちはじめたのは、1879年の「琉球処分」の頃からである。同年3月、『大日本全図』（柳田赳編）、英文の『大日本全図』（松井忠兵衛編）が発刊された。これらの地図の「琉球諸島」のなかには「尖閣列島」が記載され、「和平山」（魚釣島）、「凸列島」（南北小島および付近の岩礁の総称）、「黄尾島」、「赤尾島」の名称が用いられている[21]。

しかし、尖閣諸島の名称が記載された地図の作製をもって、島々に対する領有意識の現れとすると、明朝が自らの防衛圏に尖閣諸島を位置づけたこと、そして、琉球国に派遣された冊封使が報告書のなかで記述した、同諸島の地図をそれぞれ領有意思の表明であるとして認めたことになる。そうすると、日本よりも中国のほうが、数百年も前に領有意思を有していたことになろう。

③　尖閣諸島に対する国内法上の領土編入措置は、1896年3月5日の「勅令第13号」の施行によって行われた。同勅令は、沖縄県を島尻、中頭、国頭、宮古、八重山の5郡にわけ、久場島（黄尾嶼）、魚釣島を八重山郡に編入した。1902年12月、これらの島々を石垣島大浜間切登野城村に所属させ、地番も設定した。1895年1月14日の閣議による領有化は、魚釣島と久場島だけを対象に

しており、赤尾嶼（大正島）、南小島、北小島、沖の北岩、沖の南岩、飛瀬については言及されていない。その理由は、「赤尾嶼以外の小島は魚釣島、黄尾嶼と群島を成しており、魚釣島、黄尾嶼と国際法上運命をともにする」と認識されていたからである。沖縄県知事は、「勅令第13号」の「八重山諸島」に魚釣島、黄尾嶼、赤尾嶼および小島の尖閣諸島が含まれるものと解釈し、同諸島を地方行政区分上、八重山郡に編入させた[22]。

しかし日本政府は、尖閣領有化後も、日本語名ではなく、中国語名の尖閣諸島の名称を使用していたのであり、その名称は日本政府内においても確定していなかった。「勅令第13号」において、正式な日本語名称が確定されなかったという領有過程上の問題があった。

「勅令第13号」は、沖縄県を島尻から八重山までの5郡に編成しただけであり、八重山郡のなかに尖閣諸島が含まれていることは明記されていない。１９０２年に大浜間切登野城村に所属させたのは、地番の設定とともに沖縄県内での法的な措置であり、その後、尖閣諸島の上に行政的な機関を設置するなどの実効的支配を行ったわけではなかった。日本の領土にするのなら、「黄尾嶼、赤尾嶼」のような中国語の名称から日本語名称に変更する通知を国内外に発すべきであった。しかし、そのようなことも行われていない。緑間栄は、「赤尾嶼以外の島々は魚釣島、黄尾嶼と群島を成しており、魚釣島、黄尾嶼と国際法上運命をともにする」と述べているが、「勅令第13号」に記載された八重山諸島に尖閣諸島が含まれると考えた沖縄県知事と同様、勝手な解釈でしかない。また「勅令第13号」と同諸島の所属、地番付与とは法的関係がなく、日本帝国政府の領有意思を同諸島の地番付与から見出すことはできない。

1934年に日本陸軍参謀本部が作成した尖閣諸島の地図では、黄尾嶼、赤尾嶼等、中国語由来の名称が記載されている。[23]

尖閣日本領有論者の奥原敏雄も、「勅令第13号」について次のように述べている。琉球の「日本復帰」前に、琉球政府出入管理庁において、尖閣諸島がいつ頃八重山諸島の一部になったのかと聞いたら、これは「勅令第13号」からだと答えた。しかし「勅令第13号」は沖縄県に郡制を敷く勅令であり、尖閣諸島に直接関わるものではない。閣議決定は秘密事項であり、表に出なかったため、古賀辰四郎が同勅令により尖閣諸島が八重山郡に所属していたと誤解したのも無理はなかった。[24]

また同諸島の国際法上の領有措置に関して、松井芳郎は次のように指摘している。1902年、沖縄県の土地整理事業を通じて、南小島、北小島、魚釣島、久場島の各島に地番が設定された。また、1921年に久米赤島に内務省が地籍を設定して大正島と改称したことで、尖閣諸島編入の国内法上の手続きが最終的に完了した。土地の管理に関して、国有地の貸与（当初は無償、後に有償）、払い下げ、地代と固定資産税の徴収、燐鉱採掘の許可等を国家権力の行使の事例として挙げることができる。[25]

しかし、1902年の尖閣四島の地番設定後、なぜ19年後に久米赤島の地籍が設定され、改称されたのか、合理的な説明が日本帝国政府からなされていない。五つの島々に地番が設定されたが、その地番は社会的な実効性を発揮したのだろうか。つまり、島に定住した人びととのあいだに郵便物のやり取りがなく、「尖閣村」のような行政機関が設置されず、公共事業等の公的施策も実施されなかった。その地籍は外形的、表層的なものでしかなく、実効支配の証拠とはなりえない。

④　尖閣諸島に対する日本政府、沖縄県による統治権の行使および行政行為は、1895年の領

土編入措置以降、第二次世界大戦まで中断することなく、実効的支配が行われた。その間、同諸島に対する日本の領有権の行使について、どこの国からも一度たりとも抗議はなかった[26]。松井も次のように述べている。たとえ日本が主張する先占の時点で、同諸島が中国の領域だったと仮定しても、日本の主張は、「時効取得（外国の領域を国が領有の意思をもって長期にわたり平穏に占有することによって取得するという制度）」によって、あるいは「権限の歴史的凝固」の理論によって正当化されるだろう[27]。1895年の日本政府による尖閣編入以来、決定的期日（中国や台湾が領有権を主張する1971年）に至るまで、日本は尖閣諸島に対して実効的支配を継続していた。中国側からは日本による領有に対して抗議や対抗請求もなかった。日本による同諸島に対する「領域主権の継続的かつ平和的な表示」（パルマス島事件判決）は、否定できない。領域取得の国際法の文脈においては「平和的」とは「抗議を受けることなく」を意味する[28]。

しかし、尖閣諸島の領有の事実を、外交ルートで正式に清朝、中華民国、中華人民共和国に伝えることをしなかったため、抗議をすることができない。また仮に抗議したとしても、日本帝国は意に介せず植民地支配を続けたことは想像にかたくない。琉球併呑に対して清朝政府が強く抗議し、琉球国の遺臣が救国運動を展開したが、日本帝国はそれに真摯に対応しないばかりか、亡命した琉球人を弾圧し、清朝の抗議を無視した。

松井は、植民地主義、脱植民地化を国際法に基づいて、被支配者の立場から検討してきた研究者である。日本帝国による尖閣諸島の領有過程は、「無主地先占」論を法的根拠にしており、これは明らかに植民地主義である。しかしその後、どのような理由があるにせよ、植民地支配国が「長期にわたり平穏に占有」すれば、取得が可能であると考える法的解釈をしており、自らのこれまでの植民地主義に関する研究と矛盾するのではないか。

そもそも尖閣諸島の日本領有の事実は、戦前の日本帝国主義時代、戦後の米軍統治時代とも、対外的には隠蔽されていたのであり、「抗議を受けない」ような状況が作られてきたのである。日本政府も同諸島の領有を対外的に主張しはじめたのは、中国、台湾両政府のそれと同時期でしかない。日本政府が植民地支配をしていても抗議がなければ、それが既成事実として認められるという認識は、植民地主義そのものである。研究者が日本政府の植民地主義を学問によって正当化しており、後で論じる琉球人遺骨盗掘問題とも共通する「学知の植民地主義」であるといえる。

⑤　松井は、日清戦争とそれ以後の日本による清朝に対する武力の行使や威嚇は、清朝が日本に対して、その尖閣領有を抗議することを不可能にしたとする主張には説得力があると認識している。[29]また同時に、松井は次のように述べている。第一次世界大戦後、国際連盟、常設国際司法裁判所のような国際紛争の平和的解決のための制度が設けられ、清朝にはこうした機関に訴える可能性が開かれていた。当時の国際法の下では、日清講和条約が清朝にとって不当なものであっても、合法と見なければならない。中国政府は、尖閣諸島が台湾の付属島嶼に含まれているとして、日清講和条約によって日本に割譲されたと後になって異議を申し立てる立場にない。清朝が、尖閣諸島を自国領と考えていたならば、自国の許可を得ることなく行われた活動に対しては、適当な取り締まりをするか、日本に対して抗議を行うべきだった。清朝がこのような措置をとらなかったのは、尖閣諸島が自国に属するとは考えていなかったか、それとも、主権が日本に移転することを黙認したと理解することができる。[30]

しかし日本政府は、清朝政府に対して尖閣諸島割譲の事実を知らせていないという、日本政府の不作為という問題を指摘しなければならない。それゆえ国際紛争の平和的解決のための制度に訴えることができなかったのである。清朝や中国が日本の半植民地支配下におかれ、様々な支配、侵略、差別、虐殺、人体実験、偽満州国の設立等の悲惨な人権侵害の状況において、尖閣の日本領有に関して抗議することは、現実的に可能であったのだろうか。たとえ抗議しても日本帝国は無視して、植民地支配を続けることは目に見えている。中国が抗議を行わなければならないような行為をした日本帝国の責任こそ問われなければならないのである。抗議しないほうが悪いという主張自体が、帝国主義の上に立った見解である。日清戦争という日本の帝国主義戦争の講和条約が、当時の国際法下では合法であるとする認識に立つならば、戦後の脱植民地化運動とその後の新興国の独立を合理的に説明することはできない。

⑥　米国民政府の布令第22号の「群島組織法」（1950年8月4日公布、同年9月1日施行）の第一条において、宮古群島の範囲に「大正島（赤尾嶼）」を、八重山群島の範囲に「魚釣島、黄尾嶼、北島、南島」などの尖閣諸島を行政区域に含めている。[31] 米政府は尖閣諸島が日本国の領土であることを認めた上で、1972年5月15日の施政権返還までの27年間、日本政府に代わって立法、司法、行政上の統治権を行使してきた。[32]

戦後の米国民政府による尖閣諸島に対する実効的支配の根拠として、「群島組織法」上における行政区域への編成が挙げられることが多い。しかし、宮古群島に大正島を含めるという米国民政府の決定は、戦前の日本帝国政府による行政区分からの離脱を意味する。日本政府は戦後、石油が発見されるまで同諸島の領有権を主張せず、米国民政府とのあいだで同諸島に対する施政権や領有権の引き継ぎに関する協議を行わなかった。そもそも27年間、米国民政府はどのような施政権を同諸島に対して行使してきたのか。また日本政府はどのように同諸島に対して潜在主権をおよぼしてきたのか。米政府は同諸島の領有権が日本国に属することを現在までも認めていない。米国民政府は、日本の領土であると認めた上で日本国に代わって統治権を行使してきたのではなかったのである。

⑦　日本政府は、領土編入措置、土地台帳への記載、登記、賃貸料の徴収、課税、鉱業権の許可などの行政行為を適切に行う等して、尖閣諸島に対して実効的支配を行使してきた。国、地方機関の許可または奨励にもとづく学術調査（視察、調査、測量）や、国の許可による民間人（古賀辰四郎氏等）の同諸島の利用も行われてきた。このような諸行為、主権行使は、日本の尖閣諸島に対する、現実的な占有権の有効な発動である[33]。

しかし、日本帝国の領土編入措置にはいくつかの欠陥が見られる。その最大の問題は、尖閣諸島上に行政村が設置されなかったことである。学術調査は、日本国の領有を学知の面で正当化するものでしかない。また本書第Ⅲ章で論じるように、古賀辰四郎が主導した、民間人の開発は植民地経済そのものであった。「現実的な占有権の有効な発動」とは、帝国主義的支配の歴史に基づいたものであり、戦後の脱植民地化運動という世界的な潮流後においては、宗主国による反動的な統治行為であるとして国際的に認識され、批判されるであろう。

⑧　中国や台湾による、単なる「推量的証拠」のみでは不十分である。先占の法理は、国家の領有意思と主権の実効的支配の行使が要求される。決定的な領有権保有を示すには、係争地域の占有に

「直接、具体的に関係のある証拠」が必要である。地理的、歴史的、考古学的な推論や論拠は、その法的論証としては認められない。国際法上有効になる国家による領有権を取得するには、実効的に支配し、国家機関（立法権、行政権、司法権）による領有手続きが実証されなければならない[34]。

しかし、中国や台湾による尖閣諸島に対する実効的支配に係る歴史的証拠は、「推量的証拠」ではなく、「直接、具体的に関係のある証拠」である。法的証拠は、地理的、歴史的、考古学的な事実に基づいて法的意味が与えられるのである。これらの事実によらない法的証拠こそが「推量的証拠」と見なされるだろう。日本の尖閣領有過程における、国家機関による領有手続きは実証されたとはいえない。

3 「無主地先占」論と民族自決権との対立

緑間栄は、先占理論について次のように述べている。先占理論の否定は近代国際法の否定につながり、それは現実の「国際社会の秩序と安定性」をもすべて否定することになる。たとえば、アメリカ合衆国、ラテン・アメリカ諸国、オーストラリア、ニュージーランドなどは、先占理論に基づいて、国際法上の独立国として承認され、国家として誕生し、独立した。また中国も、台湾、内蒙古、東北地方（旧満州）を近代国際法の先占理論によって中国領にした。日本も北海道、千島列島、小笠原諸島などを先占理論によって領有した[35]。

「国際社会の秩序や安定性」は欧米諸国の利益を中心としたものでしかない。植民地、従属国にとって、この「秩序や安定性」からの解放、つまり脱植民地化が大きな課題となり、第三世界の独立は第二次世界大戦後の大きな政治的潮流となった。アメリカ合衆国、多くのラテン・アメリカ諸国は、植民地宗主国との独立戦争を通じて独立したのであり、「先占」によって独立したのではない。大英帝国の植民地であったオーストラリア、ニュージーランドも先占を通じて独立したのではなかった。現在、両国とも国内の先住民族の先住権を認めており、先占理論を土台にした建国だとはいえない。中国も先占理論によって支配地域を領土化したとはいえない。日本は北海道の領有権を巡って他国と争ったことはなく、むしろアイヌ民族の土地（アイヌモシリ）を奪ったのである。

さらに緑間は先占を次のように正当化している。もしもアジア・アフリカ地域に適用された先占理論がすべて無効であるとすれば、オランダ領、イギリス領、フランス領、スペイン領から独立をした国々は、新国家の存在が否定されることになる。近代国際法における先占理論の否定は、これまで国際社会で生成されてきた国際法の否定であり、国際法上の秩序維持および法の安定性を否定する主張であり、容認できない[36]。

むしろアジア・アフリカ地域を初めとする世界の大半の植民地は、先占理論を批判して、自律的に民族の自己決定権を行使して、独立を果たしたのである。植民地支配の合法化の根拠となる先占理論が、かえって新国家の存在を否定することになる。植民地支配から脱却し、独立国として国連に加盟した現在、先占理論が国際法上の秩序、法の安定を維持してきたと認識する国はほとんどなく、日本政府による先占理論に基づく尖閣領有論は支持されないであろう。しかし日本は世界の大勢に背を向けて、先占理論を根拠にして尖閣諸島を自らのものであり、領土紛争は存在しないと主張しているのである。

尖閣日本領有論者の太壽堂鼎も、次のような見解を示している。当初、人民の自決の原則は、国連の努力目標を示したものという解釈が支配的であった。しかし、新興諸国の強い主張によって、自決権は国際法上の権利と認められるようになった。これを適用するにあたっては、自決権の主体である人民の定義が問題となる。国連の多数意見によれば、自決権の主体は、植民地支配、人種差別、外国占領のもとにおかれた従属人民であり、一国内の少数者は該当しないとされている[37]。

つまり人民の自決権が国際法の権利として確立されたことは、植民地支配を正当化する先占の法理が否定されたことを意味する。日本が先占によって尖閣諸島を領有したのは、日清戦争という帝国主義戦争の末期であり、日本の勝利が確定したときであった。

先占理論は、尖閣諸島が「無主の島」であることを前提にしている。しかし明朝、清朝の各政府が琉球国に派遣した冊封使の報告書において、琉球への往路を説明する際に釣魚台列嶼（尖閣諸島）に属する島嶼の名称が現れ、復路はより北方の航路を用いたため、同列嶼は報告書に登場しない[38]。

中国側にとって、尖閣諸島に沿って航海しないと琉球に到着できないほど、生死に関わる重要な島々が尖閣諸島であった。琉球と中国との関係史のなかで、尖閣諸島の発見、確認、航海の目印としての利用という実効的支配が行われたことが記録された。このような両国の関係史を重視することで、独立国家として琉球国が東アジアのなかに存在していたことも明らかになる。

中国政府は、日本政府が主張している先占理論を次の理由から否定している。釣魚台列嶼は、日清講和条約によって台湾の付属島嶼として日本に割譲された。よって、サンフランシスコ平和条約第2

条（b）に基づいて中国に返還されるべきである。日本政府が領域編入を行った当時において、同諸島は中国が領有していたのであり、先占の対象となる「無主地」ではなく、日本による先占の主張は成立しない[39]。

つまり先占ではなく、帝国主義戦争としての日清戦争による「割譲」の結果、尖閣諸島が日本の植民地になったのであり、「無主の地」ではなかったと中国政府は認識している。

国際法の「友好関係原則宣言」には、「人民の自決権」による領域決定を次のように規定している。「すべての国は、共同及び個別の行動を通じて、憲章の諸規定に従って人民の同権と自決の原則の実現を促進し、並びに（a）諸国間の友好関係及び協力を促進するため、及び（b）当該人民の自由に表明した意思に妥当な考慮を払って、植民地主義を早急に終了させるために、また外国による征服、支配及び搾取への人民の服従は、この原則の違反を構成し、基本的人権を否認し、憲章に違反するものであることに留意して、この原則の実施に関して憲章が依託した責任を履行することについて国際連合に援助を与える義務を有する。（中略）植民地又はその他の非自治地域は、憲章のもとにおいて、それを施政する国の領域とは別個のかつ異なった地位を有し、このような地位は、植民地又は非自治地域の人民が、憲章特にその目的及び原則に従って自決権を行使するまで存続するものとする[40]」。

日本の半植民地になった中国の人民は、尖閣諸島に対して自決の権利を有している。尖閣諸島問題は植民地主義の問題であり、1895年の日本帝国による尖閣諸島の「領有化」は同諸島の割譲であり、現在に至るまで未解決の問題である。先占を植民地主義の発動であると認識し、これからの脱却を求める植民地解放運動により、人民の自決権という脱植民地化の法理が戦後世界で確立された。

紛争解決論を専攻とする名嘉憲夫は、日本帝国による領土編入の時期がその対外戦争の時期と重なっていることを指摘した。1938年12月に行われた、日本帝国による新南群島編入に関する閣議決定の文言の内容は、竹島や沖ノ鳥島編入の閣議決定文に類似している。閣議決定文では、新南群島が「従来無主ノ礁島トシテ知ラレ」ており、「帝国側ノ先占ヲ確保シ」の文言が記されている。日本帝国の膨張期における、政府による島嶼編入過程での、表向きの理由は「無主地先占」とされているが、その編入と、日本の対外戦争の時期が重なっている。1895年の日清戦争中には魚釣島と久場島、1905年の日露戦争中には竹島、1931年の満州事変の直前には沖ノ鳥島、1939年の日中戦争中に新南群島がそれぞれ編入された。第一次世界大戦後のアジア太平洋地域における国際秩序の法的枠組みは、1921年11月に始まったワシントン会議における「4か国条約」、「軍縮条約」、「9か国条約」で形成された。「9か国条約」によって日本は旧ドイツ権益を中国に返還したが、「対華21か条の要求」の一つであった満蒙権益延長の事実上の承認を得た。ワシントン会議がはじまる4か月前に、日本政府は久米赤島を国有地に編入し、国有地台帳に登録した[41]。

尖閣諸島が日本帝国主義の拠点の一つとして位置づけられていた。その侵略戦争と島嶼領有がセットとして進められていたのである。

帝国膨張期に、日本は合計して9回の島嶼編入を行った。帝国膨張期の初期に実施された4つの島嶼編入の場合、どこの国にも属さない大海の無人島が編入された。それらは、1885年における南北大東諸島の沖縄県への編入、1891年における硫黄島の東京府への編入、1898年における南島の東京府への編入、1900年における沖大東島の沖縄県への編入である。これらの島嶼を除くと、1895年以降の編入はすべて日本の帝国主義戦争に関係しながら行われた。南北大東諸島、硫黄島、南鳥島、沖大東島は、日本列島の東側に位置する、太平洋上に浮かぶ島々である。戦争中に編入された尖閣二島、竹島、久米赤島、新南群島は、日本列島の西側に位置している。例外は沖ノ鳥島だけである。南鳥島は、1896年に東京府出身の水谷新六が踏査して後、捕鳥や漁業のために移住し、政府に同島の貸下げを申請して、その後編入が行われた。他方、尖閣二島の場合は、申請の1885年から10年たって後に編入された。[42]

名嘉は、日本の島嶼編入と帝国主義戦争との時期を次のようにまとめた。

① 日清戦争勃発（1894年7月）→尖閣二島（魚釣島、久場島）編入（1895年1月）→講和条約（1895年4月）→台湾割譲（1895年5月）

② 日露戦争勃発（1904年2月）→竹島編入（1905年1月）→講和条約（1905年9月）→朝鮮保護国化（1905年11月）、南樺太割譲（1906年6月）

③ 第一次世界大戦（1914年8月）→久米赤島編入（1921年7月）→ワシントン会議（1922年2月）→南洋群島委任統治、満蒙権益の延長（1922年4月）

④ 第3次山東出兵（1928年5月）→沖ノ鳥島編入（1931年7月）→満州事変（1931年7月）→満州国建国（1932年3月）

⑤ 日中戦争勃発（1937年7月）→新南群島編入（1938年12月）→海南島占領（1939年2月）[43]

尖閣二島嶼の編入は、日清戦争において日本軍の勝利が確定した後に内閣で決定された。4か月後に台湾が割譲されており、尖閣二島嶼と台湾はセットとして日本の植民地になったことがわかる。竹島も日露戦争中にその編入が行われ、その後、朝鮮王朝の保護国化、南樺太割譲が続いた。ドイツの植民地であった南洋群島（ミクロネシア諸島）に対して、日本帝国は日英同盟に基づいて１９１５年に軍事占領を行った。ワシントン会議を経て、新たな植民地の形である国際連盟委任統治領として南洋群島を支配するなかで、久米赤島を領有化した。中国への侵略戦争である満州事変とともに、沖ノ鳥島が編入された。そして同じく中国への侵略戦争である日中戦争の過程で、新南群島が割譲され、翌年、海南島が軍事占領された。

日本政府は「無主地先占」を根拠にして島々を編入したと主張しているが、他の島嶼の事例と相互に比較すると、帝国主義戦争の過程における割譲であることが明らかになる。このように帝国主義戦争勝利の結果、手に入れた島嶼は、カイロ宣言、ポツダム宣言、サンフランシスコ平和条約等に基づいて返還されたが、竹島、尖閣諸島の場合、現在も日本の旧植民地（韓国）、旧半植民地（中国）とのあいだでその領有をめぐる対立が続いている。

帝国海軍は、尖閣諸島、竹島、久米赤島、沖ノ鳥島のいずれにおいても、事前に測量艦で調査している[44]。これからも、武力の行使または威嚇によって島嶼を割譲させたことを裏づける「侵略行為」であったことがわかる。つまり、「無主地の先占」ではなく、侵略戦争による「割譲」によって、これらの島々がアジア諸国から奪われたのである。

尖閣二島、竹島、久米赤島、沖ノ鳥島の編入は戦争中に行われたが、外国の諸政府はその編入の事実を知らなかったと考えられる。戦争の講和会議でも、それらの島々は議題に上っていない。しかし戦争の結果、これらの島嶼隣接地域の併呑や保護国化、委任統治領化、傀儡政権の支配が実施された。これらの島嶼の編入は「無主地先占であり、戦争とは関係ない」とはいえない[45]。日本政府は講和会議等で、これらの島嶼の領有に関して相手国と協議し、同意を得たわけではなかった。相手国の同意を得ずに武力の行使または威嚇によって領土を奪うことを、帝国主義というのである。戦前の日本は帝国主義の本性をむき出しにして、島々を自らの領土に編入した。

日本人国際法学者は、領土紛争に関する国際法上の判例を、尖閣日本領有論の根拠に使うことが多い。しかし、1928年のパルマス島事件、1931年のクリッパー島事件、1933年の東部グリーンランド島事件、1953年のマンキエ・エクレオ事件、1909年のグリスパダルナ事件といった事例をみると、尖閣や竹島のように「戦争中に編入または併合された事例」は一つもない[46]。名嘉の上のような指摘からも、尖閣諸島は「無主地先占」ではなく、「割譲」によって日本の植民地になったと考えることができる。

次のように、現代の先住民族の権利獲得運動においても、先占理論は否定されている。オーストラリアでは1999年6月、同国の最高裁判所が下したマボ判決において、ジェームス・クックの探検によって行われた、「無主地先占」の法理による領土化が、アボリジニーおよびトレス海峡諸島民等の先住民族を無視した、受け入れがたい行為であり、無効とされた[47]。

国際法学者の阿部浩己は、次のように尖閣諸島が、中国や台湾とのあいだで領土紛争の対象になっていることを、日本政府は認めるべきであると述べている。国際法上、「紛争」の存在は客観的に確認されるべきであり、当事者双方の承認は必要とされていない。常設国際司法裁判所は、マヴロマティス事件判決（1924年）において、「紛争とは当事者間の法または事実の論点に関する不一致、法的主張もしくは利害の衝突、対立」であると定義している。この定式に従えば、尖閣諸島をめぐる問題は、国際法上、日中間のまぎれもない紛争であるといえる。[48]

日本政府は今日まで尖閣諸島を巡る「領土紛争」は存在しないと主張しているが、それは国際法違反であり、なによりも中国や台湾の主権、それぞれの人民の存在や意見を無視した差別行為であるとさえいえよう。

紛争の平和的解決の手段として国際法が用意しているのは、交渉、仲介、調査、審査、仲裁、司法的解決、国連安保理への付託等である。[49]

しかし、日本政府は宮古・八重山諸島における自衛隊基地の建設、機能強化を進めており、紛争を武力によって解決しようとしている。これも明確な国際法違反である。

近代国際法は、ヨーロッパ秩序の世界化という使命を負って形成されてきた。当然ながら世界にはヨーロッパ以外の地域があり、イスラームの世界、東アジアにも独自の華夷秩序が築かれていた。これらの地域の華夷秩序が、欧州諸国による力の行使を通じて国際法秩序にとって代わられる過程で、いち早く国際法を摂取し、国際法に基づく主張を行い、行動をしたのが日本だった。その国際法は、植民地支配を是認し、不平等条約の締結を容認し、人間を「文明人・野蛮人・未開人」に区分けする、きわめて差別的な法として形成された。日本政府による「先占」の法理で正当化された尖閣諸島の領有は、国際法に深く内包された暴力性と、日本のおかれた当時の歴史的文脈から無縁ではない。[50]

琉球は、領有意思をもつ日本の実力行使によって、その実効支配下におかれたのであり、それは他国領土の強制的併合としての「征服」であると考える[51]。

ヨーロッパ世界において形成された先占の法理は、植民地支配のための、差別的な法として形成され、日本はそれを利用して尖閣諸島の領有化を行った。そのような国際法は、帝国主義の手段、道具となった。その時代的な背景を認識すべきであり、現在の国際環境では通用しない、このような法理に基づいて尖閣諸島の領有化を主張している日本政府は、未だに帝国主義の思想から脱却しきれていないのである。

4　琉球、尖閣諸島は「日本固有の領土」ではない

日本政府は、尖閣諸島が「日本固有の領土」であると主張している。しかし、同諸島を「無主地先占」の法理で領有化したことでも明らかなように、日本政府は、同諸島が元々「無主地」であると認識しているのであり、自ら「日本固有の領土」ではないと認めている。

霞ヶ関のある官僚は、「尖閣を差し上げれば、次は与那国や沖縄本島まで差し上げることになるが、それでもいいのかと聞けば、多くの人は黙ってしまう」と述べた[52]。しかし、「尖閣の次は琉球侵略」という仮説には、確たる根拠が存在しない。尖閣諸島は琉球国の領土であったことはなく、また琉球は中国の領土でもない。中国が琉球侵略を正当化できる歴史的、国際法的根拠も存在しない。

また日本帝国政府による尖閣諸島の領有化手続きにも、いくつかの不備な点があり、法的に領有化が確定したとはいえない。日清戦争勝利が確実になった段階で、日本政府が尖閣諸島を「かすめ取っ

た」といえる。日本政府の閣議決定という事実を公にする正式文書が存在しない。領有化に際して、島々の名称、位置、区域、所管庁、地籍、領有開始年月日等を官報に掲載し、公示し、関係国に通告する必要があるが、そのような文書もない。日清講和会議の際、日本側は尖閣の領有化を清朝政府に伝えず、島々には日本領を示す標杭も建てられなかった[53]。

尖閣諸島が「日本固有の領土」でないとすれば、いつから日本と尖閣諸島との関係が始まったのだろうか。国立国会図書館の濱川今日子は、それについて次のように論じている。日本政府が尖閣諸島に対して領有の意思をもち始めたのは、1879年の「琉球処分」の頃と考えられる。この年に発行された『大日本全図』、同年発行の英文の『大日本全図』において、尖閣諸島が琉球諸島のなかに含められていた。これらの地図は私人によって作成され、内務省の版権免許を得て刊行された。1879年に内務省地理局によって刊行された『大日本府県管轄図』においても、尖閣諸島が琉球諸島のなかに入っていた[54]。

地図に獲得した領土の書き入れを日本政府に提案したのは、お雇い外国人であった。1875年1月、ボアソナードは、大久保利通・内務卿に対して「琉球処分」の見込み案を提出したが、その報告のなかで、日本領であるとの客観性を明示するために、日本の地図に必ず琉球をいれるべきであると述べた。この提言を受けて、1879年に官許製図された地図『大日本全図』において、「琉球諸島図」のなかに尖閣諸島と思われる島々が記載された[55]。

1879年に作成された地図は、帝国主義的お雇い外国人のアドバイスに基づいて、植民地に対する領有を後付けで客観化しようとしたものであると考えることができる。「日本固有の領土」としての実態を、地図が現すという性質のものではなかった。日本人、日本政府が作成した地図のなかで、尖閣諸島が琉球諸島に含められたことをもって、領土併合の意思の現れとはいえない。

琉球併呑の政治的意味について、井上清は次のように述べている。政治的には別の国であり、社会的には兄弟のような親近性はあるが、まだ一体の民族社会になっていない二つの社会のあいだにおいて、一方が他方の意に反して、武力等の威圧をもって「併合」し、その国家的存在を抹殺したならば、これを「侵略」という。日本の「琉球併合」はまさにそのようなものであった[56]。

公法学者の尾崎重義は次のように述べている。琉球国は、尖閣諸島に対して領有意思を示さなかったが、永年にわたり（少なくとも200年以上にわたって）、他の諸国と比べると圧倒的な規模の実効支配をおよぼしてきた。その段階で、「琉球国（あるいはその継承者たる日本国）」が同諸島に対して領有意思を明示するなら、ただちに領土権が完成する程度の実効支配であった。1895年の閣議決定は、これまでの（領有意思の伴わない）歴史的領域を、国際法上の国家領域にするという、国家の意思決定であった。1895年1月14日の閣議決定の内容が、1885年の大東諸島の場合のように「国標建設」ではなく、「本県（沖縄県のこと）所轄の標杭建設」の許可であったのは、ここにその理由があった。また、尖閣諸島の日本領土編入の過程は、「発見・先占」法理の典型的な適用例であるとはいえない。永年にわたる歴史的領域を、正式に領土に組み入れる（国際法的というよりも国内法的な）措置であった[57]。

上の文のなかで、尾崎は重要な諸点を指摘している。第一に、航海上の目印として島々を活用することを実効支配と認めている。つまり、明朝、清朝の冊封使の報告書を、中国による島嶼領有の実効支配の証拠物件であると認識しているのである。第二に、琉球国の継承者が日本国であるとし、琉球国による尖閣諸島への実効支配を琉球併呑によって日本国が継承したと考えている。しかし、平和的に琉球国が日本国に継承されたのではなく、武力を用いて琉球は日本に併呑されたのであり、琉球国の同諸島に対する実効支配は日本国に継承されていないのである。第三に、尖閣諸島に対する琉球国の実効支配を継承した日本国は、「無主地の発見・先占」ではなく、国内法的な過程を経て、正式に同諸島を編入したと認識している。つまり、琉球が有していた尖閣諸島に対する領有権を、琉球併呑によって手に入れた日本国は、先占という国際法ではなく、沖縄県を通じて領有化を進めていくという国内法上の手続きで領有化したとしている。しかし、琉球併呑自体が国際慣習法上、違法であり、琉球国の尖閣諸島に対する領有権は日本国に移譲されず、同問題を国内問題として処理することはできない。そもそも、琉球国は尖閣諸島を領有していなかった。

尾崎は尖閣諸島の領有化問題を国内問題として位置づけるために、八重山諸島と尖閣諸島との関係性の深さを以下のように強調した。明清時代を通じて、地理的に尖閣諸島と圧倒的に近い位置にあったのは、与那国島、西表島、石垣島であった。地理的位置に加えて、尖閣諸島周辺の海域を流れる強い潮流（黒潮）の存在や、季節風や台風という自然条件を考慮に入れると、宮古諸島、八重山諸島、尖閣諸島は一つのまとまりのある生態圏を構成しており、そこに共通した「生活・文化圏」が生まれた[58]。

本書の最終章でも論じるが、琉球人は尖閣諸島を自らの「生活圏」としていたという仮説を、尖閣日本領有論者の一人である尾崎も主張していたのである。しかし琉球の人びとだけでなく、台湾の人びとも同様な生活圏を尖閣諸島との間に形成していた。宮古・八重山諸島と尖閣諸島との一体化を「生活圏」として強調することで、尖閣諸島が「日本固有の領土」であると装おうとしている。琉球を梃にして尖閣諸島の領有化を確定しようとしているのである。

尾崎は以下のような諸点から尖閣諸島が「日本固有の領土」であると論じている。

①　国家による、ある土地に対する実効的支配を、領有権確立のための決定的要素と認識することは、1928年のパルマス島事件仲裁判決において始まり、1933年の東部グリーンランド事件（常設国際司法裁判所判決）、1953年のマンキエ・エクレオ事件（国際司法裁判所判決）においても踏襲されてきた。日中両国が国際法を受容した後、そのいずれかの国が、国際法上の先占によって占有した場合、その時点で国際法上その国の領有に帰したと考えるのが正当である。尖閣諸島が中国によって明確に自国の領土と認識されないかぎり、同諸島の地位は、日本政府が先占によって取得した小笠原諸島、大東諸島、南鳥島の地位と同じである。英仏両国が当事者となった、マンキエ・エクレオ事件の判決において国際司法裁判所は、たとえ当事国の一方が、係争地域に対して中世にさかのぼる「原初的・封建的権原」を有していたとしても、その権原が法の変化にともなって、「新たに必要とされた別の有効な権原」によって代替されなければ、いかなる法的効果をも生み出し得ないと判示した[59]。

尾崎は、明朝以来の尖閣諸島に対する、中国側の歴史的な関係よりも、帝国主義による実効支配を優先するという、国際法上の解釈を強調している。同様な論理で日本政府による琉球併呑も合理化された。欧米諸国による帝国主義形成過程でその支配を合法化するために作られた国際法を、尖閣諸島の領有化過程に適用している。このような国際法を利用できた日本帝国は加害者となり、それを利用できなかった清朝は被害者となるという結果がもたらされた。戦後の世界史を見ると、被害者である植民地側が先占の法理を打破して、独立を勝ちとる軌跡が描かれたことがわかる。実効的支配とは、暴力による帝国主義的支配を意味する。「新たに必要とされた別の有効な権原」つまり先占という帝国主義の論理によって代替されなければ、「原初的・封建的権原」が無効になるという考え方自体も帝国主義的である。

②　琉球国時代における中琉間の交通が盛んであった時期に、頻繁に尖閣諸島海域付近を航海した明代の「琉球人舟夫」は、すでに「イーグン（鈷島）」と呼んでいたのではないかと十分に想像される。口碑によって今日まで伝承されてきた琉球側の「イーグン」という名称と、中国側の文書に記録されている「鉤（魚）嶼」、「釣（魚）嶼」との間には関連性がある。「漢字を知らない琉球人舟夫」の側から、漢字を知る中国人の側に伝えられて、「釣魚嶼」、「黄尾嶼」などの名称で記録にとどめられたと考えられる。[60]

上の説は、尖閣諸島の各島嶼につけられた中国語の名称は、元々琉球諸語であり、それが「琉球人舟夫」から中国人に伝えられたとする、言語学的根拠の乏しい仮説である。琉球人の舟夫や通事（通訳）の大半は、那覇の久米村出身の「漢字を知る」人びと、久米村人《くにんだー》（琉球居留華人）であったことからも明らかなように、尾崎は、琉球史の事実に基づかない仮説によって、尖閣諸島と琉球との関係を強調している。具体的に、「琉球人舟夫」の誰が、中国人の誰に「イーグン」という言葉を何時頃、伝えたのか、そして「琉球人舟夫」がその言葉を何時頃から使ったのかなど、客観的な検証や証拠が示されない、空想的仮説とさえいえる。このような結論を引き出した理由は、尾崎が、琉球国の同諸島に対する実効的支配を日本国が継承したと考えたからである。また「漢字を知らない琉球人舟夫」という表現から、琉球人に対する蔑視の意識も感じられる。

琉球国の外交使節の正使・副使には、久米村人でなく、「生粋の琉球人」が起用された。しかし、通事は琉球居留華人の専門職だった。通事の前職としては、航海技術を担当する「火長」であるケースが多かった。火長は、琉球国王の臣下になりきらず、意識と活動の両面で琉球国から自立した領域を保持していた。火長→通事という昇進コースは、通事の職務が言語上の意思疎通に特化されていなかったことを示している。通事を輩出する久米村の人びとは、言語能力のみを買われて王国に奉仕するのではなく、航海をもふくめた外国渡航の総合的専門家集団であり、貿易に必要なノウハウを自立的に保有していた[61]。

つまり「琉球人舟人」は、実際は久米村人であり、尾崎が想定したような状況は成立しなかったのである。「中国人」同士で意思疎通を行いながら、尖閣諸島の名称を決めていたのであろう。

また、尖閣諸島の名称を「琉球人舟人」が決めていたとする仮説は、日琉同祖論に基づいていると考える。それは、琉球人は元々日本人であり、「琉球人舟人」は「日本人舟人」であるから、琉球国時代から日本人によって同諸島が「発見」され、命名されたとの想定である。

太壽堂鼎も、琉球人について次のように考えている。琉球諸島には、日本本土の住民と同じ「人種」の人びとが住んでいる。琉球人の言葉、習慣は他の日本人と同じである。しかし、彼らは「方言」を話し、自らの地域的伝統を保持している[62]。

しかし、本書の第7章で詳論するように、日琉同祖論とは「琉球植民地的支配イデオロギー」でしかなかった。

③　ある土地の「発見」において最も重要な要素は、発見者の領有意思であり、それが国家的行為によって明確に対外的に表示される必要がある。18世紀以後、「発見」は単に「未成熟の権原」を与えるだけである。発見国が発見後、長期間にわたってその土地に実効的占有をおよぼさず、放置していると、「発見」に基づく権原は消滅し、その後の他国による実効的占有に対抗しえなくなる。[63]

しかし明朝、清朝は地図を作成し、尖閣諸島を公表した。明朝政府は同諸島の「発見」後、琉球への航海の目印として利用しており、同諸島を実効的占有していたと考えられる。明朝、清朝とも朝貢冊封関係を国家体制の核心的政治原理としており、琉球への冊封使の航海は国家の存在理由を確実にする上で欠かせない国家的行為であった。同諸島の存在により安全な航海を行うことができ、それにより琉球との外交的、儀礼的関係を確定し、アジア型国際関係を維持し、自らの国の正統性を国内外に示すことが可能になった。

④　19世紀後半に入ると、占有の内容において、秩序を維持し、行政を行う地方的権力の現地での樹立が、要件として求められるようになった。たとえば、1885年のベルリン会議の一般議定書第35条で示されたように、新たに要求されるようになった要件を、「実効的占有（又は実効的支配）の要件」と呼ぶ。しかし、あらゆる場合に地方的権力の樹立が必要とされるのではない。無人島の場合には、行政機関を設け、警察力や兵力を置くことは実際に必要ではなく、居住不可能な島にはそれを置くこともできない。[64]

尖閣諸島の魚釣島、久場島等には、古賀辰四郎による植民地主義的な開発事業にともない、200名以上の人びとが生活した時期があった。しかし、島嶼上の「地方的権力」は設置されなかった。よって日本政府は、同諸島を実効的支配したとはいえない。1940年以降、同諸島は無人島になったが、その理由は資源の枯渇、経済的採算性の悪化等であり、「居住不可能」な島ではない。よって現在も日本政府は同諸島を実効的支配していないと考えられる。

⑤　尖閣諸島開拓の許可を受けた古賀辰四郎によって開発が行われたが、その際、古賀により現地に標木が設置された。1896年以降、日本政府、沖縄県による実地測量、学術調査、尖閣諸島を記載した地図や海図の作成、官庁文書上での記載等の主権的行為を通じても、日本の領有意思は「黙示的」に表明された[65]。

しかし、古賀辰四郎は私人であり、日本政府の代理人ではなく、また国家が標木樹立を古賀に依頼したわけでもない。私人による標木設置は、国家の領有意思とはまったく関係がない。国家による領有意思は「黙示的」にではなく、「明示的」に表明すべきである。そうでなければ「領有意思の表明」という国際法の要件は充たされないことになる。

⑥　日本による尖閣諸島の編入、その後の開拓に対して、どの国からも異議が出なかった。その後も、1970年までの75年間、中国を含むどの国からも尖閣諸島の日本領有について異議が出されなかった。1885年10月の内務・外務両卿の協議における、外務卿の意見は、同諸島が清朝のものなのか、「無主の地」なのかという法律的な判断ではなく、もっぱら政治的な考慮に基づいたものであった。当時は、琉球の帰属そのものが確定せず、日清両国間の懸案となっており、日本は着々と

「琉球併合」の既成事実を作り上げていたのであり、琉球周辺の小さな無人島で清朝を刺激することは日本にとって絶対に得策ではなかったのである[66]。

その日本領有に対して異議がでなかったのは、日本政府が領有化を国内外に対して公表しなかったからである。戦前は日本、戦後はアメリカ合衆国の帝国主義支配下に置かれていた植民地としての尖閣諸島のあり方に関して、異議を示すことができる国際環境ではなかった。大国による植民地領有に対して異議を示し、脱植民地化運動がアジア・アフリカで展開するのは１９６０年代以降であり、太平洋諸島の場合は１９７０年代以降に脱植民地化が顕著となった。尾崎も、日清間で琉球の所属をめぐる対立が存在し、日本による琉球の領有化が確定していないことを認めており、その確定が尖閣諸島の領有化の前提となると考えていたことがわかる。

⑦　１８９６年以降の日本の尖閣諸島に対する統治権行使は、国際法が要求する「国家的権能の平穏かつ継続した発現」の要件に十分叶っている。古賀辰四郎による同諸島の開拓と経営は、「政府の許可と奨励」によるものであり、その活動を通じて国の統治権は有効に尖閣諸島におよんでいた。その他、国有地台帳への記載、地番の設定、国有地としての賃貸と払い下げ、地租徴収、土地測量などの行政権の行使、官庁文書への記載、国の作成する地図や海図への記載、官吏の派遣、学術調査、遭難者救助等の警察活動を通じて、尖閣諸島が「居住不適の無人島」であることを考えると、「国家的権能の現実的、継続的な発現」が見られる[67]。

しかし、古賀は国の代理人ではなく、民間人である。私的利益の獲得を目的としているのであり、同諸島への統治権を有効にするための国家から派遣された人ではなかった。「政府の許可と奨励」だけでは、国家の代理として、国の統治権を同諸島におよぼしていたとはいえない。尾崎が挙げた、「国有地台帳への記載」以下の項目も、割譲された植民地に対する行政的な措置であり、そのような事項は、戦後、脱植民地化運動を展開した旧植民地に対しても宗主国が実施していたことである。このような「国家的権能の現実的、継続的な発現」があっても、永久に領土的な保有を可能とするものでないことは、戦後、植民地を脱し、多くの国が誕生した世界政治の帰趨を見れば明らかである。

5 歴史認識問題としての尖閣問題

尖閣諸島や台湾が日本帝国によって割譲される21年前に発生した、「台湾出兵」という名の台湾侵略から、尖閣諸島領有化の歴史が始まった。1871年、琉球王府に年貢を運ぶ御用船に乗船していた宮古島の人びとが台湾に漂着し、台湾原住民族によって54人が殺害された。12人の琉球人生存者は地元住民によって救助され、台湾府の保護を受け、福建省福州に送られた後、宮古島に送還された。また1873年には小田県（現在の岡山県西部と広島県東部）の船が台湾に漂着し、4人が略奪、暴行を受けた。1874年、陸軍中将、西郷従道が約3600名の兵士を率いて台湾島屏東県牡丹社を侵略した。「台湾出兵」の背景には、清朝に属していた台湾を支配しようとする、日本政府の意図が隠されていた。20年後の日清戦争において日本は台湾を清朝から割譲した。日本は口実を設けて侵略を正当化し、侵略戦争を「正義の戦争」として解釈した。明治国家最初の海外派兵となった「台湾出兵」は、邦人保護や救出を理由として侵略軍を投入するという、その後の日本帝国による戦争パターンの先鞭をつけた[68]。

侵略後、柳原前光・日本政府全権公使は、台湾住民の一部が清朝の「教化」下にはないという儒教的政治思想の概念と、政権がおよんでいないという近代国際法的概念は、まったく別であると承知しながら、あえて両者を同一視した。そして柳原は、「蛮地」は「教化」の外だと清朝が主張したのに対して、近代国際法上の実効的支配がなされていない「無主地」であると考え、それを侵略正当化の根拠とした[69]。

日本政府は台湾侵略を先占原則に基づいて実施した。先占原則に基づいて、「無主地」を占領するには、次のような条件を充たす必要がある。①領有の意図、②「無主地」の確認、③占領の宣告、④占領の実行、⑤実効管轄等の5段階である。大久保利通が実施したのは①と④のみであり、先占原則に基づかない「有主地」への侵入となった[70]。

大久保利通は、「台湾蕃地」は「法律のない無主地」であるといいきった。それを「台湾蕃地無主論」という[71]。大久保は、清朝側の「難民撫恤」を「軍費賠償」と解釈し、「台湾蕃地帰属」や「台湾蕃地遠征」を正当化し、その上で「琉球帰属」のための論理作りの根拠にしようとした[72]。

台湾侵略後、清朝と日本国とのあいだで結ばれた「互換条款」に記載された「日本国属民」が、「琉球人」と「小田県日本人」のどちらなのかを示す規定が存在しない。また文中の「義挙」は、「正義」に適った行為であるとして、「道徳的」な意味を有したものであり、琉球の帰属に係る法的解釈と関係のある文言ではない。「互換条款」の文言の曖昧さを利用して、日本政府は自らが意図した「日本国属民=琉球人」という一方的な解釈を行った[73]。

琉球国政府は、台湾で遭難した自らの国民を「日本国属民」と認めていたのであろうか。台湾侵略後においても、琉球国は清朝への朝貢・慶賀を継続していた。国王・尚泰は、清朝による難民救助に関して閩浙総督に感謝状を送付し、台湾府官吏に感謝の印として銀300両を贈送した。他方、尚泰は明治政府から提供された撫恤金10万両の受け取りを拒否した。「互換条款」に基づいて清朝が10万両の撫恤金を与えたのは、撫恤済みの琉球人ではなく、小田県の日本人に対してであった。1871年12月、琉球人難民が台湾原住民族に殺害される事件が発生した際、琉球国政府は日本政府にそれを報告せず、「生蕃膺懲」を求めていない。日本政府がこれを初めて知ったのは、1872年5月19日付の、渡清中の弁務使・柳原前光からの報告によってであった。[74]

1872年に、日本政府は一方的に琉球国を「琉球藩」とした。しかし1875年、琉球国は慶賀使を光緒帝の即位礼に派遣した。つまり琉球国は、清朝の藩属国として、朝貢冊封関係を継続しようとしたのである。これは「琉球国のために台湾出兵をした」という、日本政府の立場を否認するものである。他方、1875年3月、大久保利通は清朝政府から得た「撫恤金」で購入した蒸気船を琉球王府に与え、「撫恤米」を佐藤利八などの小田県難民を含むすべての遭難者に与えようとした。小田県難民はそれを受け取った。しかし琉球国政府はその蒸気船を受け取らず、遭難者への「撫恤米」も救済済みとして拒絶した。明治政府による救済措置を琉球王府が拒否したことで、明治政府が意図した「日本国属民＝琉球人」という論理の基盤も失われた。つまり、「日本国属民」は小田県の漂流民、佐藤利八らを指すことが明らかになった。[75]

日本による台湾侵略後の経緯をみると、琉球を併呑しようとする日本政府に対して琉球国が強く抵抗していたことがわかる。琉球国政府は、琉球人が日本国属民ではないことを主張していたのである。日本政府からの「蒸気船」や「撫恤米」を受け取ることは、日本国民であることを認めることを意味すると考えて、それを拒絶した。琉球国が独立国であるという、「琉球アイデンティティ」の表出ともいえよう。

日本政府は琉球国政府の了解を得ずに、勝手に「日本国属民＝琉球人」と考えて、台湾を侵略したのである。「琉球人が日本国属民」であるという民族の帰属を、日本政府が一方的に決めることはできない。「民族の帰属」には、琉球人のアイデンティティ、琉球国政府の合意等が不可欠であり、「日本国属民＝琉球人」とは日本政府が自らの帝国主義政策を実施する際に生み出した虚構の言説である。

台湾を侵略した日本政府は、英米両国をはじめ欧米列強から反発にあい、国際政治から孤立するようになった。清朝側の対日戦備増強を警戒し、大久保利通は北京交渉会議への出席を余儀なくされた。清朝政府は、撫恤銀、施設譲渡費のわずかな出金で、日本との講和条約を結ぶことができた。この事件を通して、清朝は台湾に対する主権を再確認し、欧米列強にも認められ、台湾の主権防衛に成功した。[76]

そのような結果に導かれた大きな要因は、琉球国が日本政府から提供された船や米の受け取りを拒否し、清朝との朝貢冊封関係を継続したことにあるだろう。

日本政府は、尖閣諸島を「無主地先占」の法理で割譲したように、台湾侵略もこの同じ法理に基づいて行った。日本政府は、台湾侵略後に清朝と締結した「互換条款」中の文言を一方的に解釈して、

1879年の琉球併呑の根拠とした。台湾の割譲という日本の植民地支配は、日清戦争後実現することになった。それと同時に台湾の附属島嶼である尖閣諸島も、日本の植民地とされた。尖閣諸島の領有化の歴史的、法的な準備段階として、台湾侵略を位置づけることができる。

尖閣諸島は日清戦争末に日本によって割譲されたが、この戦争は日本の帝国主義に基づいて発動されたものであった。大本営は1895年に威海衛を攻略した後、澎湖諸島の占領作戦を決定した。日清戦争において日本軍が清朝に攻勢を仕掛ける過程で、無人島であった尖閣諸島を占有した。日本政府は「無主地先占」を主張しているが、それは戦争という状況を利用した一方的な宣言であり、国際社会による認知を得たとはいえない。また、日清講和条約によって台湾と澎湖諸島の日本への割譲が決定されたが、尖閣諸島の領有については同条約でまったく俎上に上がっていない。戦争最中の略奪行為である[77]。日清戦争において、日本が勝利し台湾を割譲したのは、国際法上の「征服」であると考えることができる[78]。

日清戦争の目的は、日本が朝鮮王朝を支配するために、朝鮮から清朝の勢力を駆逐し、清朝に朝鮮王朝の「独立自主」を認めさせることにあった。1894年9月15日の「平壌の戦い」、9月17日の「黄海の大海戦」で日本の勝利は決まった。同年12月20日、清朝は講和全権の氏名を日本に通知し、同月25日に朝鮮王朝の「独立自主」を認めると宣言した。内務大臣が、尖閣諸島の領有化を閣議にかけることを、外務大臣と協議したのは同月27日であった。翌年1月14日の閣議において、魚釣島と久場島における標杭建立が決定された[79]。

日清戦争は、当時、日本政府にとって最大の外交上の懸案であった「日英通商航海条約」改正とともに行われた。同条約改正は1894年7月16日の調印によって実現した。1854年に締結された不平等条約の改正を求めていた日本政府は、同条約改正により、相互対等の最恵国待遇を得て、領事裁判権の撤廃をかちとった。同年7月20日、朝鮮王朝政府に対し、清朝との宗属関係の破棄を要求する最後通牒を突きつけて、日清戦争に突入した[80]。

1872年から始まった琉球併呑の過程でも、日本政府は清朝との宗属関係の破棄を求めたが、日清戦争でも朝鮮王朝に対して同様な要求を突きつけた。日清戦争を起こした日本政府は、アジア型国際関係を破壊し、帝国主義という欧米型国際関係を東アジア地域にもち込み、そのなかの宗主国になろうとした。1876年2月26日に日朝修好条規が締結された。その第一条において「朝鮮は自主の邦であり、日本国と平等の権利を有す」と記載された。これは朝鮮王朝から清朝の影響を除去することを目的にしていた。同条規の内容は、朝鮮王朝内の二つの港を開き、日本政府の同国内における治外法権を認め、日本からの輸出品に関税を賦課しないなど、日本が欧米諸国に押し付けられた条約以上に不平等な内容であった[81]。

明治国家は日清戦争を「文明の戦争」、すなわち「文明国＝日本」と「野蛮国＝清」との戦争であるとして、国内向けに宣伝し、戦争に対する国民の支持をとりつけようとした。福沢諭吉、内村鑑三は、「文明」国家の正当な権利行使であると考えて、同戦争を積極的に支持した。日清戦争を、新旧文明をそれぞれ代表する日本と清朝の対立であると位置づけ、「新文明」が「旧文明」を乗り越えるための戦争とした、内村鑑三の「義戦論」、日清戦争を「文明の義戦」とし、「文明的対外論」を積極的に説いた、福沢諭吉の「脱亜論」が展開された。また同時代における、代表的なアジア論として、徳富蘇峰の『大日本膨張論』（1894年）、日本の大陸政策の推進者であった後藤新平の『日本膨張論』（1916年）等が出版された[82]。

1870年代に琉球併呑を押し進めた日本政府は、同年代において朝鮮王朝に対して不平等条約を強制したのであり、琉球国、朝鮮王朝両国の植民地化をともに狙っていたことがわかる。「文明開化政策」、「殖産興業策」、「富国強兵策」等によって、日本は「文明国」になったと自己認識しただけでなく、清朝が中心となるアジア型国際関係のなかの構成国を日本が併呑することで、「旧文明国」にとって代わり、東アジアの「盟主」になろうとした。

なぜ日本政府は日清戦争中に尖閣諸島を領有化したのであろうか。日本政府は、日露戦争中の1905年1月に、内閣決定により竹島を領有した。その理由は、同島周辺および海域が、ロシアとの戦闘を優位に進める上で不可欠の作戦用地であると認識したからである。1910年の韓国併呑によって、竹島が日本の領土として既成事実化された[83]。

尖閣諸島も日清戦争を進める過程において、地政学上重要な島嶼であると、日本軍が認識して領有化された可能性が高い。朝鮮や台湾に対する日本帝国の植民地支配に対して、次のようにそれを評価する「植民地近代化論」の議論がある。植民地支配は、植民地住民の経済発展に寄与し、人権や民主主義の充実にも貢献した。日本の台湾や朝鮮に対する植民地統治は、「文明開化」や「殖産興業」をもたらした。台湾や朝鮮に対する「一視同仁」という統治理念に基づく皇民化運動によって、台湾人や朝鮮人の「資質」を「日本人レベル」にまで引き上げることができた。皇民化運動は、差別や格差の「解消運動」であると認識された[84]。

しかし、琉球に対して「植民地近代化論」は適用できない。琉球における植民地統治は「文明開化」、「殖産興業」をもたらすどころか、経済的疲弊を発生させ、多くの琉球人が職を求めて国内外への移住を余儀なくされた。また寄留商人と呼ばれる日本人植民者が琉球において経済搾取を行い、日本人、日本企業のための原始的蓄積をもたらしただけに終わった。琉球における皇民化運動は、琉球人を日本人に同化することで、労働、徴兵、徴税の各過程で琉球人を経済搾取し、戦争遂行の手段にした。皇民化運動の結末が、沖縄戦の強制的集団死であり、日本軍による虐殺であった。琉球人が日本人に同化しても、琉球人に対する差別は止まなかった。なぜなら、琉球人が同化したかどうかを決める「権限」は、琉球人ではなく、「同化の目標」とされた日本人が握っていたからである。同化を計る客観的な基準はなく、日本人の意のままに「同化のレベル」が決定された。永遠に日本人に同化し続けることが、日常的な差別によって強制された。つまり、皇民化運動とは日本政府、日本人が琉球人を統治し、管理するための手段でしかない。

1895年6月2日、「台湾受け渡しに関する公文」に日清両国が署名する前、台湾の附属諸島がどの島嶼を含むのかが双方の協議の焦点となった。清朝政府の李経方・全権委員が、日本が後日、福建省付近の島嶼も台湾附属島嶼と見なして領有権を主張することを懸念し、台湾附属島嶼の名を目録に明記すべきであると主張した。しかし日本政府の水野遵・弁理公使は、「島嶼名を列挙すると、脱漏したもの、無名の島があった場合の問題を避け難く、日中いずれにも属さないことになり不都合だ。台湾の附属島嶼はすでに海図、地図などにおいて公認されており、台湾と福建との間には澎湖列島の『横はり』があることから、日本政府が福建省付近の島嶼を台湾所属島嶼と見なすことは決してない」と述べた。日本政府は、事実上、釣魚列島（尖閣諸島）が台湾の附属島嶼であることを認めていた。なぜなら同諸島は公認の海図、地図で早くから中国に属することが明記されていたからである。またこの島嶼目録に関する日清両国のやり取りは、馬関条約（下関条約）署名の3か月前に日本政府が閣議で同諸島を秘密裡に沖縄県に編入した事実を隠す意図を日本政府がもっていたことを明らかにしている[85]。

島嶼名の目録作成を拒否した日本政府に、正当な理由は存在しない。台湾海峡の東側に存在する島嶼のすべてが「台湾の附属島嶼」として割譲対象になり、下関条約調印書に台湾、その附属島嶼の地図がないことから、尖閣諸島は「台湾の附属島嶼」として清朝から日本に割譲されたとして考えるべきである[86]。

次に琉球国王府は尖閣諸島を、どのように認識していたのかについて論じてみたい。琉球国王府がまとめた歴史書である『中山世鑑』には、「釣魚嶼、黄毛嶼、赤嶼」という名前がでてくる。王府の三司官を務めた程順則（名護親方寵文）の『指南広義』には、「釣魚台、黄尾嶼、赤尾嶼」等の名称が記載されていた。そのなかで久米山（久米島）が「琉球西南界上之鎮山」であると指摘されている。同じく琉球国王府が編纂した歴史書、『中山世譜』でも「琉球三十六島」のなかに釣魚嶼等が入っていない。さらに新井白石が琉球について記述した『南島志』でも、「琉球三十六島」中に尖閣諸島が含まれていない[87]。

つまり琉球国は尖閣諸島を自国の領土、領域内に存在する島嶼であると認識していなかった。それは将軍・徳川家宣の侍講であった新井白石も同じであった。

日本政府は、琉球併呑後も尖閣諸島を自国領であると認識していなかった。1880年3月26日の清朝政府との会談において、竹添進一郎（明治政府の内命を受けた漢学者）は日清修好条規の改定によって、日本は清朝内の通商活動において欧米諸国並みの利権を得る代わりに、琉球を分割して宮古・八重山諸島を清朝に譲渡し、日清の国境線を画定したいという提案をした。しかし、「台湾出兵」後に締結された「互換条款」には、「日本国属民等」と記載されてあり、「琉球人」とは書いていないと李鴻章は指摘し、中国人が琉球人を日本人とみなすことはないと主張した。また李鴻章は、伊犂問題と琉球問題とはまったく別問題であるとし、琉球は一つの国家であり、清や日本の一部ではなく、今論議すべきは琉球国の主権を回復するかどうかであると論じた。1881年、琉球国王府の最後の三司官の一人であった、富川盛奎が北京に亡命して、「琉球分割条約」に断乎反対した。[88]

日本政府は尖閣諸島を自らの領土であると認識していなかったから、清朝内での経済的利益を得るために、同諸島を含む宮古・八重山諸島を清朝に割譲してもかまわないと考えていたのである。清朝政府の代表者である李鴻章は、琉球人を日本国属民とは考えず、主権国家としての琉球国の復活を目指していた。

また日本政府は琉球併呑過程においても、尖閣諸島を自国領土と認識していなかった。日本政府は、尚泰を「琉球藩」の「藩王」にした事実を対外的に公表せず、「琉球藩」を外務省の管轄下におき、外国として位置づけた。1873年、日本政府の役人、伊地知貞馨は琉球国王府に対して、久米島、石垣島、宮古島、与那国島における日章旗の掲揚、欧米各国と琉球国が結んだ条約正本の提出を求め、外務省出張所を沖縄島に設置した。日章旗の掲揚を指示した五つの島のなかに、尖閣諸島は含まれていなかった。琉球併呑過程に発生した「台湾出兵」の論拠を日本政府に進言したのが、駐日アメリカ合衆国公使のデロング、米国籍の外交官ル＝ジャンドルである。二人は「漂着人を殺害・略奪した〈生蕃〉は清国の管轄下に入らず、その居住地は無主の地である」と述べ、国際法上の「無主地先占論」を主張した。しかし互換条款（北京議定書）には、「日本国属民等」と記載されているだけであり、琉球・琉球人に関する記載はまったくない[89]。

日本政府は、「琉球藩」の設置を対外的に公表せず、内密に琉球併呑を進めたが、同様な方法は尖閣諸島の領有化過程においてもとられた。琉球国や尖閣諸島の併呑や割譲が、同一の領土拡大手法によって進められたのである。

現在、尖閣諸島の領有をめぐって日中両政府が対立しているように、琉球国の併呑を進める日本政府に対して清朝政府は強く批判した。1878年、寺嶋宗則・外務卿は、琉球国を日本の所属とし、その併呑を「内政問題」として位置づけた。それに対して、清朝の駐日公使、何如璋は日本政府による中琉関係停止命令の撤回を求め、「清朝所属」論の立場に立ちながらも、同時に琉球国を「自治の国」とみなしていた[90]。

独立国であった琉球の併呑を内政問題とした明治政府の植民地主義は、尖閣諸島の所属を内政問題として、中国、台湾との領土紛争という事実を認めない、現在の日本政府に受け継がれている。

1879年に軍隊と警察によって琉球国を暴力的に消滅させた後も、琉球の日本所属が確定したわけではなかった。天津領事になった竹添進一郎は、1881年後半から82年前半にかけて李鴻章と交渉し、「分島改約」の復活を画策した。外務卿の井上馨も、「尚泰引き渡し」の譲歩案まで用意して、竹添に同案の早期妥結を促した。新任の駐日公使の黎庶昌や、李鴻章は、一部手直しを加えて、琉球分割を行う「分島改約」を復活させようとしていた。その後も、琉球分割の交渉は、朝鮮・越南問題と連動しながら浮上した[91]。

1885年に日本政府は沖縄県に尖閣諸島に関する調査を行わせ、その領有化を狙ったが、それは10年後にもち越しとなった。その理由は、尖閣諸島割譲の根拠となる、日本による琉球併呑が確定していなかったからであった。琉球王府遺臣による「琉球救国運動」は日清戦争まで続くのであり、それまで琉球の日本所属は確定していなかった。

なぜ日本政府は1885年に、尖閣諸島の領有化を目指したのか。同年、古賀辰四郎は、アホウドリの捕獲、羽毛輸出のために魚釣島などの貸与を、沖縄県を通じて日本政府に申請した。内務卿の山県有朋は、同諸島に「清国所属ノ証跡」はなく、「無人ノ島嶼」であり、国標を建てるべきだと考えた。しかし、井上馨外務卿は「清国ノ疑惑」を招くと判断し、国標設置の延期を内務省に進言した[92]。

日本人植民者の古賀辰四郎による植民地主義的経済開発が、日本政府が尖閣諸島領有化を目指した第一の要因であった。1886年に山県有朋は琉球を視察し、日本帝国の軍事上の南門にすべきとする「復命書」を政府に提出した。尖閣諸島に対して日本政府は、経済的、軍事的な関心を持ってその領有化を狙っていた。

日本政府による尖閣諸島領有化の最大の根拠は、琉球併呑の確立である。日清戦争に勝利することにより、清朝からの反論を押さえつけることができたと考えた。日本政府は本来なら、講和会議で同諸島の所属についても議論しなければならなかった。しかし、このような協議をしなかっただけでなく、清朝に同諸島の領有化を通知しなかったことも、日本の帝国主義を示すものであったといえる。

また日清戦争の勝利によって、暴力的に琉球と尖閣諸島を自らの領土とした。

Ⅱ　日本帝国のなかの尖閣諸島

日清戦争後、日本政府は国内外に対して尖閣諸島領有の事実を示すことなく、これらの島々に国標も設立しなかった。1885年の時点で、同諸島の領有化を日本政府が躊躇した理由として清朝の存在があった。その後も清朝、中華民国、中華人民共和国の各政府に対し、日本政府が同諸島領有化の事実を通告しなかったという、領有化のプロセスにおいても瑕疵が存在した。本章では、大東諸島、竹島等他の島嶼の日本編入過程と尖閣諸島のそれとを比較して、尖閣諸島編入過程の特殊性を明らかにする。

1880年の「分島改約」において日本政府は、沖縄諸島を日本領とし、尖閣諸島を含む宮古・八重山諸島を清朝領にすることを清朝政府とのあいだで合意した。旧琉球国王府亡命者の訴え等により、同改約は署名せずに終わり、実行されなかった。日本政府は、尖閣諸島を含む宮古・八重山諸島を清朝に譲ってもいいと認識していたのであり、尖閣諸島が「日本固有の領土」であると主張することは、歴史的に矛盾する行為であるといえる。

「尖閣列島」という名称も、琉球に住む日本人植民者である黒岩恒によって命名された。魚釣島で最も高い山は、「琉球王」といわれ、琉球統治において専制的な権力を行使した、奈良原繁・沖縄県知事の名前に基づいて「奈良原岳」と名づけられた。

琉球併呑後、日本政府による琉球の植民地政策が、社会の隅々までおよぶようになった。琉球の植民地化の過程を、山県有朋による琉球統治に対する認識を通じて明らかにする。日本政府の植民地統治府としての役割を果たした沖縄県庁を通じて、尖閣諸島の領有化のための申請手続がなされた。日本政府は同諸島を現在も実効支配し、「日本固有の領土」であると主張している。琉球を併呑し、清朝との戦争の結果、取得した尖閣諸島を今も中国または、台湾に返還していないという事実は、自らの帝国主義を反省せず、正当化し続けていると考えられる。

1 日本による尖閣諸島領有過程の問題点

日本政府による尖閣諸島領有化の過程には、次のような問題が存在した。

① 尖閣諸島の名称決定過程における問題。琉球在住の日本人研究者である、黒岩恒は、次のようにして尖閣諸島の地理的名称をつけた。魚釣島において、沖縄県知事の奈良原繁から「奈良原岳」、八重山島司の野村道安から「道安渓」、沖縄師範学校校長の安藤喜一郎から「安藤岬」等の地名を命名した。南小島の西岸を、伊澤弥喜太から「伊沢泊」とし、南小島の東部にある岩を、黒岩の同僚である沖縄師範学校教員の新田義尊から「新田の立石」と名づけた。また、北小島と魚釣島とのあいだにある水道を、黒岩が調査に利用した船舶、永康丸の船長、佐藤和一郎から「佐藤水道」と名づけた。また「尖閣列島」という名称も黒岩が名づけたが、それは他の島嶼内の名称と同じく、日本政府

が公式に決めたものでも、公的に追認したものでもない。1969年5月、石垣市長が建立した標柱に記載された、「魚釣島、久場島、大正島、南小島、北小島、沖の北岩、沖の南岩、飛瀬」の島名も、日本政府が公式につけた名称ではない。硫黄島、沖大東島のように、日本政府の勅令をもって尖閣諸島の島名は決定されなかった。[1]

政府による島嶼名称の決定という、領土確定過程において不可欠なことがなされていない。

「沖縄復帰」を推し進めた、南方同胞援護会の「尖閣列島研究会」は、日本政府が尖閣諸島に対して領有意思を持ち始めたのは1879年頃からであると指摘している。その根拠とされたのが、同年発刊された英文の『大日本全図』（松井忠兵衛編）である。しかし同地図に記載された島名は、「和平山、黄尾嶼、赤尾嶼」等の中国語名であった。「和平山」は「Hoa pin su（またはHoa pin san）」と記載された。地図を根拠として、日本が同諸島に対して領有意思をもち始めたと考えるのは誤りである。[2]

また尾崎重義は、次のように地図への尖閣諸島の記載をもって、日本政府は領有意思を表明したとしている。1879年12月、内務省地理局が刊行した『大日本府県管轄図』の琉球諸島のなかに尖閣諸島が記載されている。大きな一島とその右隣に小さく六島を描き、「花瓶島」と島名を記している。1881年6月に内務省地理局が刊行した『大日本府県分割図』の「沖縄県図」に島名は付さず、島の形だけで、魚釣島とその右に六島そして久場島が記されていた。それは日本が、尖閣諸島に領有意思をもち始めたことを示している。[3]

1933年に日本軍参謀本部・陸地測量部が作成した地図『吐噶喇及尖閣群島』において、「赤尾嶼」、「黄尾嶼」など中国語名の名称が表示されていた。海軍省の外局である水路部も、1896年7

月刊行の『日本水路誌・第二巻・付録』や、1902年12月刊行の『日本水路誌・第二巻・付録・第一改版』において、中国語の島嶼名が記載されていた。[4]

日本の領有化後は、尖閣諸島の島嶼名が日本語名で表記されてしかるべきであるが、日本政府の諸機関が出版した地図や海図において中国語名による表記がなされていた。これも閣議決定の際に島嶼名を確定し、それを内外に通告するという手続きを踏まなかったからにほかならない。

地図上に島の形が描かれただけで、同島に対する国家による領有意思があると認識することには、推論上の大きな飛躍がある。日本政府の領有化過程において尖閣諸島の中国語名が利用されていた。戦後、久場島、大正島は米軍の射爆撃訓練場とされたが、それぞれ「黄尾嶼射爆撃場」、「赤尾嶼射爆撃場」と呼ばれている。中国語名の「黄尾嶼」、「赤尾嶼」を含んだ射爆撃場名が、国内外の公文書に記載されている。地図上での同諸島の表示をもって領有化の表明であると、曲解しなければならないほど、日本政府による同諸島の領有化のプロセスには大きな瑕疵があった。

② 領有化における法的な問題。尖閣諸島の日本国への編入決定は閣議において行われたが、その決定は天皇の勅令という形で発出されなかった。また、本件に関して沖縄県知事に対する指令は官報で公示されず、沖縄県の告示も出されなかった。[5]

1895年の閣議における尖閣諸島の領有決定について、初めて公表されたのは、『日本外交文書』の第18巻（1950年12月刊）、同書の第23巻（1952年3月刊）であった。それらは外務省が編纂し、日本国際連合協会が出版した。他方、日本政府は硫黄島、北硫黄島、南硫黄島と島名を確定し、それらを小笠原島庁の所属とし、閣議決定を経た後、1891年9月9日に「勅令第190号」として官報に公示した。同勅令には、島嶼の位置、島名、所管地方庁が明記された。小笠原諸島の領有について、1876年10月、日本政府は各国公使に通告した。また1900年9月11日、閣議に提出された「無人島所属に関する件」という公文書において、経緯度でその位置を明確にし、島名を沖大東島とし、島尻郡大東島の区域に編入すると記載された。[6]

また閣議で決定された標杭は現在にいたるまで、日本政府によって尖閣諸島に設置されなかった。1969年に石垣市が標柱を尖閣諸島に設けた。石垣市長の命を受け、行政区域を明示し、1945年7月、同諸島付近で、疎開中に遭難した遭難者の霊を供養する慰霊碑の建立を目的にして、標柱が設置された。[7]

つまり、現在も存在する標柱を設置したのは石垣市であり、日本政府ではない。日本政府または米国民政府から、石垣市は「国家行為」の一環としての標柱建立の委託を受けていない。石垣市の行政区域を明確にするという、地方行政上の任務のためである。1895年の閣議決定は履行されていないのであり、無効であるといえる。

尾崎重義は、標木設立について次のように述べている。古賀辰四郎が久場島、久米赤島（大正島）に標木を建てたことは記録によって確認されている。尖閣諸島現地では、古賀らによって日常的に国旗が掲揚されていた。[8]

しかし、古賀は私人であり、国家の代理人ではない。彼が標木を建立し、国旗を掲揚しても、それは日本政府による国家行為とは見なされず、私人の行為でしかない。

③　1885年の時点で日本政府、沖縄県とも、尖閣諸島が清朝領有の島々であると認識してい

た。1885年、沖縄県令・西村捨三は、内務卿・山県有朋宛の書簡（9月22日付）、「久米赤島外二島取調ノ儀ニ付上申」において、次のように述べた。尖閣諸島は、『中山伝信録』（徐葆光が作成した冊封使録）に記載されている「釣魚台、黄尾嶼、赤尾嶼」と同一である疑いがある。もし同一ならば、清朝も琉球国に派遣された冊封船を通じて、それらの島々の存在をすでに詳しく知っているだけでなく、その名前をつけ、琉球に向けた航海の目標としたことは明らかである。大東諸島同様に国標を設置することに対して懸念を示している。[9]

また1886年6月、東京で出版された、西村捨三の『南島紀事外編』乾巻の「琉球三十六島之図」には、尖閣諸島がまったく描かれていない。西村がこれらの島々は日本ではなく、清朝に所属していると認識していたことを示している。[10]

1885年、外務卿・井上馨は、内務卿・山県有朋宛ての書簡、「沖縄県ト清国トノ間ニ散在スル無人島ニ国標建設ハ延期スル方然ルヘキ旨回答ノ件」（10月21日付）において次のように述べた。尖閣諸島は清朝国境にも接近し、清朝はそれらに島名も付している。当時、清朝の新聞紙等は、日本政府が台湾近傍にある清朝所属の島嶼を占拠した等の風説を掲載し、日本に対して「猜疑」を抱き、清朝政府の注意を促している。そのようなときに、公然と国標を建設すると清朝の「疑惑」を招きかねない。国標の設置や開拓等は他日の機会に譲るべきである。大東諸島や尖閣諸島の踏査のことは、官報や新聞紙には、掲載しないように注意する必要がある。[11]

大日本帝国憲法では、行政権は天皇の大権に属していた。同憲法下における内閣は、天皇の輔弼機関にすぎず、閣議決定だけでは国家としての正式の意思決定にはならない。行政上の意思は、勅令によって表明される必要がある。「勅令第13号」（1896年3月に公布された「沖縄県郡編成ニ関スル件」）は国内法上、尖閣諸島の日本領土編入を定めたものではなく、領有宣言でもない。閣議決定と、その14か月後に出された「勅令第13号」とは無関係である。閣議決定は政府内部だけで通用する性質のものであり、それとは別に法律を作らないと、拘束力をもった行政命令にはならない。また、閣議決定はそのままでは国際的に通用しない。1945年8月15日までの50年間、日本帝国は中国人民にとって最も凶悪な敵であった。「先占」という暴力によって、領土と独立、権利と資源、自由と平和を奪われた世界の諸民族は、「反帝独立闘争」を通じて先占を否定し、闘ってきたのである。[12]

「勅令第13号」には、尖閣諸島の名称、位置等の情報だけでなく、同諸島が「八重山郡八重山諸島」に属することも記載されていない。戦前の天皇制国家において天皇の勅令となっていない内閣の決定だけでは、正式な法律として成立したとはみなせない。内閣の了解事項でしかなく、「無主地先占」論に基づく領有化に関して、国家としての宣言もなされなかった。他の無人島の編入過程と比べても、尖閣諸島の場合は政府が清朝政府に知られないように内密に事を進めようとしたことがわかる。

日清戦争に日本が勝利したことにより、琉球と台湾との間の国境線が消え、台湾とその附属島嶼、澎湖島まで日本の版図に入り、尖閣諸島を実効支配するのに遠慮もいらなくなったから、領有化の決定を下したのであろう。[13]

「勅令第13号」において、たとえば、「島尻郡」として久米島、慶良間諸島、渡名喜島、粟国島、伊平屋諸島、鳥島および大東諸島等の島嶼名が記載されているが、「八重山郡」には「八重山諸島」としか記載されておらず、尖閣諸島が明記されていない。[14]

1895年3月、沖縄県内務部第一課によって発行された『沖縄旧慣地方制度』という公的文書において、「八重山島」のなかの「大浜間切」、「石垣間切」、「宮良間切」に尖閣諸島が含まれていなかった。[15]

琉球国時代においても、尖閣諸島は王府によって行政的に統治されていなかった。

以上のように、「無主地先占」という領土編入の法的過程において大きな瑕疵が認められるのであり、現在の日本政府による尖閣諸島領有論は再検討すべきであろう。中国や台湾の同諸島に対する領有権の主張は、戦後世界において展開された「反帝独立闘争」の一環として位置づけることができる。

④ 閣議決定で領有化を決めたのは、久場島、魚釣島だけであったという問題。閣議決定の基礎になる内務省の請議案には、「久場島」、「魚釣島」の二島の名称しか明示されず、南北小島、大正島等のほかの島々は記載されなかった。[16] 内務省が大正島を同省の所管として地籍を設定したのは、1921年7月25日であった。その理由は、沖縄県からの通知によって内務省がこれに気づいたためであった。大正島の編入についての閣議決定は不十分であった。[17]「領土の確定」という国家の存立にもかかわる大変重要なことを、「忘却」することがありうるのだろうか。もし本当の「日本固有の領土」であれば、このような事態は起こりえない。

日本政府は1895年の閣議決定をもって尖閣諸島の領有化過程が完了したと主張しているが、実際は魚釣島、久場島だけを対象とした閣議決定でしかなかった。その意味でも、日本の領有化過程における法的手続きは不備であり、無効であるといえる。

日本政府の閣議決定を受けて、尖閣諸島を沖縄県の所轄とする旨の告示が出されなかった。また閣議決定に基づく、沖縄県知事宛の指令も公表されておらず、記録も残っていない。尾崎重義は、その原因として、第二次世界大戦の戦災、または「沖縄県か石垣島町役場における記録保存の面での不備」を指摘している[18]。

沖縄県に対する指令は日本政府内にも記録が保管されているはずである。「沖縄県か石垣島町役場における記録保存の面での不備」として、琉球側に責任を転嫁しており、差別的な認識であるといえる。

尾崎は、次のように日本政府による尖閣諸島の実効支配が、有効であったと主張している。明治政府が国有地である尖閣諸島に関して、私人にその使用許可を与え、その者が土地利用を排他的に行うことができたという事実は、同諸島に対する日本の実効的支配を示すものである。その他、1895年以降、日本は尖閣諸島に対して以下のような「統治行為」を行ってきた。国有地としての指定と国有地台帳への登録、地番の設定、民間への貸与とその後の払い下げ、地租の徴収、沖縄県・水路部・営林署による実施測量と縮尺図の作成、国や沖縄県による職員の現地への派遣、国や沖縄県の許可または奨励による資源・学術のための現地調査、遭難者救助のための警察や軍の出動等である[19]。

しかし、明治政府が尖閣諸島を国有地にした過程そのものに様々な問題が存在していたのであり、領有手続きは違法であり、無効であった。よって、違法な領有手続きに基づく様々な「統治行為」も、違法であり、それらを実効支配の証拠と見なすことはできない。

2　他の島嶼はどのように領有化されたのか

次に、日本列島周辺にある他の島嶼の日本領有過程と、尖閣諸島におけるそれとを比較してみたい。

①　竹島（独島）

竹島は、日本では島根県隠岐郡隠岐の島町、韓国では慶尚北道鬱陵郡鬱陵邑に属するとして、その領有権が争われている。江戸時代から鳥取藩の住民が、朝鮮王朝が「空島政策」を取っていた鬱陵島（当時は竹島と呼ばれていた）に、幕府の許可を得て渡航する際に、竹島（当時は松島と呼ばれていた）を利用していた。１９０５年1月、閣議決定により竹島を島根県に編入した。他方、韓国政府は、于山島（竹島）は、５１２年に新羅に合併された際に韓国領となったと主張した。１９５２年1月、韓国政府は海洋主権宣言を行い、独島を実効支配した。日本は１９０５年11月の日韓協約によって韓国を保護国とし、その外交権を掌握した。１９１０年には韓国併呑を行い、韓国側は竹島領有に関し日本政府に抗議を行う機会が極めて限られていた[20]。

尖閣諸島と同じく、竹島も日本の帝国主義的領土拡大の一環として日本の植民地になった。相違点は、尖閣諸島が未だに日本の植民地であるのに対して、竹島は韓国政府によって奪回され、現在その管理下にあるという事実である。

竹島は、次のような過程を経て日本領有の島となった。日本政府は、１９０５年1月28日の閣議において「竹島」と命名し、日本所属とした上で、島根県所属隠岐島司の所管とすることを決定した。そして、これを告示するよう、島根県知事に訓令した。日本政府は、隠岐島庁に対して、竹島がその所管になったと指令した。１９０５年８月に島根県知事・松永武吉が、１９０６年３月に島根県第三部長・神田由太郎の一行が、それぞれ竹島において実地調査を行った。１９４０年８月、竹島は舞鶴鎮守府の海軍用地となった。１９４５年１月、国有財産法施行令第２条によって、竹島は大蔵省移管となった。[21]

尖閣諸島とのちがいは、日本政府が閣議において「竹島」として島名を決め、その所管の行政庁を指名したこと、県が告示を行い、県知事自らが調査をしたこと、舞鶴鎮守府や大蔵省等の政府機関が直接管理をしたことである。竹島と比べても、尖閣諸島の領有化過程が特異であったことがわかる。

日本側において、竹島が日本領として認識されていたことを示す記録や地図が存在する。竹島領有化において日本政府の主張に弱点があるとすれば、当時、江戸幕府が領有の意思を明確に表示せず、竹島に対する国家権能の表示が明確でないことである。しかし、太壽堂鼎は、幕府領有の意思は、鎖国後も竹島への渡航を禁止しなかったことから推定しえると考えた。この推定は、その後日本政府が竹島を日本領と認識していたことで補強されるとした。17、18世紀に運用されていた先占法規において、領土権の取得に必要な占有は、土地の使用や定住という物理的占有に重点がおかれていた。国家機関が具体的に支配権を行使しなくても、国民が土地を実際に利用、経営、定住していれば十分であった。実効的占有の重点が、国家の支配権の行使という社会的占有に転換したのは、19世紀においてである。[22]

尖閣諸島に対して明朝、清朝の両政府とも日本の幕府と同様に、それに対する領有意思を明確に表示していたとはいえない。しかし、琉球国への航海の際に目印として同諸島を利用していたことで、その領有意思は推定しえるだろう。琉球併呑以前において、日本側には尖閣諸島に関する地図や資料が『三国通覧図説』を除いてほとんど存在しないのに対し、竹島の場合にはそれらが、日本側に多く存在するというちがいがある。尖閣諸島編入の議論において、中国側が有する歴史資料の価値を無視するのに対し、竹島の場合はそれを重視するというダブルスタンダードが、日本尖閣領有論者に見られる。

太壽堂は、尖閣諸島に関する歴史的資料について次のように述べる。尖閣諸島の領有に関し、中国が仮に歴史的根拠をもつことが認められても、清朝、中華民国、中華人民共和国は、尖閣諸島の日本領土編入後75年間、台湾に対する日本統治が終わってから25年間、同諸島の日本領有に異議を唱えず、尖閣が「沖縄」に属することを黙認した。1952年の日本国と中華民国との平和条約でも、尖閣の中国への返還は規定されなかった。歴史的根拠から生じる法的効果は、その後75年間の諸事実により消滅した[23]。

上の太壽堂の見解は、たとえばレイプされた人が、様々な圧力で告発できなければ、その犯罪は認められるとする認識に近いと考える。告発しない被害者側に問題があるとする解釈は、まず「人間の生きる道（道徳）」に反している。当時の国際法では認められたかもしれないが、戦後の世界における「民族の自決権」の潮流にも目を背けている。旧植民地の諸国が加盟国の大半を占める、現在の国連において、日本の主張は受け入れられそうにもない。

韓国政府は、次の理由から竹島の領有を主張している。日本の中央政府ではなく、地方庁により秘密裡に領有意思の表明がなされ、韓国政府に対する通告がなく、日本の領有化は無効である。また領土編入措置以後、日本政府は、国際法にもとづく領土支配権を継続的に行使していない。日本政府による調査等の行為は、日本による韓国侵略行為の一つでしかない[24]。

尖閣諸島の場合、日本政府、沖縄県とも領有の意思を表明せず、清朝政府に対しても領有化の事実を通告していない。尖閣諸島に関する日本政府の調査活動も、同諸島に対する実効支配を積み重ね、その割譲を確定するという、清朝侵略の一環であった。沖縄県による調査も、日本政府の命令を受けた植民地主義的調査活動であった。

竹島と尖閣諸島とのちがいについて、太壽堂は次のように指摘している。第一に、竹島の場合、日韓両国がともに歴史的根拠を主張したが、尖閣諸島の場合は、これを主張するのは専ら中国側である。日本政府の主張の中心は、無主地先占の要件を満たして取得したことに置かれている。第二は、竹島問題は戦後直後、日韓間の紛争になったのに対し、尖閣諸島は1971年にいたって始めて、中国や台湾がその領有を主張するようになった。尖閣諸島の場合は、政府間で本格的に論争する段階には進んでおらず、民間での論議が先行している[25]。

日本が尖閣諸島を占有する歴史的、地理的根拠がないにもかかわらず、現在も無主地先占という帝国主義の論理で実効的支配を主張している。日清両国関係の不平等性に基づく、強奪的占有であるといえる。日本政府も石油埋蔵の可能性が尖閣周辺において指摘されて以降、その領有を主張するようになったのは中国や台湾と同じである。それは、世界の潮流に反して、戦後も日本政府は自らの帝国主義を清算しなかったことを意味する。同諸島に関して政府間の論争がみられないのは、日本政府が同諸島をめぐる領土紛争を事実として認めず、公式に議論しないという、帝国主義的な対応にその原因がある。

② 大東諸島

1885年8月、沖縄県は南北の大東諸島を調査した。調査と同時に、南大東島は同年8月29日、北大東島は同年8月31日にそれぞれ沖縄県所属の島であることを表示する国標が立てられた。大東諸島の先占領有は、内命（秘密指令）に基づくものであり、無人島を日本領土に編入する最初の試みとなった。同諸島の編入に関わる公文書は、1885年9月3日付の西村捨三・沖縄県令より山県有朋・内務卿宛の「大東嶋巡視済ノ儀ニ付上申」と、同年9月26日付の山県有朋より三条実美・太政大臣宛の「御参考」のための「内申」（秘第九四号）である。編入にあたり太政官会議（閣議）を開かず、内務省だけの判断で国の領土を確定した。領土編入にあたり、告示や公表は行われなかった。南北大東島に対する管轄権が正式に確定したのは、1896年の「沖縄県郡編成ニ関スル件」（勅令第13号）に対する勅令裁可によってであった[26]。

1885年に沖縄県は、大島諸島とともに尖閣諸島でも調査を行った。尖閣諸島に国標が建立されなかったのは、清朝とのあいだで琉球をめぐる領土問題が存在し、尖閣諸島が清朝に属していると日本政府が考えたからである。また大島諸島の領土編入過程においても閣議を開かず、告示や公表を行わないという法手続き上の問題があった。

南北大東島が注目されたのは、琉球経営に乗りだした明治政府が自らの領土を確定する過程で、欧米製の地図に日本周辺の島嶼の所在、名称が記載されていることに刺激されたからであった。山県有朋・内務卿が沖縄県に「沖縄県近海無人島取調」の内命を下した。調査後、南大東島の北東部に「沖縄県管轄南大東島」と記載された国標が建立された。南北大東島は、那覇役所所管とされ、開拓計画が作成された。最初に開拓を志願したのは、古賀辰四郎であった。しかし、古賀は上陸できないまま開拓を断念した[27]。

明治政府は、欧米諸国が領有する前に、同諸島の領有化を図ったのである。欧米諸国が領有しなければ無主地とみなして、先占の対象とした。1900年、南北大東島では、日本人資本家である玉置半右衛門が八丈島の人びとを引き連れて「開拓」を始めた。その後、東洋精糖、大日本精糖等の独占資本による経済的搾取の拠点となった。尖閣諸島、大東諸島とも、植民地主義的経済開発の対象となったのである。

沖大東島（ラサ島）の領有化は、次のような経過をたどった。1899年に中村十作がラサ島に上陸し、内務省に「ラサ島借用願」を提出した。内務省は、海軍水路部に同島について照会し、同水路部はドイツ艦船による記録や軍艦・海門の報告書に基づいて、ラサ島の位置や面積を内務省に回答した。内務省訓令により「沖大東島」と名づけ、沖縄県島尻郡大東島の区域として編入すると決定した。1900年10月17日、「沖縄県告示」第95号により、ラサ島は正式に沖縄県に属した[28]。

尖閣諸島の場合、内務省訓令等によって名称やその所属県等が決定されず、「沖縄県告示」もなかった。

ラサ島は燐鉱採掘という経済開発のために領有されたが、その資源枯渇が心配されていた。

1918年、ラサ島燐鉱株式会社の恒藤規隆は、調査隊をスプラトリー諸島（南沙諸島）に派遣して、新たな資源開発を狙った。1920年にも、第二次調査隊を同諸島に派遣した。1921年5月、ラサ島燐鉱株式会社は、これらの島々を「新南群島」と命名し、「Itu Aba Island（長島）」に出張所を開設した。同諸島に対する日本政府による領有宣言もなく、同社は「無所属の無人島」においてグアノ・燐鉱を採掘した[29]。

1933年、フランスがスプラトリー諸島の領有を宣言すると、日本政府はこれに抗議した。1939年、日本軍が同諸島を侵略し、領有化した。ラサ島は1946年に北大東村に編入され、1956年より米軍の射爆撃演習場となり、米軍艦や空軍機の「標的の島」となった[30]。尖閣諸島、ラサ島とも、鳥類や燐鉱等を対象にした資源収奪的な開発が行われ、戦後は久場島や大正島とともに米軍の射爆撃演習場として利用されるなど、経済的、軍事的植民地主義が展開される島となった。

1885年10月22日、魚釣島の実地踏査が行われた。この調査において、国標設置、写真撮影、日章旗掲揚等、領有化宣言のための活動は報告されず、調査も魚釣島だけに限定された。大東諸島調査に比べて、お粗末な調査となった[31]。

尖閣諸島に設置する「標杭」の表記が最初に記された文書は、1893年11月2日付の、奈良原繁・沖縄県知事が、井上馨・内務大臣と睦奥宗光・外務大臣に宛てた「久場島魚釣島へ本県所轄標杭建設之義ニ付上申」である。翌年4月14日、内務省県治局長より沖縄県知事宛てに調査を依頼する秘密照会書類が発出された。その内容は、「該島港湾ノ形状、物産及土地開拓見込ノ有無、旧記口碑等ニ就キ我国ニ属セシ証左其他宮古嶋八重山島等トノ従来ノ関係」についてであった[32]。

大島諸島の場合、調査と同時に国標が設置されたが、それと対照的に、日本政府は尖閣諸島の場合、その領有化を最初から躊躇していたことがわかる。

沖縄県による無人島調査は、内務卿の「内命」から始まり、往復書類はすべて「秘密」扱いであった。外務省から「大東島の事並に今回踏査の事（魚釣島調査―引用者）共官報並に新聞紙に掲載不相成候方可然存候」と釘を刺された。無人島調査は、領土占有の意思を示す「国標」の設置から始まった。現在、日本政府が主張しているように、民間からの開発要請、沖縄県による「標杭建設」の上申から始まったのではない。周到な計画のもと、内務省主導で進められた無人島調査は、領土編入のための国家戦略であった[33]。

大東諸島、尖閣諸島等の無人島の日本領有化は、政府主導で実施された帝国主義的領土拡張政策であった。大東諸島の領有に関しては、日本と対立する国家が存在しなかったため、調査と同時に国家編入措置が実施された。しかし、尖閣諸島の場合、琉球の独立問題をめぐって清朝との対立があり、また明・清朝と同諸島との歴史的関係もあり、調査して10年後に、日清戦争勝利を利用して領土編入措置がとられた。

③　マーシャル諸島

1884年7月、イギリスの捕鯨船エーダ号の船長は、神奈川県令に対して、前年、マーシャル諸島において日本の難破船の漂流民が島民に殺害されたと報告した。外務省は、同省職員の鈴木経勲と後藤猛太郎（後藤象二郎の長男）を、日本人殺害事件調査のために同島に派遣した。同年9月から12月にかけて、日本人殺害事件を究明するとともに、同諸島の地勢、風俗、物産等を調査した。同年12月21日、鈴木と後藤は、同諸島の占領を企図し、アイリングラパラプ島に日章旗を掲揚した。１８８５年1月、横浜に帰着した。4月、井上馨・外務卿に日章旗掲揚について報告すると、井上は次のように述べた。日本は今、西南戦争の後で多額の借款をし、華族銀行にも15万円の負債がある。陸軍の歩兵は7鎮台しかない。もし南洋の島々を日本の属領とすれば、数万の資金、多くの警備の兵が必要になるが、それはできない。すぐとって返し、国旗を降ろして来いと。同年8月、鈴木はマーシャル諸島に渡航し、国旗を引き下ろした。同年10月、ドイツがマーシャル諸島の大首長とのあいだで保護協約を締結した[34]。

鈴木は、その後、太平洋の「無主地」の先取活動に奔走し、日本人の移住適地としてジョンストン島、リシアンスキー島を「発見」した。１８８７年から91年のあいだ、鈴木は無人島占領の意見書を6回、政府関係者に提出した[35]。

１９１５年、日本政府は日英同盟に基づいて、マーシャル諸島を含むミクロネシアの島々に海軍を派遣し、ドイツ統治政府を追い払い、軍事統治を経て、１９２０年、委任統治領にした。尖閣諸島の領有化を検討していた同時期に、マーシャル諸島の領有化を自国の経済的理由から断念していたのである。ドイツが同諸島の領有化を狙っていたことを事前に知って、日本政府は同諸島から手を引いたのかもしれない。

④　小笠原諸島

１８５３年、ペリーは浦賀から小笠原島（父島）に行き、日本との万一の場合にそなえて、同島に貯炭所をもうけ、合衆国領土であるとする標柱をたてた。小笠原諸島は、16世紀末に伊豆の領主・小笠原貞頼が「発見」し、自家の姓を島名にしたという説がある。１６７０年、紀州の船がここに漂着し、１６７５年、幕府は同島の開拓を試みたが、中絶し、以来、「無人島《ぶにん》」として知られるようになった。１８２７年、イギリス軍艦が到着し、イギリス領土であると宣言した。その後まもなく数人の米国人がハワイから移住した後に、ペリーが来航した。英語でこの島をBonin Islandsというのは、日本語の「ぶにん」島のなまりであった[36]。

ペリーが小笠原諸島を米領土であると宣言したため、１８７３年5月、同諸島を外国領土とみなす大蔵省と、日本領土とみなす外務省が対立した。米政府は、極東においてイギリス、ロシアと対抗する上で日本を利用しており、経済価値のない同諸島に固執しなかったため、１８７５年、同諸島は日本領土として確定した[37]。

戦後、小笠原諸島は、琉球同様、日本から切り離され、父島、硫黄島には米軍基地が設置された。そして１９６８年に同諸島は日本に返還されたが、軍事的には重要な島々であると米政府は認識していたと考えられる。

１８６２年、幕府は日本に駐在している各国代表に対して同諸島の領有権を通告し、翌63年、八丈島の住民を同諸島に入植させた。１８７５年、明治政府は同諸島の統治を決定し、外務省や内務省の職員に現地調査を命じた。翌年、同諸島を内務省の所管とし、各国に日本領土であると通告し、内務省出張所が設置され、職員等27人が同島に派遣された[38]。

小笠原諸島の領土編入が、各国公使に通告されたのは、アメリカ合衆国やイギリスが同諸島の帰属問題に関心をもっていたからであった。編入当時、どこの国も関心を示さない無人島の場合には、政策的な見地からしても、通告が必要だとはいえない[39]。

しかし、尖閣諸島の場合、清朝が関心をもっていたことを日本政府は知っていたが、通告しなかった。また小笠原諸島の日本政府部内の所轄を明確にした上で、同諸島上に行政機関を設置したという点においても、尖閣諸島の領有化過程とのあいだには大きなちがいがある。

⑤　北海道

日本政府は、北海道における自らの領土権を主張するために、アイヌ民族の民族性を抹殺する同化政策が必要であると考えた。1855年2月、日露和親条約が締結されると、幕府は、「蝦夷地」を直轄地とし、日本語や日本の風俗の奨励、仏教の布教等を推し進めた。それまでアイヌ民族を、「夷人」、「異人」と呼んでいたが、「土人」に変更した。明治政府が1869年7月、「開拓使」を設置すると、入墨、耳輪、亡くなった人の家を焼く自家焼却など、アイヌ民族の伝統、習慣、文化を禁止する政策が1871年から次々と実施された[40]。

琉球併呑後、山県有朋のような日本政府の要人が琉球人を「土人」と呼び、差別した。差別を前提とした同化政策である皇民化政策を押し進めて、琉球人の民族性を抹殺しようとした。アイヌ民族とともに、琉球民族も日本の植民地化過程において先住民族になっていった。

3　山県有朋の「琉球戦略」と尖閣諸島

1885年、日本政府は尖閣諸島の調査を沖縄県に命じたが、政府内でその領有化を強く主張したのが山県有朋であった。1886年の山県有朋・内務卿による「沖縄巡視」に始まり、87年の伊藤博文・総理大臣、大山巌・陸軍大臣、西郷従道・海軍大臣、そして森有礼・文部大臣という一連の明治政府首脳が「沖縄巡視」を行った。その目的は、次第に高まる東アジアにおける軍事的緊張に備える国防上のものであった。山県が巡視した地域は、鹿児島から奄美大島、沖縄島、宮古島、八重山諸島、五島列島、対馬におよんでいる。八重山諸島と、対馬という「国境の島」が含まれていた[41]。

日本政府が尖閣領有化を検討しはじめた時代背景をみると、ときの総理大臣のほか、陸海軍の各大臣、日本軍形成において大きな役割を果たした山県が、琉球を視察しており、その視察目的は、将来の戦争に備えた、琉球諸島の軍事的価値の確認にあった。その10年後に琉球併呑に対して異議を唱えていた清朝と戦争することになった。よって尖閣領有の目的には、軍事戦略上の狙いがあったと考えられる。

山県が琉球視察後、政府に提出した『復命書』において、山県は次のように述べている。沖縄は、我が南門であり、対馬は我が西門であり、双方とも最要衝の地である。この諸島にある要港の保護警備を放棄することはできない。「廃藩置県」の後、一中隊の分遣兵を沖縄においた理由は、南海海防のためではない。旧士族が「日清両属ノ病ヲ抱キ」、置県の措置を非議し、人心を煽動し、一時騒然たる状況を生み出したため、民心を「鎮撫」する目的で兵隊を駐屯させた[42]。

山県は、琉球が日本にとって地政学的に重要な場所であると認識していた。また当初、沖縄県におかれた日本軍は旧王府の家臣による救国運動を弾圧し、日本の植民地支配を確立するためであった。

現在、琉球におかれている米軍基地、自衛隊基地も琉球の脱植民地化を阻止する抑圧的な機能を果たしているのと同じである。

以下のように山県は、琉球人を「土人」と呼び、救国運動をするような琉球人に日本の防衛を委ねることはできないと断言している。沖縄は領土の狭い一王国であったという数百年の習慣が、置県後の今も残っている。その「土人」は、日清への両属の念が今も絶えておらず、その「病」は根深く骨髄に入っている。旧門閥の数十人は清国に入り、その「奴隷」となり、福州の館舎において、清国政府の保護を受けている者もいる。このような人民に、我が要地である南門の守護をまかすわけにはいかない[43]。

将来の琉球における軍備体制について、山県は次のように提言している。南海諸島において常備軍隊の制度を確立し、電線を敷設して通信を便利にし、人心を撫安し、「外寇防禦」のためにそれらを活用する。対馬や先島諸島（宮古・八重山諸島）のように朝鮮や台湾との間が、わずか数十里でしかない。万一東洋が多事になれば、敵国の戦艦が、その港湾に来て、軍隊を駐屯させる場所にしないとも限らない。よって、それらの島々を西南門の防衛拠点にする必要がある。本土を守るために「土人」をもってするのは、兵の原則である[44]。

将来は「土人」としての琉球人の兵隊に島を守らせるために、次のような措置が必要であると山県は力説する。「土人」は骨格強健であり、忍耐力を有している。成人になれば徴兵の招集に応じさせ、各隊に編入させるために法律を設ける。その後、各鎮台に彼らを送り、内地の制度風俗、兵制の大要を領知させ、その愛国の気質を勃興させる。それにより彼らの「病根」を直す。その後、その「島人」をして常備軍を編成させる。それによって軍費を節減させることもできる[45]。

つまり琉球人による琉球救国運動という「病根を直す」ために、内地におかれた日本軍隊の中で訓練、教育を行い、同化を促し、日本に対する愛国心を醸成する。琉球人を日本人軍人として教育することで、「土人」自身による防衛体制を確立し、それがひいては軍費の節約にもつながると、山県は考えたのである。沖縄戦では、防衛隊、鉄血勤皇隊、看護隊等、琉球現地に住む未成年から老人までの人びとが兵隊として戦闘に動員された。山県が考えたような形で、沖縄戦が展開されたのである。

山県は琉球を日本南門の防衛拠点にする上で、教育の役割が重要であると、次のように述べている。沖縄における教育の主眼となるものは、「従来頑迷ノ精神ヲ一変スル」ことである。沖縄師範学校生徒の中から優秀な生徒を選抜して、都府の学校に入学させる。内地の言語を学び、帝国の制度を教育させ、卒業後は、沖縄の小学校の教員にし、愛国の気質を興し、日清両属の考えを廃し、往時の「弊習」を脱却させる。他方、行政については「旧慣故俗」を残し、民情を慰撫し、漸次、改良を図る[46]。

教育によって、琉球人を日本人に同化させ、琉球救国運動の根を絶つとともに、他方では「旧慣温存」政策によって旧支配層による新政府に対する抵抗を削ごうとした。

山県は、西表島での視察を踏まえて、次のような提言を行った。①国防上の見地から沖縄、先島（宮古・八重山諸島）、対馬などの軍備を整えるべきである、②国家意識を高めるために教育を盛んにすべきである、③住民の「旧慣故俗」はそのままとし、租税もすえおく、④砂糖牧畜などの産業をおこし、特に八重山諸島において畜産業、石炭業を振興させる。そのなかでも軍事拡張論は『復命書』の大半を占めており、山県の視察目的の主力がそこにあったことがわかる[47]。

山県有朋・陸軍中将は、1889年に政府に提出した「軍事意見書」において次のように述べた。我国は「琉球処分」が完了したと考えるが、「支那政府」は依然これに対して異議を唱えている。よって、これまで日支両国間に存していた「紛情」は解決したとはいえない。「支那」がもし兵制を改革し、兵備を整頓するようになれば、日本に対して「大国の威」を示そうとするだろう。近年、「支那」は、壮年の士官を欧州に留学させ、頻に軍事学校を設立し、兵器軍艦を購入し、兵制の改革を行い、兵備の拡張を進めている。「東洋の波瀾」をめぐる対立を起すものは、イギリスやロシアだけではない[48]。

山県は、清朝と日本国とのあいだの琉球併呑問題をめぐる対立が解決していないと考え、清朝が兵制改革を行い、将来軍事大国になる恐れがあると、その軍事的な脅威を認識していたのである。また東洋において波乱を起こす国として、イギリス、ロシアとともに清朝を想定していた。大国化しつつある清朝の存在を考慮して、日本政府は1885年の尖閣領有計画を実行しなかったのである。

琉球における「兵備拡張」については、八重山諸島で調査を行った田代安定が明治政府に1886年に提出した『沖縄県管下八重山群島急務意見書』においても強調されていた[49]。現在、宮古・八重山諸島で進められている「島嶼防衛」は、1886年から構想されていたのである。

同時期に沖縄県内でも、軍事教育が行われるようになった。沖縄県内の学校で兵式訓練（軍事教練）が導入されたのは、1887年である。この年に国家主義教育を確立した森有礼文相が琉球を訪問した。森は1886年に帝国大学令、師範学校令、小学校令等を発布し、学校系統を整備し、師範学校に兵式体操、軍隊教練を導入した。これらの一連の施策は、徴兵制を確立するための体制を整備する一環であった[50]。

山県も琉球における軍備強化とともに教育の重視を主張したが、尖閣領有化の動きが示された頃、教育と軍事の一体化が推進された。このような尖閣領有化、教育と軍事の一体化の過程は、八重山諸島における自衛隊基地建設、尖閣領有論の強調、教科書採択問題等のような、現代の同諸島での動きとも符合している。

さらに山県の『復命書』で提案されたように、八重山諸島での石炭採掘事業も始まった。1885年、工部省から専門の技師が西表島に派遣され、石炭に関して詳しい調査を実施し、三井物産も同年、44万坪を借区して採掘を行った[51]。

尖閣諸島では、古賀辰四郎を中心とする日本人資本家が島の開発主体となった。西表島においては、三井物産のような大資本家が開発を進めた。双方とも、日本資本による経済的植民地主義であった。

Ⅲ　尖閣諸島における経済的植民地主義

１８７９年に琉球に移住した、福岡県八女出身の古賀辰四郎という日本人植民者を中心に尖閣諸島の経済開発が行われ、日本人や琉球人の労働者が送りこまれた。この独占資本家は経済搾取を恣にして利益を独占し、商品の多くは海外や日本本土に移され、尖閣における資源収奪的開発は琉球の経済自立に結びつかなかった。経済的収奪を特徴とした開発であり、商品化した、アホウドリ等の鳥類はほぼ絶滅した。古賀辰四郎の息子・善次は、１９４０年に同諸島での事業から撤退し、日本政府から行政的な保護措置もなかったため再び無人島になった。

古賀が叙勲された際に自ら語ったように、その事業動機は「日本国家の発展のため」であり、琉球の経済自立、琉球人の福利の向上ではなかった。主に日本人移住者によって尖閣諸島が植民地主義的に利用されたのであり、日本政府による同諸島に対する行政的、政治的、経済的施策はほとんどなく、行政書類や地図に同諸島が記載され、調査が行われただけであり、実効支配とはいえない統治内容であった。また魚釣島、久場島、北小島、南小島は「古賀村」と呼ばれたが、これは通称であり、行政名ではなかった。

戦前、日本は尖閣諸島に対して調査を行い、日本人植民者による経済開発が実施されたが、それは植民地主義的な、私人による活動でしかなかった。日本政府は、同諸島で生活する日本国民の福利向上のための施策をまったく行わなかった。

戦後、琉球に対する施政権を剥奪された日本政府、琉球を統治した米国民政府も1960年末まで対外的に尖閣諸島に対する領有権、施政権を主張しなかった。同諸島周辺で油田が発見された後、経済的な利益を求めて関心をもつようになったにすぎない。これは中華人民共和国、中華民国も同様である。

油田発見後、大見謝恒寿、新里景一等の琉球人が鉱業権、試掘権を琉球政府に申請し、石油開発公団等の国家独占資本に対抗して、「県益」の獲得を目指して、油田開発を行おうとした。尖閣諸島周辺海域における油田開発をめぐる「県益」と「国益」の対立にみられるように、日本政府、日本企業は「国益＝日本の利益」の獲得を目指して尖閣開発を行おうとした。「復帰」にともない、「県益」は「国益」にとり込まれていったが、日本外交の失敗により開発は現在でも実施されていない。

現在、日本は尖閣諸島を実効支配していると主張しているものの、石油の開発を行えないばかりか、同諸島上において日本国民が生活するための基盤を形成することさえできていない。その原因は、「領土紛争は存在しない」として、自らの帝国主義の歴史を清算せず、同諸島を力で支配しようとする、日本政府による外交、内政、防衛の各施策の失敗にある。

1　古賀辰四郎による植民的経営としての尖閣開発

尖閣諸島の経済開発を主導的に行った、古賀辰四郎の事業内容を検討することで、その植民的経営の内実を明らかにしたい。古賀は、1879年に古賀商店・那覇本店、1882年に古賀商店・石垣支店を開設した。1885年、香港の新聞『申報』が日本人の尖閣諸島への進出を警告したが、その頃、古賀は同島に進出し、日本政府に対して開発利用のための申請を行った[1]。

1884年、古賀は尖閣諸島を巡航し、久場島に上陸した。以後、石垣島に拠点を置いて、アホウドリ羽毛、魚介類等の採取に従事した。1885年、古賀は同島の開拓許可を沖縄県令に願いでた[2]。無人島であった南大東島において、八丈島から移民を導入して植民地的開発を進めた玉置半右衛門と同様に、古賀も琉球併呑後に琉球に進出した寄留商人（植民地主義的日本人資本家）であった。

1896年9月、古賀は、釣魚島、久場島、南・北小島の4島を、政府から30年間無償借用の許可を得て、翌年から開拓を始めた。多くの人が移住し、魚釣島には「古賀村」と呼ばれる集落が形成された。鳥毛の採取事業が1912年まで、燐鉱石採取事業が1916年まで、鰹漁業が1940年まで続いた。戦時における食糧事情の悪化、燃料費の高騰等を理由にして同諸島は再び無人島になった。1918年に古賀辰四郎は死亡したが、その息子の古賀善次は1926年に4島の有償借用を行い、1932年には4島の払い下げを受けた。古賀辰四郎は、尖閣諸島の開拓の功績が認められ、1909年に藍綬褒章を受けた。1972年に古賀善次は、南小島、北小島を、1978年に古賀花子（古賀善次の妻）は魚釣島を、それぞれ栗原國起に譲渡した[3]。

他方、久場島と大正島は1951年、米軍実弾演習地域に指定されたが、その内、久場島は特別演習地域（永久危険区域）となった。1958年、米国民政府は古賀善次とのあいだで、大正島を米軍用地として利用するための基本賃借契約を結んだ[4]。

魚釣島にできた「古賀村」は行政村ではなく、古賀商店による独占的島嶼開発の拠点であることを示す、通称名でしかなかった。1940年に尖閣諸島は再び無人島になり、戦後は米軍の軍事訓練場等として利用されるようになった。

古賀は、琉球が日本の植民地になった年に移住して、経済開発を行った、寄留商人であった。また古賀商店の石垣支店を拠点にして、尖閣諸島での開発事業を始めた。尖閣諸島進出の目的について、古賀は次のように述べている。「沖縄県下に来り海産物の採集捕獲の業に従事したるは明治十二年二月にして時恰も琉球藩を廃し沖縄県を置きたる年に属せり是より先本人は沖縄各群島には必ずや幾多有用の海産物の蔵蓄あるべきを想い興業の意を決して本島に来航する」[5]、「明治二十七年尖閣列島の形勢を観察するに全島の国家的福利の一なることを信じ茲に植民的経営の切要を認めたれば該島の開拓認可を本県知事に請願したるも当時全島の所属が未定なりとの理由を以て却下せられたり」[6]。

琉球が沖縄県として日本の植民地になった琉球併呑の年（1879年）、古賀は、「有用の海産物」の獲得を目指して福岡県八女から琉球に移住した。尖閣諸島の「植民的経営」を行うために、古賀は開拓申請を沖縄県に請願した。日本人植民者として古賀が琉球に進出し、尖閣開発に目をつけたことがわかる。しかし、沖縄県は、その所属が未定であるとの理由で、開拓申請を却下したのである。つまり、同諸島が「日本固有の領土」ではないと沖縄県は認識していたのであり、現在の日本政府の主張とは異なる。日本は日清戦争に勝利し、「無主地先占」という帝国主義的法理に基づいて、同諸島を割譲して、「日本固有の領土」にしたのである。

古賀が「植民的経営者」であることは、次のような古賀自身の言葉からも明らかである。「明治三十二年十一月奈良原知事に随行して南清各方面及香港等に於ける海産物の状況を視察せり[7]」、「明治三十九年帝国義勇艦隊建設義金百円拠出せしに特別会員に列せられ徽章を受く[8]」、「明治二十七、八年戦役の際報国の旨意を以て軍資の内へ金五十円並に軍用品を献納[9]」。

1893年、漁業上の取り締まりを理由にして、尖閣諸島が沖縄県の所轄であることを示す標杭の建立を、沖縄県知事・奈良原繁が求めた。奈良原知事は「沖縄王」との異名をもち、知事として専制的な統治を行ったことで知られ、寄留商人と結託して琉球を支配した。古賀は奈良原知事と清朝視察をともに行い、尖閣の貸与が認められた年に帝国義勇艦隊建設に多額の寄付をし、日清戦争の際にも軍資金、軍用品を提供するなど、日本政府の帝国主義政策を支援した。

古賀は、琉球人に対して「当時県下一般の民情が比較的海国的進取の気象に乏しかり[10]」と蔑視の視線を投げ、自らが主導する植民地主義的開発の正当性を主張した。

尖閣諸島の日本領有化について、古賀は次のように認識している。「明治二十七年全島開拓の認可を本県に出願したり然るに当時全島の所属が帝国のものなるや不確定なりとの理由を以て却下せしにつき更に本人は内務農商務両大臣に宛て願書を提出せり（中略）上京して視察の実況を親しく具陳し開拓の認可の懇願せしも尚ほ許可を与へらるるに至らざりしが時偶々明治二十七、八年戦役は終局を告げ皇国大捷の結果として台湾島は帝国の版図に帰し尖閣列島亦我が所属たること明治二十九年勅令十三号を以て公布ありたるにより直ちに重ねて全島開拓の認可を本県に出願し同年九月之が認可を与え（点、〇の強調印は原文のまま）[11]」。

「明治二十七、八年戦役は終局し皇国大捷の結果台湾島は帝国の版図に帰し尖閣列島亦我が所属たること二十九年勅令第十三号を以て公布ありたるに付重ねて全島開拓認可を本県知事に請願し今年九月認可し与へられたり[12]」。

「本人が無人島探検の志望は国家的福利を進めんと欲する一念によりて益々熱心の度を高むるに至れり殊に本県下に来りて地理形勢を観察し且当時に於ける清国との国際関係上より考ふるも従来帝国臣民の着手せざりし附近の属島に対して植民的経営を始むるは最も切要の業なりと信じたる[13]」。

当初、尖閣諸島が日本の所属であることが不確かであるとの理由で、開拓申請が却下された。古賀が調査結果を直接日本政府に示しても、開拓が許されなかった。つまり、日本政府自ら、同諸島が「日本固有の領土」ではないと考えていたわけである。日清戦争で日本が大勝した結果、台湾島、尖閣諸島が日本の所属になり、「勅令第13号」に基づいて同諸島開拓の申請を行い、それが認められたと述べている。日本政府が公言しているような「無主地先占」ではなく、日清戦争の後の割譲により同諸島を日本が得たことが古賀の認識からも明らかとなる。先に検討したように、「勅令第13号」によって、同諸島の所属が公布されたのではなかった。また、これまで「清国との国際関係」上の問題があったため、尖閣諸島の「全島開拓」ができなかった。古賀は、「植民的経営」の必要性を強く訴えている。

開拓が認められると古賀は次のように、「永住者」を島に送りこみ、「植民的経営」を行おうと考えた。「開拓認可後は永遠の基礎を定めしが為に全島に永住者を送り断然植民的経営の壽尽をなすに決せり[14]」。

古賀は、明治後期頃から夜光貝、真珠、鼈甲、海参等を各種の博覧会に毎回のように出品し、数々の賞を受けた。最初の受賞は、1895年の第4回内国勧業博覧会においてであった[15]。

日本帝国の経済的拡張を物産の展示と表彰によって可視化することで、国民に帝国臣民としての意識づけを図ることを目的の一つにした内国勧業博覧会において、古賀の「出典品」が受賞を重ねた。古賀が最初に受賞した年は、尖閣諸島の日本領有化が内閣によって決まった年であった。1903年に行われた第5回の内国勧業博覧会では、生きた琉球人が「商品」のように陳列された、「学術人類館」が設けられた。

アホウドリの捕獲方法は撲殺であり、労働者1人で1日に約300羽を捕獲した。1897年から1900年までの3年間に、20万斤の羽毛が採取された。アホウドリ4羽で1斤の羽毛が採れるとすれば、約80万羽のアホウドリが殺されたことになる。アホウドリが減少するなか、古賀はアホウドリ採取から鳥類剥製業に転進した。1904年から始めたアジサシ等の剥製業の「生産高」をみると、同年が約13万羽、1905年が約16万羽、1907年が約42万羽となった。鰹業への進出は1905年であり、宮崎県から熟達した漁夫と鰹節製造業者を採用し、魚釣島で操業を始めた。魚釣島には1910年頃、鰹漁業の従事者52人が居住したが、そのうち7人が鰹節製造業者であり、残りが漁夫であった。漁夫の大部分は与那国島出身であったが、その他、糸満や国頭からの出稼者もいた。魚釣島では鰹漁業と海産物採取、久場島では鳥糞採取と農業、南小島・北小島では鳥類の剥製業がそれぞれ中心的な開発事業となった[16]。

尖閣諸島で撲殺された海鳥の肉と骨は肥料として、また油は工業用として使用されたが、最も貴重なものは羽毛として海外に輸出された。当時、羽毛は日本において未だに商品化が進んでいなかったが、欧米各国では装飾品、臥床等の用途で消費されていた。外務省輸出入統計表によると、1881年の鳥羽の輸出斤数と金額は、それぞれ約32万7千斤、約4万6千円であったが、1898年には約54万2千斤、約13万6千円に増加した。主要な輸出先は、イギリス、ドイツ、フランス、アメリカ合衆国、中国、中国香港等であった[17]。

古賀は、夜光貝等の貝類の取引を1887年頃から始めた。夜光貝が激減したため、アホウドリの撲殺へと移った。貝の売買によって資本蓄積を行い、1897年に尖閣諸島に本格的に進出した。同諸島進出から3年で、アホウドリは激減した。古賀は、鳥類の剥製業、鰹漁業、鳥糞（グアノ）採取業等、事業を多角化することによって、莫大な利益を得た。しかし大半の事業が、略奪的な資源獲得を特徴としており、長くは続かなかった[18]。

最初は貝類の採取を行い、それが減少すると、アホウドリを初めとする鳥類を大量に撲殺するという、資源収奪的な開発が行われた。資源が減少すると他の資源の獲得に向かうという経営形態であり、持続可能な開発とはいえなかった。各種の資源を収奪するための拠点として、尖閣諸島が利用されただけであった。同じ無人島であった南北大東島のように、島嶼の上で資本蓄積し、他の企業の進出、行政村の形成等が見られなかった。古賀商店内での資本蓄積に限定され、それが尖閣諸島、ひいては琉球全体の経済発展に結びつかない、「資源収奪的植民地開発」であった。

古賀は、1905年に内地において鰹船3艘を建造し、熟練の漁夫、鰹節製造人数十名を宮崎県から採用し、尖閣諸島に派遣した。また水鳥の剥製は、女性帽子装飾用として欧米諸国に輸出された[19]。

古賀の実の兄弟である古賀国太郎、古賀與助が、大阪に古賀商店を構えていた。彼らが、辰四郎が得た産物の輸出について神戸の外商と直接交渉を行った[20]。

1897年、古賀は出稼ぎ移民35名を尖閣諸島に送りこんだ。翌年、須磨丸という蒸気船を大阪商船から借り入れて、出稼ぎ移民を50名に増やした。当時、尾瀧延太郎という古賀の甥が、現場監督者として様々な事業を指導していた。さらに古賀は1900年、東大理学博士の宮島幹之助にアホウドリ調査を行わせた。アジサシの剝製は主にドイツに輸出された。1903年に横浜において剝製職人16人を採用して、同事業が始まった。南小島に加工場を設け、剝製にし、欧州女性の帽子飾りとして輸出した。アジサシの羽や皮は剝製、骨と肉は肥料、肥料製造の際に出る絞り脂は機械油としてそれぞれ輸出した[21]。

日本本土から来た、古賀のような寄留商人は、本土側の親族ネットワーク、企業、研究者等と連携することにより、琉球において経済的植民地支配を進めることが可能になった。

鰹節製造職人として当初宮崎県の人びとを雇用したが、1908年頃から四国地方の鰹節削り女性労働者を招き、土佐節の製造に切り替えた。1913年から、漁夫、鰹節製造職人として宮崎県や四国地方からの雇い入れを止め、沖縄県の人びとを採用するようになった[22]。

魚釣島を根拠にして製造した鰹節は、東京や大阪へ移出され、品評会等でも高い評価を得た。古賀は、海産物の事業以外では、泡盛、砂糖、百合根、鳥モチ、紅露等の農産物の仲買業、広運会社の役員、持船による運輸業、肥料・石油燃料等の販売業を行った[23]。

1908年、古賀は宮城県と福島県から7歳ないし11歳の「貧児」11名を成年までの雇用契約に基づいて採用し、尖閣諸島で働かせた。そのうち9名は不就学児童であったため、尖閣諸島移住者の一人である山形県師範学校卒業生によって教育させた[24]。

尖閣諸島で働く子どもたちは、「糸満売り（琉球における児童の人身売買）」と同じく、売られて来た子どもたちであった。その出身地は、宮城県、福島県等、東北地方であった[25]。

1909年以降、尖閣諸島における鰹事業は拡大せず、1913年には漁船数が2隻に縮小した。この時期、漁業者として沖縄県出身者を採用することで、コスト面での改善を図った。1918年に古賀辰四郎が死亡してからは、古賀商店による鰹漁の根拠地が、次第に尖閣諸島から石垣島に移った[26]。

大正時代には台湾、昭和時代に入ってからは鹿児島からそれぞれ漁船が尖閣諸島に出漁するようになった。尖閣諸島に航海するには、沖縄漁民が有する鰹船は小さすぎ、地元で採れる餌料は慢性的な供給不足が続いていた。サンゴ礁に生息する餌魚が、耐久性に乏しく遠洋航海には適さなかった。古賀商店の漁船による、尖閣周辺海域での冬期鰹漁は1919年から35年頃まで続いていた。しかし1939年に日本政府の農林省調査団が尖閣諸島を調査した際、漁業の痕跡は確認されなかった。古賀善次は1940年1月4日、古賀商店・石垣支店を解散させた[27]。

尖閣諸島で古賀が採用した労働者の多くが、日本本土から来た日本人であった。企業利益、労働収入の大半が日本人の経営者や労働者に還流する「植民的経営」であった。また、水鳥の剥製等は海外向けの奢侈品であり、これも「植民的経営」、「周辺資本主義構成体における不均等発展」という特徴を有していた[28]。

同諸島における労働は、重労働、低賃金、不安定という過酷な労働条件下で行われていたため、成人労働者の獲得が困難となり、児童労働を導入するようになったと考えられる。人身売買で売られた子どもを働かせていたのである。日本政府が主張する同諸島に対する実効的支配の内実は、植民的経営、児童労働の酷使等を特徴としており、決して国内外に対して誇れるような統治形態ではなかったことがわかる。

1900年、古賀は植民的経営を安定的に行うために、日本人研究者に同諸島を調査させた。同年、古賀は上京して、箕作佳吉・東京帝国大学教授に同諸島における調査について相談し、同教授の推薦により、宮島幹之助が調査を行うことになった[29]。

赤尾嶼（大正島）における調査の結果、居住にまったく適さないことがわかり、古賀は同島の経営を断念し、「記念のため」に標木を設置した。宮島とともに黒岩恒・沖縄師範学校教諭が調査に参加したが、両人によって英文と邦文で標木の両面に文言が記載された[30]。

古賀は個人的な「記念のため」に標木を建立したのであり、国家の委託をうけて「国標」を建てたのではなかった。つまりこの標木設置は、日本国の実効支配とは関係がない行為であった。日本政府は国際法に基づいた領有プロセスを経ずに、違法に私人にその管理を任せたのである。

また、1900年に久場島等を調査した宮島は、調査にあたって便宜を得た人物として、古賀辰四郎、御木本幸吉、奈良原繁・沖縄県知事、岡田文次・沖縄県参事官、野村道安・八重山島司、黒岩恒、佐藤和一郎・永康丸船長等の名前を挙げている[31]。

これからも、尖閣諸島の調査、開発、領有化が日本人の資本家、植民地統治府の首長や官僚を主体にして行われた、植民地主義的開発であったことが明らかとなる。

1950年ごろになると、石垣島の発田重春組が、魚釣島に置かれていた古賀鰹節工場跡において鰹節製造を始めた。同じ頃、伊良部島の漁師たちが南小島北西岸の小屋跡で鰹節製造を行った。さらに池間島の宝山丸組合が、魚釣島に仮小屋を建てた。しかし操業環境の悪さ、真鰹の減少等によりこれらの活動は単発的なものに終わった[32]。

「夏場は別に尖閣に行かなくてもお金が稼げる、儲かるから大丈夫です」と考える、漁民が増えるようになった。カジキ、鰹は冬季でも釣ることができるため、尖閣で操業を行う漁民もいた[33]。現在、3つの理由で、尖閣諸島海域での出漁は停滞している。①以前に比べて、漁業によって収益を得ることが困難になった。島外からの輸入品や他のタンパク源となる食品との競争によって、魚の価格が低く抑えられた。また、燃料費の高騰、漁業資源の減少、漁業後継者数の減少が進んだ。②漁船の小型化、一人船長の出現、パヤオ（浮魚礁）の設置等、漁業形態が大きく変化した。③中国や台湾とのあいだで領土問題が発生し、それが未だに解決していない[34]。

戦前と同様、戦後においても尖閣諸島、その周辺海域は琉球人にとって「生活圏」といえる場所ではなかった。

古賀による尖閣での開発過程で多くのアホウドリが撲殺されたが、その個体数は戦後もほとんど回復しなかった。1898年には約26万羽、1899年には約34万羽等、大量のアホウドリが殺され、商品化された。同島の撲殺を始めて4、5年でその数は激減したが、その商品化の期間中に約105万羽が殺された。1939年における石垣島測候所の正木任による調査でもアホウドリが観察できなかった。また琉球大学の研究者、高良鉄夫による1950年代、60年代における6回の現地調査でも、アホウドリが観察できなかった。さらに1970年における九州大学と長崎大学との合同調査でも、発見できなかった[35]。

1971年の池原貞雄による調査では、南小島で12羽のアホウドリが観察され、長谷川博による1988年から2002年の南小島での調査でもそれが観察できた。現在、450〜600羽までその数が回復してきた[36]。

さらに、1978年、魚釣島に灯台を建設した日本青年社が山羊を同島に放ったため、在来植物への影響が懸念されている[37]。

古賀による資源収奪的な開発は100年以上たった現在でも自然環境に対して甚大な影響を及ぼしており、持続可能な経済開発ではなかったことがわかる。植民地主義的経済開発によって、島に人が永続的に定住し、行政組織が形成されるというプロセスが不可能になった。同諸島が無人島になったのは、このような持続不可能な経済開発を認めた日本政府にも責任があり、その「実効的支配」の歴史の内実も問われなければならない。

商品化のための鳥類の大量撲殺は、他の日本人事業者も太平洋上の島々で行っていた。1905年2月1日、小村寿太郎・外務大臣が芳川顕正・内務大臣に宛てて「米国所属群島ニ於テ海鳥捕獲禁止ニ関スル件」を通達した。また1909年、米国大統領ルーズベルトは、日本人の北西ハワイ諸島への侵入を防ぐために、「ハワイ諸島鳥類保護地域」を設定した上で、次のような行政命令を下した。北緯23度から29度、西経160度から180度のあいだの太平洋上にある、ミッドウェー島を除く北西ハワイ諸島全域での鳥類捕獲や卵の採集を禁止する[38]。

米国大統領も、「鳥殺しの日本人」が自国の植民地であるハワイ諸島に進出することを恐れていた。その理由は、鳥類の絶滅を防ぐためだけでなく、島嶼における経済的支配を未然に阻止するためであったと考えられる。いわば、太平洋戦争に行き着く、日米の対立は、鳥類をめぐって、20世紀に入った直後に発生していたのである。

2　寄留商人による琉球の経済的搾取

琉球併呑後、日本本土から琉球に移住し、植民的経営を行った人びとは寄留商人と呼ばれる。日本人移住者は、当初、店舗や敷地の確保が困難であり、那覇の東村、西村等に住む、琉球人の居宅に身を寄せ、寄留先を本拠にして沖縄島、他の島々において行商を行いながら、出店をしていった[39]。このような事情が背景となって、琉球で経済活動をする日本人資本家が「寄留商人」と呼ばれるようになったと考えられる。

その寄留商人のなかに、古賀辰四郎がいたのである。尖閣諸島の外、古賀は1905年に、西表島の西方にある無人島、「仲の神島」を政府から借用し、水禽の剥製、鳥肉肥料、鳥油の製造、海産物の採集を試みた[40]。また大正初期から、古賀は石垣島の名蔵湾において御木本幸吉との共同出資で真珠養殖を始め、その後、養殖場を川平湾に移した[41]。

1888年前後には、日本本土から琉球に移住した人びとは約2千名に達したが、その大部分は経済活動に従事する寄留商人であった。寄留商人たちは、商業、貿易業、製造業、金融業、海運業、開墾業、鉱山開発業等の分野へ進出し、明治20年代の前半には那覇を拠点として、琉球経済の中枢部を掌握するようになった[42]。

近畿地方出身者で、大阪に支店または本店を構えた大阪系寄留商人のグループも勢力を伸ばし、鹿児島系寄留商人と並んで二大勢力となった。もっとも魅力的で利潤の多い分野は、砂糖取引業であった。砂糖を取扱う寄留商人は、毎年製糖期になると琉球各地において、農民から砂糖を廉価で買いあさり、大阪市場において高値で売り出し、莫大な中間利潤を得た。寄留商人は、直接、生産者を大阪市場へ結びつけるとともに、砂糖前代（製糖前に高利で資金を農家に貸しつけ、製糖期に砂糖で回収する金融方式）を通じて、農民の生殺与奪権を握るようになった[43]。

甘蔗作つけ制限の解除（1889年）、買上糖の廃止（1900年）、貢糖制の撤廃（1904年）等、琉球国時代の砂糖生産に関わる、生産や販売の諸制限を緩和したことにより、黒糖の商品化は明治10年代から30年代にかけて、約70〜90％の拡大を見せた。砂糖販売過程の相当部分が商人に開放されており、これが寄留商人の琉球市場への進出を促す強力な動因となった。明治30年後半、琉球人が諸商品の対外取引に従事しようとした際、寄留商人のなかには「僭越だ」として公然とその活動を妨害した人もいた[44]。

金融業においても、寄留商人の経済的侵略が顕著になった。第百五十二国立銀行が、明治政府の勧業政策の一環として設立された。同銀行の創設者たちは、鹿児島の旧士族を中心とする寄留商人であった。1880年3月、鹿児島出身の寄留商人である、村田孫平の寄留宅において同銀行の営業が始まった。沖縄県庁の公金を取り扱い、官吏や寄留商人の当座預金、貯金を扱って発展した。

1883年、鹿児島に本店をおく第百四十七銀行が那覇に支店を開設した[45]。海運業でも、寄留商人が影響力を及ぼした。1883年に鹿児島の商人である林次郎左衛門が、沖縄開運会社を設立した。それ以来、沖縄県庁、明治政府は同社を支援し、沖縄―本土間の航路を独占させるとともに、先島―沖縄島間の運航にもあたらせた[46]。

また明治政府の国策に従って、三井物産会社は、1885年に西表島での石炭採掘が許可され、同事業を始めた[47]。

琉球併呑の直後から日本政府は、金融業、海運業、鉱業等の各産業における主要分野に対して日本資本の進出を促し、琉球搾取体制が整えられた。

八重山諸島においても、寄留商人の経済侵略が進んだ。中川虎之助は1895年、八重山糖業株式会社を設立し、専務取締役、八重山支店長に就任した。徳島県、香川県から移民団（約170名）を従業員として移住させ、政府から製糖機械、農具、馬等の払い下げを受けて、本格的な砂糖生産を始めた。しかし同社は3年後には倒産した。その理由は、資本の欠乏、マラリアの猖獗、明治政府の関心が琉球を通り越して台湾へ注がれ、台湾糖の生産が重視されたこと、そして、中川が八重山住民の利害を無視し、住民の反感と抵抗を招いたことにあった[48]。

寄留商人と沖縄県庁とは、相互に利用し、依存しあう関係を築いた。金融業、海運業、開墾業、鉱山開発業等において、沖縄県庁は寄留商人の活動を援助、指導し、寄留商人は沖縄県庁を経済面だけでなく、政治面においても支援した。後者に関して次のような事例がある。日清戦争のあいだ、琉球土着の旧支配層の一部（「反日派」）が、琉球国復活の好機到来と考えて、清朝の勝利を祈願するなど様々な活動を行った。それに対抗して、寄留商人らは麓純義を団長とする義勇団（同盟義会）を組織し、370余名の団員が毎日、那覇の南陽館に集合し、武闘訓練をして「反日派」を威圧しようとした[49]。

県知事をはじめとして、沖縄県庁の要職は日本人が掌握し、県庁は日本政府の意のままに動く植民地政府であった。1885年における尖閣諸島の領有化のための調査も、沖縄県に対する日本政府の内命に基づいて実施された。寄留商人は沖縄県庁と協力して、琉球救国運動に対して威圧行動を展開したのである。

寄留商人と沖縄県庁との「運命共同体的一体感」が形成されたのは、1892年に沖縄県知事に就任して後、16年間在任した奈良原繁知事の治政下においてであった。鹿児島系寄留商人と密接な関係にあった奈良原知事は、日清戦争後、対立関係にあった寄留商人と琉球土着の支配層を結びつけ、両者を県政の二大支柱にしようとした。1899年の那覇港開港を契機として実施された、「南清貿易振興策」は、寄留商人と土着支配層との協力関係を形成する試みの一つであった。しかし、両者の協力関係は進展せず、南清貿易も発展しなかった。明治30年代後半から、寄留商人と土着支配層の対立は再燃した。その直接的な原因は、本土―沖縄間の航路における海運業界の過当競争にあった[50]。

帝国大学農科大学を卒業して琉球初の農学士になったのが、琉球人の謝花昇《じゃはなのぼる》であった。謝花は技師として沖縄県庁の職員になり、琉球人の福利向上のための政策を行ったのに対し、奈良原知事は謝花の活動に対して弾圧を繰り返した。その後、謝花は県庁を辞め、自由民権運動を沖縄県内外で行った。また奈良原は、古賀の求めに応じて尖閣諸島の領有化を政府に申請した。

琉球の土着支配層は、その準機関紙的な性格を有した『琉球新報』の紙上において、寄留商人の「横暴、不当な要求」等を批判した。寄留商人はこれに対抗するために1905年に『沖縄新聞』を創刊し、土着支配層の「閉鎖的な偏狭性、独善性」を非難した。寄留商人の那覇区会（のち市会）等への政治的進出も目立つようになった[51]。

1923年、寄留商人団の勢力を背景にして、鹿児島系の麓純義が那覇市長に就任した。麓市長の登場に対して、土着支配層、一般民衆も「第二の慶長入り」（慶長14年〈1609年〉に島津藩が琉球国を侵略した）、「琉球征伐」であると非難した。市長在任の2年間、寄留商人が「沖縄人民の敵として指弾され、呪いの的となった」時期は、後にも先にもなかったという[52]。

1928年、木造二階建ての山形屋百貨店、35年には円山号百貨店がそれぞれ開店し、寄留商人のなかでも大資本と小資本の格差が目立つようになった[53]。

尖閣諸島における開発には、古賀以外にも次のような寄留商人が進出した。1891年、伊澤弥喜太（熊本県出身）が魚釣島、久場島に行き、海産物、アホウドリの羽毛を採集した。1893年、永井喜右衛門、松村仁之助（鹿児島県出身）らが、琉球人漁民とともに久場島に渡り、アホウドリの羽毛採集を行った。彼らの進出はいずれも失敗に終わった。同年、野田正（熊本県出身）が20人の人びととともに、魚釣島、久場島に向かったが、風浪のために失敗した[54]。

尖閣諸島での事業展開を主導したのは寄留商人であり、そのなかで古賀による事業が成功に至ったのである。

次のように、尖閣諸島の領有化過程においても、寄留商人による利権確保を地元行政機関の日本人首長が支援するという体制が形成されていた。1890年、糸満の琉球人漁民が久場島、魚釣島に滞在して漁業を行っていたことを懸念した、八重山島役所の西常央所長は、沖縄県知事の丸岡莞爾に対して、同諸島を八重山島役所の管轄としたいとの上申を行った。同年、丸岡知事は内務大臣に対して久場島、魚釣島における漁業取り締まりのために、八重山島役所の所管にしたいと訴えた。同年、沖縄県職員の塙忠雄が「尖閣諸島における漁業状況聞取調査」を実施した。[55]

糸満漁民という地元漁業者による尖閣諸島利用を問題視して、彼らを取り締まるために領有化のための申請をしたと考えられる。同諸島の地番は、石垣島の行政区内として登録されたが、八重山島役所の支局が同諸島に設置されるなどして、行政権をおよぼすことはなかった。

1891年、熊本県人の伊澤弥喜太が、琉球の地元漁民を率いて魚釣島、久場島に出漁し、アホウドリの羽毛、海産物を採集した。1892年、丸岡知事は沖縄県内にある無人島に関する調査を海軍省に上申した。しかし同年、来県した軍艦海門は尖閣諸島の調査を実施しなかった。[56]

「寄留商人に雇用された琉球人漁民」が、尖閣諸島で操業を行っていたのであり、同諸島が琉球人の生存にとって必要な「生活圏」であったとはいえない。1890年代初頭においても、日本政府は同諸島の調査を行うなど、その領有化に関心を示していたとはいえない。尖閣の日本領有を決定したのは、日清戦争の勝利であったことが、ここからもわかる。

沖縄県の水産技手から鰹漁業者に転身した玉城五郎が、久場島で鰹漁を行い、1910年に1万6495尾の大漁を記録した。これは古賀以外の人が、尖閣漁場を利用した唯一の事例であるとされている。[57]

戦前における琉球の民間鰹船による尖閣諸島への出漁に関する資料が、ほとんど存在しない。同諸島周辺海域において、琉球人漁民が鰹漁を行った形跡がない。琉球の鰹船は小型すぎ、沖合操業には耐えられない。アカマチ、シチューマチ、マーマチという深海の魚、高級魚の漁場が、尖閣諸島周辺の大陸棚の端にあり、そこで操業する琉球人の漁船は存在した。しかし、県外漁船のほうが動力化と大型化が進み、冷蔵設備が充実していたのに対して、琉球側の漁船用製氷所は相当遅れて設置された。台湾側の漁民は、早い時期から氷を積める漁船を同海域において操業させていた[58]。

尖閣諸島周辺の漁業において、資本主義的な市場競争が展開されていたのであり、琉球の零細漁民の多くは同市場から締め出されていた。尖閣諸島は、琉球人ではなく、むしろ日本人植民者の「生活圏」であったといえる。

他方で、台湾漁民は戦前から戦後にかけて尖閣諸島海域で積極的に漁業活動を展開していた。台湾漁民は、1919年の『日本水路誌』に「毎年五月から八月の期間、基隆港より発動機艇をもって此島附近に鰹漁に来るものもあるも、多くは早朝来て夕刻帰港するを常とす」と記載されているように、鰹漁を中心に漁業を営んでいた。尖閣日本領有論者の緑間栄は、次のように台湾漁民は日本人として操業していたと述べる。その頃漁業に従事していた漁民の多くは、日本から台湾に渡って来た人びとが主であり、台湾人は日本人に雇用されて漁業に従事していた。また台湾は日清講和条約により中国から割譲され、台湾人は日本国籍をもって漁業を行った。つまり大正の頃の台湾漁民による漁業活動は、日本人としての漁業活動であったのであり、台湾漁民の活動をもって中国の領土主張の根拠とすることはできない[59]。

日本の植民地にされた台湾の人びとを日本人として認識し、その日本人が尖閣諸島で漁業を行ったとする主張は、帝国主義を正当化する考え方であるといえる。当時の台湾人は、日本内地の日本人と比べても大きく制限された権利しか与えられていなかった。被植民者としての台湾人の存在を、認めるべきであろう。

１９５０年代末頃から、台湾漁船による尖閣諸島周辺海域における漁業活動が急増した。一時は年間約３千隻が操業した時期もあった。台湾漁民は同諸島海域で漁業を行うほか、海鳥の卵を採取し、飲料水の補給、休養、水浴などのために、魚釣島の北岸と南岸に上陸した。緑間は、戦後の台湾漁民についても、次のような指摘をしている。戦後の台湾漁民の操業は、中国による尖閣領有のための取得要件にはなりえない。台湾漁民の行為は「私人」の行為であり、なんら法的効果を発生させるものではない。したがって、国際法上の先占にもとづく領有権取得の要件をみたすことはできない[60]。

緑間の主張に従うと、「私人」としての古賀商店の尖閣諸島における経済活動も日本の実効支配を証明する根拠にはなりえないことになる。琉球人よりもむしろ台湾人のほうが、尖閣諸島、その海域を「生活圏」として戦前、戦後にわたって持続可能な形で活用してきたのであり、実効支配の主要な担い手であったといえる。

尖閣諸島周辺海域に出漁した台湾漁民のなかで、台湾省宜蘭県の漁民が最も多かった。宜蘭県の港に拠点を置く、約１３００隻のうち、約３００隻が同海域で操業していた。同周辺海域での台湾漁船による水揚げ量は、１９５８年において約１万７千トンにおよんだ（１９６８年の沖縄全体の水揚げ量は約３万３４２３トン）。鰹、マグロ、カジキ、サメ、サバ、アジ等も同海域には豊富に存在していた[61]。

1950年代の前半まで、与那国島の島民が鰹漁、海鳥卵やクバの葉の採取等を目的として尖閣諸島に来航することがあった。しかし、1950年代半ばから久場島、大正島が米軍の実弾演習地として利用され、1955年に尖閣諸島周辺海域において操業していた琉球漁船の第三清徳丸が国籍不明のジャンク船2隻に襲われ、乗組員が死亡する事件が発生し、同諸島周辺での操業が困難になった。その後、台湾漁船の経済活動が活発になった。[62]

尖閣日本領有論者の奥原敏雄も、次のように、石油が発見されるまで尖閣諸島は琉球人にとって関心の的ではなかったと述べている。那覇の日本政府事務所の職員も、魚釣島のみならず同諸島の島々の名前をはっきり知らなかった。古賀辰四郎は、金をもっていた一種のブローカーのような人であり、鰹節工場の建設、グアノの輸出事業を行っていた。石垣島の島民は、近海で魚を大量に捕獲することが可能であった。同諸島で事業を起こそうと考えていなかった。同諸島が地元民の関心の外だったとしても不思議ではない。[63]

3　油田発見後の日・中・台による「資源争奪」

1969年5月、国連アジア極東経済委員会（ECAFE）は、東シナ海の海底資源調査を実施し、同諸島周辺海域に1兆ドル以上の価値のある油田が埋蔵されていると発表した。日本政府は、東海大学に委託して1969年から70年にかけて2回、尖閣諸島海域の海底地質調査を実施した。海底新第三紀堆積層が、尖閣諸島を中心に約20キロメートル存在し、その層厚も3千メートル以上にのぼることが判明した。１９７０年７月17日、中華民国政府は、米国のパンパシフィック・ガルフ社（ガルフ・オイル社の子会社）に対して、台湾の北東海域における石油資源の探査試掘権を与えた。その鉱区は尖閣諸島海域にもおよんでいた。琉球立法院は、尖閣諸島の「領土防衛決議」を採択し、日・台・韓による原油開発を提案した[64]。

１９７２年３月３日、国連海底平和利用委員会において、中国政府から派遣された安致延代表は、台湾および尖閣諸島を含む島嶼はすべて中国領土の一部であり、沖縄の日本への「返還」により中国の大陸棚に属する海底資源を略奪することは侵略行為であり、許されないと批判した[65]。

尖閣諸島の領有権を主張する台湾の行政院は、１９７１年12月２日、同諸島を宜蘭県の管轄におくことを決定した。また台湾の郵政総局は、１９９１年２月１日、同諸島の郵便区域番号を２９０とした[66]。

日中間の大陸棚共同開発について、これまで何度か中国側から共同開発の提案があった。しかし、日本政府は、自国が開発の権利を有する大陸棚における外国企業による海底資源調査を認めておらず、中国側からの共同開発の提案をすべて拒否した[67]。

１９９２年、中国の全国人民代表大会において領海法が承認され、同法の第２条で尖閣諸島周辺海域を中国の領海に組み入れた。同大会は、同諸島の領有権、周辺海域における「伝統的漁業権」を主張し、常設機構として「保釣行動委員会」を設立した[68]。

日本政府が尖閣諸島に関して「領土問題は存在しない」と主張しはじめたのは、１９９６年８月における、池田行彦外相の発言からであった[69]。

日中間では、排他的経済水域（ＥＥＺ）の範囲に関しても対立が見られる。日本側は、尖閣諸島を基点として中国海岸線との中間（日中中間線）に、ＥＥＺの線引きを行うべきであると主張した。他方、中国政府は沖縄トラフまでを中国の大陸棚とする「自然延長論」に基づいて、「大陸棚境界線」を求めた[70]。

石油資源を他国に依存しながら経済成長をとげてきた日本にとって、自国の経済権益を守るためにも尖閣諸島が必要であった。また日本政府は、自国の尖閣領有論に対する批判をかわすための戦略として、「領土問題は存在しない」という事実に基づかない主張を繰り返すようになった。

琉球の「日本復帰」を実現するための特殊法人として、南方同胞援護会が１９５７年に設立された。同会の事務局長であった吉田嗣延は、尖閣諸島の日本領有化のために多大な精力を注いだ。１９６７年７月、東京水産大学名誉教授の新野弘、元衆議院議員の高岡大輔が吉田の事務所を訪問した際、新野は次のように述べた。自分が調査した尖閣諸島近海は、海底資源の宝庫であり、膨大な石油鉱脈があると推定され、将来に備えて何らかの施策を講ずべきである。来年は国連アジア極東経済委員会も調査に乗り出す予定である。その後、吉田は、新野と高岡とともに床次竹二郎・総理府総務長官に面会し、この問題に対して政府としての方策を打ちだす必要があると主張した[71]。

床次長官は、吉田らの提案に同意し、計上が終了した予算原案に同諸島の調査費をつけ加えることを約束した。日本政府はまず、１９６８年７月、高岡大輔を団長とする「総理府派遣調査団」を尖閣諸島に渡島させた。この調査結果を踏まえて、１９６９年５月に、第一次学術調査団（新野弘団長）、70年５月に、第二次学術調査団（星野通平団長・東海大学教授）が派遣された。１９７０年４月から、南方同胞援護会は尖閣諸島の行政、歴史関連の資料収集活動に着手した。同年9月14日、同援護会が主催する、第1回の「尖閣列島研究会」が開催された。同研究会は、大浜信泉・南方同胞援護会長を座長とし、高岡大輔、入江啓四郎、星野通平、奥野敏雄等の学識経験者、加藤泰・沖縄北方対策庁総務部長（後、沖縄開発庁事務次官）、外務省、通産省、琉球政府東京事務所の係官等が参加した。同研究会では、尖閣諸島に関する現状、その法的地位、実効的支配と歴史的事実関係、領有権等に関する資料が収集され、その分析が行われた[72]。

「総理府派遣調査団」の団長として同諸島を調査した高岡大輔は、「沖縄問題等懇談会」の専門委員でもあった。同調査は、総理府から委嘱され、琉球大学の高良鉄夫教授等が随行した。高岡は、視察報告会において、田中龍夫・総務長官等の有力者を前にして尖閣諸島の学術調査の継続を訴え、調査関連予算の獲得のために奔走した。この高岡の訴えにより、3次にわたる総理府の学術調査が実現したといわれている。1968年11月に発出された日本政府の「沖縄経済に関する視察報告」において、尖閣諸島が、「一体化施策」のなかで開発されるべき、「国土」に組みこまれていた。米国民政府統治下では、日本政府は援助提供者として外部から琉球と関わってきたが、「一体化施策」の過程において琉球は「国土」（または「国富」）として認識され、開発の対象になっていた[73]。

「沖縄問題等懇談会」とは、沖縄返還問題に関する基本方針を策定する、首相直属の有識者による諮問機関であった。「沖縄復帰」の所轄官庁である、総理府によって尖閣調査が実施された。「復帰」と尖閣諸島周辺海域での石油開発とがセットになって進められたのである。また日本本土と琉球との法制度上の「一体化施策」の過程で、尖閣諸島が日本国土の開発対象地域として位置づけられていた。

1969年6月14日、東海大学二世号は静岡県の清水港を出航し、7月13日に同港に帰港した。同船による調査では、PDR（精密音響測深器）による海底地形測量、プロトン・マグネット・メーターやスパーカーによる音波探査、ドレッジャーによる海底採泥、海水温度、水中プランクトン等の一般海洋調査が実施された。調査対象地において海底新第三紀堆積層が発達し、褶曲構造が存在していることが確認された。同調査により、尖閣諸島周辺海域の大陸棚における石油資源の存在はますます、有望視されるようになった[74]。

琉球に対する施政権の返還作業の一環として、尖閣諸島周辺海域において油田調査を行い、その領有権を確保することも、南方同胞援護会の中心的な活動になった。琉球と尖閣諸島に対して日本の施政権をおよぼして、石油開発による利益を得ようとしたのである。本来、固有の領土でない尖閣諸島を日本が手に入れるためにも、「沖縄復帰」という政治的プロセスと抱きあわせる必要があった。国家事業として、「沖縄復帰」と尖閣石油開発事業が一体的に行われた。

4 「県益論」と「国益論」との「対立」

戦後、琉球の政府や住民と尖閣諸島とは、どのような関係にあったのだろうか。1968年8月、琉球政府法務局出入管理庁の係官は、南小島において台湾人が「不法」に上陸し、同島沖で座礁した船舶の解体作業をしているのを発見した。これらの台湾人はいったん退去したが、同年8月30日および、翌年4月21日に琉球列島米国民政府の高等弁務官から許可を得て、再び同島に上陸した。このような、台湾人の「不法入域事件」を踏まえて、琉球政府は1970年7月8日から13日に、米国民政府の支援を得て、「領域表示板」を設置した。魚釣島に二か所、北小島に二か所、南小島、久場島、大正島にそれぞれ一か所、同表示板を置いた。日本語、英語、中国語で、「琉球列島住民以外の者が高等弁務官の許可を得ずして入域すると告訴する」旨の警告文が記載されていた。石垣市長の石垣喜興は、琉球政府による同表示板設置に先立ち、1969年5月10日と11日に地籍表示のために、大理石で作られた「標識」を、魚釣島、北小島、南小島、久場島、大正島に設置した。[75]

石垣市による「標識」、琉球政府による「領域表示板」とも、日本政府の「無主地先占」に基づく国家行為とは関係がなく、自らの政府内における決定として実施された。もし尖閣諸島が日本の領土であれば、なぜ日本政府は、石垣市、琉球政府と連名で「標識」、「領域表示板」上に自らの名称を記さなかったのであろうか。「復帰」前、琉球に対する施政権を日本政府は有していなかった。他方で日本政府は琉球に対する「潜在主権」を有していたと主張していたのであり、「復帰」前において自らの領土権を対外的に示すべきだったと考える。しかし実際はそうしなかったのであり、日本の「潜在主権」が実態のないものでしかなかったことがわかる。

琉球住民側から尖閣石油開発に関する、琉球最初の組織が設立されたのは石垣島であった。1970年8月8日、沖縄銀行八重山支店ホールにおいて「尖閣諸島周辺石油資源開発促進協議会」の結成式が開催された。同会の会長は、石垣市長の桃原用永である。同会の会則第1条において、同会の目的が次のように示された。「本会は、尖閣諸島周辺の石油資源を守り、地方自治の主体性に立ってその民主的開発を積極的に推進し、沖縄県民の利益と発展に貢献することを目的とする」[76]。

1970年、桃原市長は沖縄市長会に対して「尖閣諸島周辺の石油資源開発促進について」という要請文を提出し、次のように訴えた。「県民」の財産を「県民」の手で開発するのか、それとも本土もしくは他国の業者にゆだねるのか、「県民」の利益と自治にとって重大かつ緊急な「県民的課題」である[77]。

「復帰」前において琉球人はまだ「沖縄県民」ではなかったが、「県民」として琉球人主導の石油資源開発を主張していたのである。

1970年8月、沖縄市長会において桃原市長は、以下のように主張した。尖閣諸島が、「わが国領土」に編入された経過は以下の通りである。1895年1月14日の閣議で沖縄県所轄となり、1902年12月、同諸島は八重山郡大浜間切内に地籍が登録され、その後、登野城村の一部になった後、現在は石垣市字登野城となった。同諸島周辺海域から石油資源が発見されてから国際石油資本の触手が伸びてきた。「中国及び中共」が領有権を主張している。琉球政府が鉱業権を有しているあいだに、「県民」による「県民」のための開発を行い、「その鉄地獄の沖縄」を「石油天国の沖縄」に転換したい[78]。

尖閣日本領有論は、1970年9月に発出された、同協議会による琉球政府に対する、次のような要請文からも明らかである。「米国民政府布令第27号」によって地理的位置が明記された尖閣諸島は、「日本国の固有の領土」であり、「沖縄県」の一部であることは、同諸島周辺の石油資源の有無にかかわらず、明らかである[79]。

同要請文では、以下のような主張や提案もみられた。たびたび、台湾の漁夫やスクラップ業者によって「領海」が侵犯され、不法にも上陸して海鳥、卵類、スクラップ等を採集している。同諸島が中華民国政府側の「領土」であるかのように振るまう、日本国に対する侵害行為は、日本国民、「沖縄県民」にとって主権侵害という重大問題である。中華民国政府による侵害行為は、国際社会の信義と良識を無視した暴挙である。その責任は同政府側にあるが、一方で、米国民政府と琉球政府が施政権者、統治者として「具体的、有効適切な権利の行使」をしなかったことにも原因がある。尖閣諸島が「第二の竹島」にならないために、行政の責任者として実効支配をする必要がある。次のような事項の実施を求める。①琉球政府行政主席は、日本政府が毅然たる態度で、米国民政府、中華民国政府に対して国際法に基づく有効適切な措置を速やかに実施するよう強く要請する。②琉球政府の権限内において、尖閣諸島に対する領土・領海保全と資源開発に関する、当然とるべき行政措置を早急に実施する。[80]

現在、日本政府は、戦後において米国民政府が尖閣諸島に対して施政権をおよぼし、有効に支配していたと主張している。しかし実際は、桃原市長が指摘したように、米国民政府、琉球政府とも同諸島に対して「具体的、有効適切な権利の行使」をすることができなかったのである。台湾人によって同諸島が経済的に利用されていた、つまり実効支配されていたのである。琉球人が主導権を握る石油開発論である「県益論」は、尖閣日本領有論を前提にしたものであり、琉球側が同諸島に対する主権を有しているという主張ではなかった。

なぜ石垣市は、尖閣油田開発を積極的に求めているのだろうか。２００６年に石垣市議会は、次のような要請文を決議した。石垣市の行政区域内にある尖閣諸島周辺海域の開発にあたっては、石垣市の同意を求め、開発拠点を石垣市に置くよう強く要請する[81]。同諸島において石油開発が実施されれば、それに近接する石垣島が開発のための拠点になることが予想される。「復帰」前から現在まで、石垣市は石油関連産業による経済発展を展望しているのである。

桃原市長らが設立した、尖閣諸島周辺石油資源開発促進協議会は、屋良朝苗・琉球政府行政主席と、砂川恵勝・琉球政府通産局長に対して、尖閣諸島の鉱業権に対する行政権限を琉球政府が有しているあいだに、先願者である「沖縄県人」の大見謝恒寿に採掘を許可するよう再度求めた。「復帰」後、鉱業権は琉球政府から日本政府に移管される予定であった。しかし、琉球政府は、石油資源問題が国際問題化しているため、本土政府や本土資本に気兼ねして、同協議会からの要請に対する回答をしぶった[82]。

同協議会は、尖閣諸島が日本の領土であるとして、琉球政府が鉱業権に対する許認可権を有する「復帰」前に、琉球の企業や住民に経済的利益が配分されるように、琉球人主導の開発の枠組み作りを求めていたのである。

１９７０年８月15日、砂川恵勝・通産局長は、次のように尖閣諸島が「沖縄県」に所属することを宣言し、琉球政府の権限により鉱業権を処理するという方針を示した。①尖閣諸島周辺の海域は、「沖縄県」に所属する、②「県益擁護」の立場から「石油資源開発ＫＫ（仮称）」を設立し、石油開発に着手する、③「沖縄籍」を有する人から提出された鉱業権取得申請を早急に処理する。それに対抗して、日本政府の石油開発機関である、石油開発公団は、琉球人職員である古堅総光を通じて、油田の開発申請を琉球政府に対して行い、琉球側の申請者である大見謝恒寿などとの競合状態をつくりあげた[83]。

日本政府の通産省を中心にして抱かれていた、「開発能力のない沖縄の申請者に鉱業権を認可すべきではない」という認識に基づいて、以下のような動きが見られた。大臣の命令によって、大見謝恒寿に対する、同公団の説得工作が行われ、某石油会社の重役ポストと交換する形で、大見謝が有する鉱業権申請の「受理権」を石油開発公団に譲るよう、何回も打診された[84]。

「国益」を押し出す日本政府の介入に対して、桃原は次のように批判した。「貧乏な沖縄県」が世界的油田の開発を主張すると、「狂人のたわごと」だといって、「県民」の「燃え上がる意欲の炎」に水をかけ、鉱業権の行使を断念させ、これを掠めとろうとする動きに、我々は警戒しなければならない。この鉱業権を保持しておれば、自己資金が乏しく、技術がなくても世界的油田の開発は可能である。それは、中近東およびアジア、アフリカの石油産出国の事例が雄弁に物語っている。そこでは、石油の発見と、主体的な資源の開発によって、税金もいらず、医療費や教育費も全額国庫負担になっている[85]。

１９７０年10月24日、琉球政府通産局は、「石油資源開発ＫＫ（仮称）」を結成し、そのなかに民間団体である「尖閣列島石油資源等開発促進協議会」（会長平良良松・那覇市長）と、本土の「石油資源開発ＫＫ」（岡田秀男・社長、資本金１４３億円）を吸収して、開発体制を構築するという構想を発表した。同構想は「県益」を主軸とするとされ、資本構成や運営方法について、鉱業権申請者の大見謝恒寿、新里景一、古堅総光等と話しあい、同社への大口出資は琉球政府が行うことが明らかになった。同年11月6日、本土財界人の出資に基づいて、新里景一を社長とする、「琉球資源開発ＫＫ」（授権資本は100万ドル、払いこみは25万ドル）の設立が公表された。[86]

新里景一が鉱業権を申請した際、10万ドル以上の申請料を提供したのは本土の財界人であった。大見謝恒寿と新里景一が提出した鉱業権出願書において、全体の70～80％の鉱区が重複していた。先願者の大見謝による申請が優先されるが、その出願書類には法的な瑕疵が指摘されていた。たとえば、鉱業法第9条には、「鉱区は一〇〇万坪をこえることを得ず。ただし、鉱利保護上または鉱区分合上已むおえざる場合は、その限りにあらず」と規定されているが、大見謝の一件当たりの法定面積は規定の二倍になっていた。鉱業法第23条には、「採掘出願人は、出願地にその採掘せんとする鉱物の存在することを証明すべし」と記されているが、大見謝は鉱床証明書を提出していなかった。[87]

大見謝は、本土の「石油資源開発ＫＫ」と提携して「尖閣資源開発ＫＫ」の設立を準備していた。[88] 大見謝と新里はどちらも、日本の独占資本との提携を考えていた。琉球の民族資本を基盤にした石油開発構想ではなく、経済的利益が琉球人投資家に分配される形での「県益」でしかなく、開発利益の大半は日本独占資本、そして日本政府に配分される仕組みになっていた。

当初、日本政府は琉球側の「県益優先」の主張に対し、「国益優先」の姿勢を強く押し出していた。しかし、中華民国立法院が尖閣諸島の領有権を決議したのを契機にして、日本政府はこれまでのスタンスを変え、琉球側の鉱業権申請者を中心にした開発構想に賛意を示すようになった。その背景には、琉球側が提示する石油開発には、本土の資本と技術が不可欠であり、将来、本土中心の開発になるという予測と、「県益擁護」の世論を操作することができるという狙いがあった。しかし、台湾側が、米国石油企業に尖閣諸島周辺海域における鉱業権を与えたため、本土側の姿勢が再び変化した。日本の石油資本は、台湾とアメリカ合衆国との共同開発体制のなかにはいり、三者による共同開発体制をつくりあげようとした。中国による領有権の主張に対抗して石油開発を進めるには、日本だけの力では不可能だと考え、日米安保体制の枠組みを活用した、石油開発体制を作ろうとしたのではないかと考えられる[89]。

日本独占資本と日本政府が、主導的に尖閣石油開発を進めようとしていたのである。「県益」擁護運動は、琉球における資源ナショナリズムに発展せず、日本の「資源植民地主義」にとり込まれようとしていた。台湾に駐留する米軍を含む、日米安全保障体制という枠組みにより、中国に対抗して尖閣石油を開発しようとした。しかし、米政府は尖閣に対する日本の領有権を認めず、米政府や米企業を尖閣開発に引き込むという計画は実現しなかった。

1970年8月、日本政府は尖閣諸島に関して三つの方針を固めた。①琉球の米国民政府を通じて、現在、同諸島が米国民政府の統治下におかれ、沖縄とともに日本に返還されることを再確認する、②琉球政府に対し、同諸島の領有権を表明するよう要請する、③琉球政府に対し、鉱業権を申請している「石油資源開発KK」に対して早急に調査権を認めるように働きかける[90]。

日本政府は、尖閣諸島の領有化を「復帰」によって実現しようと考えていた。その領有権は既成事実ではなく、「復帰」という日米間の施政権返還プロセスを利用して確定しようとしていたのである。日本政府は、琉球政府を通じて、その領有権を表明させた。日本政府ではなく、琉球政府が「尖閣諸島は日本固有の領土である」と宣言したのである。日本政府は、「国益」を「県益」よりも優先する形で油田開発を進めようとした。琉球政府は、石油開発に関する主体性を失い、「復帰」後の沖縄県のように、その「植民地現地政府」として扱われていた。

1970年11月25日、琉球政府の砂川恵勝・通産局長は、「県益擁護」のために「尖閣列島油田開発株式会社」を設立し、琉球政府が発行株式全体の50%を取得し、残りの株式は鉱業権申請者と一般住民に配分すると発表した。同年12月10日の記者会見で、砂川局長は同油田の鉱業権処理は1971年11月までに完了すると述べた。琉球政府は、日本政府通産省から梶司・通産省鉱山石炭局鉱政課法規専門官、本田一郎・東京通産局鉱山部測図課技官、吉嗣広美・福岡通産局鉱山部技官を招聘して、一か月間にわたって鉱業権出願処理事務を行わせた。しかし、1970年12月8日、3名の通産官僚は次のように述べた。琉球政府による鉱業権出願処理が遅れた理由は、海面に鉱業権を設定していること、琉球政府職員が処理事務に不馴れであること、約2万5千件の膨大な出願件数であること等であり、「復帰」前に鉱業権出願を処理することは不可能である。[91]

これは、行政手続き上の不備を理由にして、「琉球の資源ナショナリズム」が事実上、粉砕された瞬間であった。「本土との一体化」が規定路線になっていたなかで、琉球政府の有していた鉱業権に対する権限を、1972年5月15日（「沖縄復帰」の日）までに行使できなければ、「県益」は立ち消えになることは明白であった。「県益」とは「国益」を実現するためのカモフラージュとしての意味でしかなく、「県益」と「国益」との「対立」という構図は実態を表しているとはいえない。当初から日本独占資本によって「県益」（資源ナショナリズム）はとり込まれており、尖閣日本領有論の根拠として琉球が利用されていたのである。

1968年に琉球立法院において成立した鉱業法は、日本本土における同関連法との一体化を実現するために策定された。試掘権の期限を定め、その有効期限を延長する場合は、試掘の実態があるものに限定し、申請手数料も日本本土のそれと同一にする。大見謝が鉱区の出願を行い、琉球政府による処理や登録を待ち、今後、さらなる出願が予想される状況で、大見謝を含む琉球人による鉱区の仮押さえを妨害する目的で、鉱業法の制定が行われた。これは不利益変更であったといえる[92]。「復帰」前に進められた法律上の一体化も、日本政府によって、「県益」の「国益」への組み入れのために利用された。

5 琉球における資源ナショナリズムの萌芽と挫折

1969年2月、大見謝恒寿が琉球政府通商産業局工業課に対して尖閣諸島海域の鉱業権を申請した。その申請の直後、日本政府の石油開発公団は沖縄出身の職員である古堅総光の名義で、7千件以上の鉱業権を琉球政府に申請した。「復帰」前の琉球の鉱業法は、「琉球住民および琉球法人」にのみ鉱業権の申請を認めていた。また試掘権と採掘権を含む鉱業権の申請において、より先に申請した者に権利を認めるという「先願主義」が採用されていた。石油開発公団は、石油開発が「試掘」という入口の段階でも莫大な資金を要することを強調して、琉球主体の開発を暗に否定し、同公団の石油開発への参入を認めさせようとした。1969年10月から12月にかけて、大見謝の申請手続きの不備をついて、新里景一も鉱業権を申請した。新里による三度の申請合計数は、1万1千件以上になった[93]。

大見謝恒寿は、次のように尖閣石油開発の方法を考えていた。石油開発企業と「石油利権協定」を結び、それに基づいて、探鉱、開発、操業等の費用はすべて同企業が負担する。その他、以下のような条件の実施を同企業に義務づける。①探鉱、掘削の各作業を、一定期限内で行う、②掘削採油後、石油化学関連企業を琉球に設立し、公害を防止する、③「県民」の積極的、優先的雇用と、操業に必要な資材の地元からの調達、④鉱業権貸与料として、原油総生産量の20%か、操業所得の60%を地元側に提供する。住民の権益が優先されるように、大見謝はこの4項目を「開発契約基本骨子」として石油採掘企業と交渉した[94]。

日本政府の担当者は、大見謝に対して次のような交渉を行った。それは、大見謝が過去に支出した石油調査費、出願料等の支払い、ポストの提供を交換条件にして、大見謝が有する鉱業権を本土側に譲るという内容の交渉であった。しかし、それが鉱業権の貸与に関するものであれば交渉の余地はあったが、本土側への鉱業権の譲渡を求めていたので、大見謝はその受け入れを拒否したという。鉱業権を譲渡すると、琉球側が将来得られる権益がことごとく損なわれると考えたからであった[95]。

早くも1963年から、大見謝は竹富島を手始めにして、尖閣諸島海域にまでおよぶ地域内において、石油鉱業権を設定するための調査活動を行った。まず琉球列島における三海里内の領海・領域等(A、B地区)での鉱業権を申請し、鉱業権申請対象地域を、領海外の大陸棚地域(C、D、E地区)に拡大していくという計画を立てた。1966年までに、A、B地区を対象にした申請作業がほぼ完了した。1969年2月、C地区において5219件の鉱業権を申請したが、その直後、石油開発公団の職員が大見謝の申請活動を察知して、琉球に来た。そして、同公団は公団職員の古堅総光の名義を使って、D地区、そして大見謝が申請したC地区の一部にまたがった地域における鉱業権を申請した。鉱業権数は1969年2月11日の時点で約7500件に上った[96]。

石油開発公団の池辺穣・探鉱部長は、沖縄の「本土復帰」により同海域が日本の領海になる日に備えて、鉱業権を確保するために、尖閣油田開発事業に進出したと説明した[97]。

日本政府は、「沖縄復帰」を梃にして、莫大な石油資源を開発できるはずの尖閣諸島海域を領有化しようと考えていた。大見謝が、鉱業権を譲渡しないことが明らかになると、琉球人職員の名義を使って自らの鉱業権を確保しようとした。ここから「県益」と「国益」という「対立構図」が生み出された。

大見謝は、日本政府による「県益」に対する侵害行為に対して、以下のように批判した。「開発能力のない沖縄の申請者に鉱業権を許可すべきでない」と述べて、「復帰」後に「鉱業法」を改正し、尖閣石油資源の国家権力による「合法的収奪」を公言するようになった。同油田に対して開発意欲を示す、本土の石油開発企業と、私（大見謝）との契約を通産省が阻んでいるのはまったく納得がいかない。同油田に対する地元の権利を、法改正をしてまでも奪おうとしている。本土政府の琉球に対する「エゴイズム」は四分の一世紀をも異民族統治の隷属化への道に追いやった嘗ての第二の琉球処分的発想」にその源をもっている[98]。

通産省による「県益」潰しは、尖閣石油開発だけでなく、沖縄島金武湾の石油備蓄基地やアルミニウム製造計画への外資導入阻止、「復帰」後の日本独占資本保護政策等にもみられた。

また大見謝は、次のように「国益」の強制を、日本政府による琉球に対する植民地主義として認識していた。それは「廃藩置県」のときから変わらず続いてきた、中央政権の沖縄に対してなされた「地方侮蔑的精神」となんら変わらない。「復帰」を前提とした本土サイドの「不当な圧力」に抗して、地元尖閣石油資源の死守と、沖縄サイドによる開発のために、住民自身が今こそ自らの権利と利益を守るために立ち上らねばならない。尖閣石油資源は、沖縄住民全体が有する唯一最大の共有財産であり、当然、その利益は住民に還元されるべきものである。同油田は沖縄の「史上最大の住民生活の向上と福祉等をもたらす金の卵でもある[99]」。

大見謝のこの言葉は、「琉球の資源ナショナリズム」の台頭を示すものであると認識することができる。しかし先に論じたように、大見謝も日本政府と同じく、尖閣日本領有論の立場に立っており、自らは鉱業権を有した上で日本の独占資本による開発を計画していた。「復帰」後は、日本の政府や企業による琉球の従属化または、自らの鉱業権そのものの無効化が予想されていた。もし大見謝が尖閣中国領有論の立場をとり、中国、台湾の両政府と連携しながら同諸島の開発を進めていたら、異なった展開になっていたかもしれない。

「琉球の資源ナショナリズム」について、弁護士の金城睦は次のように述べている。日本政府は法を犯してまで、鉱業権を取得（あえていえば奪取）しようとするのか。沖縄では「72年返還」の欺瞞性と関連して、国家ないし独占資本の本質的性格に気づき始めた。本土側の動向に警戒心を強め、「県民」自身の手で尖閣諸島を守り、その資源を自主的に開発しようという組織的運動が盛り上がりはじめている。「大独占資本のエゴイズム」から「県（権）益」を守るという一点では保守も革新もなく一致しうる。それは「島ぐるみ運動」、県民運動へと発展するだろう[100]。

1970年8月10日、福地曠昭・革新共闘会議事務局長は、屋良朝苗・琉球政府主席に対し、「沖縄の資源は県民全体のものであり、県民の利益に沿う方向で開発すべきだ」と主張した。また同年9月、沖縄市長会、沖縄町村長会、各議長会が、米国民政府のジェームス・ランパート高等弁務官に対して、石油開発促進を要請した。同年9月18日、教職員会、沖縄町村会、沖縄市長会および沖縄婦人連合会が中心となって、「県益擁護」の立場から「全県民の意思を結集していく」ために、超党派的な運動団体として「沖縄県尖閣列島石油資源等開発促進協議会」が設立され、「尖閣列島石油資源の擁護と開発促進に関する要請決議」が提出された[101]。

尖閣油田開発における「県益擁護」運動は、大きな広がりを見せた。しかし、「琉球の資源ナショナリズム」がさらに発展するには、独占資本に反対するとともに、自国政府による資源の管理と開発という道が可能になる、日本からの独立という選択肢も議論されるべきであったろう。当時は、復帰運動が大きな潮流を形成しており、琉球独立による尖閣資源の開発という主張は、野底武彦等の一部の独立論者によるものに限定されていた。

尖閣石油の鉱業権を申請した琉球人の一人である新里景一は、次のように大見謝の石油開発計画を批判した。鉱業権を握っておれば、石油開発企業と生産物分与方式の契約を締結し、同企業にコストとリスクを負担させ、鉱業権取得者は利益の60~80%を獲得できるという計画は根本的に誤っている。国際的に行われている生産物分与方式を実施している鉱業権者は、国家または国営の石油会社である。たとえば、インドネシアにおいてコストとリスクを負担して開発にあたった企業は、インドネシア石油資源開発、九州石油開発その他の外国企業であった。国営石油会社は、国家に代わって、あらゆる便宜を開発企業に供与しなければならない。鉱業権に関して外国側と紛争が発生すれば、インドネシア政府が責任をもって解決する。その代わりに利益の65％をプルタミナ社（インドネシア国営の石油・ガス関連会社）が取得する。イラン方式も同様である。イラン政府が開発企業に対して、国家権力による保護を行い、責任をもって便宜を供与する代わりに、全利益の50％以上を鉱業権者が取得できる。仮に琉球の鉱業権者が石油開発企業と生産物分与契約を締結したとする。その場合、琉球政府は、作業現場に警察力、ヘリコプター等を無償で提供できるだろうか。企業に課されるはずの税金は誰が支払うのか。琉球政府は、開発に必要な資材や機材を関税免除によってスムーズに輸入させることができるのか。鉱業権を政府が保証し、外国側とのあいだで紛争が生じたとき、琉球政府の責任で解決し、石油開発企業に損害を与えないように保障することができるのか。以上のことは不可能である[102]。

大見謝を批判した新里は、次のような開発計画を示した。尖閣油田における試掘権が許可されたら、株式会社を設立し、鉱業法第64条の規定に従って6か月以内に事業に着手する。事業に必要な数千万ドルの資金は、同会社によって調達するが、資金調達は可能な限り沖縄内で調達する。調達できない資金は、本土で調達する[103]。

新里も、尖閣日本領有論を前提とし、資金調達先として日本の独占資本に期待していた。

大見謝は、試掘権を得て原油の探索を行い、海底資源を発見した後でしか採掘権を請求できないことを認識せず、また一鉱区あたりの出願可能面積を超過して出願するなど、出願手続きに関わるミスが多かった。新里はそれを考慮して、大見謝の出願海域と重複する区域も含めて試掘鉱区の出願を行った。琉球政府と日本政府通産省は、「沖縄石油資源開発株式会社」を設立して、台湾側と対抗しようとした。そのため、1970年11月には、琉球政府や日本政府通産省の官僚が、大見謝の出願申請書を手直しした上で、それを受理することを決めた。その結果、新里による申請区域の8割が、大見謝のそれと重複することになった。新里は、1970年11月、資本金100万ドルの「琉球資源開発株式会社」を設立した。同社の会長には、新里清太郎、代表権のない社長には新里景一がそれぞれ就任した。他方、「沖縄石油資源開発株式会社」の資本金100万ドルのうち、50万ドルを琉球政府が支出し、大見謝・古堅（石油開発公団）・新里が出願のために支出した資金分、沖縄の民間資本に対して株をそれぞれ割り当てる予定であった。しかし、大見謝は、各市町村に株をもたせ、広く県民に株の購入を呼びかけ、琉球政府、市町村、県民で全株式の80％以上を保有すべきであると主張した。[104]

石油開発公団の池辺穣・探鉱部長は、琉球政府通産局に対して同公団職員の古堅総光の名義を使って、同諸島近海の大陸棚約251億平方メートルの鉱業権を申請した。同鉱業権が許可されしだい、公団は飛行機による磁気探査、船舶による人工地震探査等の調査を行い、試掘作業に入る予定であった。尖閣諸島一帯に埋蔵されている石油は、約5千万トンと見込まれていた。これを全部採掘するには約2300億円の経費が必要であるとされた。大見謝は、鉱業権申請5220件のために約7万ドル、石油開発公団は鉱業権申請7609件のために、約11万ドルをそれぞれ支払った。[105]

石油開発公団による鉱業権申請は、国家独占資本による「琉球の資源ナショナリズム」への攻撃として位置づけることができる。「復帰」後だけでなく、「復帰」前から、日本の独占資本は琉球に対する経済侵略を展開していた。

大見謝と石油開発公団とが対立した後、日本政府は、1969年6月に東海大学の調査団を派遣し、海底油田開発に向けて活発な動きを示した。同年7月には、調査団が石油資源の存在を発表し、2年後を目処に開発を実施することを明らかにした。日本政府は、「尖閣開発の国益化」を目指して、「大陸棚資源開発促進法」制定の準備を進めた。この法によって、従来の鉱業法を改正し、琉球政府が有する鉱業権を無効にすることが意図されていた。日本政府は、開発能力のない沖縄に鉱業権の許認可権を認めることは問題であり、開発のための資本や技術を有する日本本土企業によってその開発を進めるべきだと主張した。1970年5月の第二次調査団の派遣を機に、日本政府は尖閣石油開発を国家的事業として位置づけた[106]。

新里景一が、「琉球資源開発株式会社」の設立に乗り出し、「県益」を軸にして沖縄側が結集することが困難となった。大見謝は、琉球政府による「沖縄石油資源開発株式会社」設立構想への参加に慎重な姿勢をとるようになった。1971年8月には、同社の設立に向けた立法勧告も3人の鉱業権者からの協力が得られず、保留とされた。また同社設立に必要な1972年度予算の目処も立たず（要求額50万ドルのうち5万ドルのみを計上）、尖閣開発における「県益」の追求は、「復帰」前後で立ち消えとなった[107]。

また、中国政府が尖閣諸島の領有を主張した後、「沖縄石油資源開発株式会社」に協力的であった日本政府の態度が一変した。1971年2月、通産省は「尖閣油田は台湾、中国がからみ複雑な事情になるから、当面同油田の開発は保留する」と表明し、本土の石油開発会社も中国がこの問題に乗り出してから開発意欲が減退した[108]。

「復帰」による「本土との一体化」のスローガンの下に、琉球の石油資源に対する権限が奪われた。国家独占資本の利益を確保するために日本政府が法整備を進め、尖閣油田開発を国家事業として位置づけた。日本政府は石油開発のための調査を3回も行ないながら、石油の採掘を実施しないのは、中国、台湾との領土紛争が発生したからにほかならない。しかし日本政府は、この領土紛争の事実を現在も認めていない。

6 稲嶺一郎と尖閣諸島

戦後、琉球石油という企業を設立した稲嶺一郎は、尖閣諸島の石油開発計画にどのように関わっていたのだろうか。1969年、稲嶺一郎は、同諸島について次のように述べた。沖縄に一大石油貯蔵基地をつくれと提言して10年になる。日本本土には30万、40万トンの船舶が出入りできるような、港湾に適した場所がない。それに加えて、公害問題が障壁となって、大貯蔵タンクをつくるのに適した場所もない。そこで消費地に近い沖縄が、その適地になるのである。ガルフが宮城島、エッソが与那原町、東洋石油が中城村を貯蔵基地として選んだ。20万バレルを精製している日本石油は、さらに10万バレルの精製を日本政府に申請しているが、国内における公害問題で行き詰まっている。沖縄は島が小さいため、こうした公害の心配はない。石油価格が安くなれば、電力料金も押さえることができる。そうなれば関連の産業も発展するだろう。私はアルミニウム工場建設の構想をもっている。これは資金1億5千万円規模の投資になるが、本土財界にもその投資を呼びかけている。沖縄が「復帰」するにあたって懸念されることは、人口の激減という問題である。これは石油産業が人口をどの程度支えることができるのか、具体的にどのような産業を起こすかにかかっている。このメリットがなければ、人口を50万人に減らして南米移住を促進するという、思いきった政策をとるべきである[109]。

琉球政府のシンクタンク的な機能を果たしていた、琉球大学経済研究所の石油問題研究部会は、1967年に次のような視点から「石油産業」に関する調査を行った。①立地条件、②沖縄の工業化路線を実現するためのエネルギー源としての役割、③関連産業の振興における役割等である。そして、同研究部会は、石油産業が「沖縄経済開発の戦略産業としての役割をにない得る最適な産業」であるとの結論を示した[110]。

実際に石油貯蔵基地（CTS）が沖縄島東海岸の金武湾等に設置されたが、しばしば原油流出等の環境問題が発生した。日本本土において脱石油の産業構造が形成されるにつれて、琉球のCTSが与える経済効果も低下し、経済自立の起爆剤にならなかった。稲嶺が構想したアルミニウム工場も日本政府による外資進出阻止活動により実際には建設されなかった。CTSに関しては琉球内でも賛否の対立があったが、稲嶺は、「石油産業を受け入れなければ南米移民となる」という脅しの言葉によって、「沖縄に一大石油貯蔵基地」を作ろうとした。それは琉球経済の発展とともに、自らの企業の利益獲得のためでもあったと考えられる。

琉球政府通産局の町田昇・工業課長は、尖閣諸島周辺海域における石油開発について、次のように述べた。尖閣諸島を中心に現在までに1万5千件の鉱業権申請が出されたが、これを処理する専門審査官は琉球政府には2人しかいない。このままでは、全部審査するまでに20年かかってしまう。本土政府にも協力を求めようと考えている。尖閣諸島の油田は採掘できても、沖縄経済とどう結びつけるのかが問題である。沖縄経済に対する精製事業による直接な経済効果はほとんどないだろう。沖縄では関連の建設工事だけしか期待できないが、その雇用効果も大きくないだろう。結局、利益は外資にさらわれるという結果にならないとも限らない。火力発電、アルミ精錬所など関連企業が進出しても、果たして沖縄側に受け入れ体制があるかどうか[111]。

現場で働く琉球政府職員は、琉球の中小零細な企業規模、製造業が発展しない産業構造等を踏まえて、CTS産業に大きな期待を抱いていなかった。

「復帰」前に「県益」は「国益」によって押しつぶされたが、「復帰」後、尖閣諸島の油田開発を、沖縄県を主体にして進めていこうとする動きが、稲嶺によって作りだされていた。稲嶺は尖閣諸島の所属について次のように述べている。尖閣諸島は、まちがいなく日本の領土であり、「沖縄県」としての歴史を有している。魚釣島には、「沖縄人が二百人」も住んでいた[112]。しかし本章で検討したように、尖閣諸島では多くの日本人移民が働いていたのであり、「沖縄人が二百人」、定住していたとはいえない。

1980年10月、稲嶺は琉球の官界・政財界を網羅する「尖閣列島海域石油資源開発推進委員会」を結成し、その会長となった。参議院議員であった稲嶺は、同年議会において、尖閣諸島の歴史的経緯、石油資源開発の重要性、開発問題の解決等を訴えた。日本はアジアの先進国として、石油資源を独占するのでなく、アジア全体の宝として開発を実現させる。そのイニシアチブをとるのは、沖縄の義務であると考えた[113]。

その後、「尖閣列島海域石油資源開発推進委員会」は、「沖縄近海及び尖閣列島海域石油資源開発推進委員会」と名称を修正して、設立された。同委員会の設立趣意は以下のようなものであった。われわれは、沖縄尖閣海域油田開発の早期実現のために、「沖縄近海及び尖閣列島海域石油資源開発推進委員会」の設立を提唱し、同プロジェクトに関心のある民間企業体の結集を図る。海底油田の開発には高度の技術と膨大な開発資金が必要である。統合的な和製メジャーの創設が必要であり、それに伴う資金調達について石油開発公団などの財政投融資、多数の企業体の資本参加がなくてはならない。この企業体の初期プロジェクトは、「すでに開発の見通しのついた沖縄宮古近海での開発」を起点とする。同会の発起人代表は参議院議員、稲嶺一郎であり、同会の事務所は那覇市内の琉球石油本社事務所に置かれる。同会の目的は、石油資源開発推進に関する企画及び調整、事業計画の作成である[114]。

「すでに開発の見通しのついた沖縄宮古近海の開発」と指摘されるような状況の変化により、「沖縄近海及び」が同委員会の元の名称に付加されたと考えられる。しかし、その後、尖閣諸島周辺海域を含む、これらの海域における石油開発は実施されなかった。

稲嶺は1980年当時、次の3つの理由で尖閣諸島の油田開発が可能であると考えた。①日中両国による尖閣諸島海域石油資源の共同開発を実施するうえで、中国との政治折衝が重要になるが、それを一番積極的に行っているのが、日商岩井である。共同開発において、日本側の資金、技術、知識、能力が投入されるだろう。中国側にはその余裕はない。②大陸棚開発における石油採掘事業は、陸上のそれに比較して多額の資金を要する。特に大陸棚開発に関しては膨大な資金を要するため、日本政府通産省、石油開発公団は、技術、知識、組織、人材、能力、資金を完備した中核的企業体に開発を許可する方針である。このような企業として、三井石油開発、三菱石油開発、セントラル石油開発、東洋石油開発、芙蓉石油開発等がある。③日本政府通産省、石油開発公団、石油鉱業連盟、中核的石油開発企業体等は、開発主体に関して次のように認識している。（a）東洋石油、うるま石油に対する評価は非常に高く、積極的に投融資を実施する方針である。（b）「沖縄グループ」にみられる、「沖縄至上主義」の気持ちは理解するが、石油開発は日本国全体の案件であり、その対応に苦慮している。（c）日本政府通産省は、外国資本との提携を一切考えていない[115]。

これまで日中による尖閣油田の共同開発については、中国政府から提案があったが、日本政府はそれを受け入れてこなかった。しかし、稲嶺は共同開発を、琉球に拠点をおく「沖縄近海及び尖閣列島海域石油資源開発推進委員会」によって実現しようとしていたのである。なお、中国政府との石油開発に向けた政治交渉を積極的に行っていた日商岩井は、日本興業銀行とともに、1970年代、パラオ共和国の石油貯蔵基地建設計画（スーパーポート計画）にも中心的に関与していた。アメリカ合衆国の信託統治領であったパラオは、独立後の経済発展のために石油備蓄産業に期待する人びとと、自然環境や生活を守ろうとする人びととのあいだで激しい対立がみられた。パラオでは反対派が大勢を占め、石油貯蔵基地建設計画は中止になったが、琉球では「復帰」後の経済発展への期待もあり、琉球政府はその建設を認めた[116]。

稲嶺が共同開発を構想した2年前に、中国は改革開放路線に舵をきり、経済的に日本に追いつき、そして追い越して世界第2位の経済大国になった。日本側が資金、技術等の面において相対的に有利であるという状況は過ぎ去り、中国単独でも石油開発が実施可能な状況に変わった。そのことも一因になって、日本政府は、中国政府による共同開発の提案を拒否しつづけているのだろう。「復帰」後8年たっても、「県益」よりも「国益」を優先し、外資の参加を規制しようとする「日本企業第一主義」の姿勢を日本政府が示していた。稲嶺のイニシアティブで尖閣石油開発に道が開かれようとしたが、日本政府によってそれが阻止され、現在にいたっている。

7 なぜ今でも尖閣油田開発ができないのか

現在、尖閣諸島の鉱業権を所有しているのは、商社の双日（旧日商岩井）系の「うるま資源開発株式会社」である。東京赤坂に本社を構える同社の資本金は1億円であり、出資比率を見ると、双日が72・3%、コスモ石油が21・9%、アラビア石油が5・3%、大阪ガスが0・5%であった[117]。

尖閣油田開発に関して、中国側との政治交渉を積極的に行っていた旧日商岩井の双日系の会社が、鉱業権を有しているが、現在でも開発に手をつけることができていない。結局、「復帰」後、琉球人が有していた鉱業権は日本の独占資本によって奪われたのである。

尖閣の油田を最初に開発する権利である「先願権」を、「うるま資源開発」が握っている。同社は、1973年11月、沖縄の実業家から先願権を取得した日商岩井が中心となって設立された。先願権は取得後3年以内に、日本政府の認可を得て試掘権に切り替え、商業化しないと権利を失うことがある。「うるま資源開発」が試掘権の申請前において、中国が同諸島の領有権を主張したため、現在まで試掘権が認可されない状態が続いている。尖閣諸島周辺の海域には、約1095億バレルの原油埋蔵量があるといわれている。約1000億バレルの埋蔵量は、世界一の原油埋蔵量のサウジアラビア（約2667億バレル）にはおよばないが、イラク（約1150億バレル）やクェート（約1040億バレル、いずれも2009年10月の公表値）に匹敵する[118]。

1970年から71年にかけて米系石油開発会社のガルフ社は、台湾の国営企業である中国石油公司との契約に基づいて、尖閣諸島周辺において当時最新鋭の調査船・ガルフレックス号による石油資源調査を実施した。その後、同諸島の北方海域は、「第二鉱区」とされ、ガルフ社に割り当てられた。米国防総省は、2008年の年次報告書の「中国の領土紛争」の項目において、「東シナ海は最大1000億バレルの石油を埋蔵している」と記述した。2009年、2010年、2013年、2014年の年次報告書でも、同海域に莫大な石油埋蔵量が存在していると記載された[119]。

1978年、日本政府の資源エネルギー庁が、東シナ海の石油資源の埋蔵量について次のように国会答弁した。約7億キロリットルの原油換算の究極可採埋蔵量（適切な技術・経済条件において今後採収可能な油・ガスの量である可採埋蔵量と、その計算時点までの累計生産量とを合わせた埋蔵量）が予想される。また同庁は、2006年に約5億キロリットルの賦存資源量を示した。日本の年間石油消費量は約2.3億キロリットルであり、東シナ海の石油埋蔵量は日本の約2年分の石油消費量でしかないことになる。つまり東シナ海には莫大な石油資源は期待できないというのが、日本政府の現在の見解である。米政府は、海底下6000メートル程度までのデータ、中国政府は、海底下5000メートル程度までのデータを保有している。他方、日本政府は、海底下3000メートル程度までのデータしか有していない。他方、2005年において、中国政府は、東シナ海における推定埋蔵量を約800億バレルと認識していた[120]。

中国政府は、尖閣諸島周辺の東シナ海に莫大な石油資源の存在が期待できると考えている。それは商業生産上、悲観的でも楽観的でもなく、その中間的な見通しであると認識されている。国連海洋法条約には、沿岸国は大陸棚の石油資源等の開発に関して主権的権利を有すると明記されている。中国は尖閣諸島周辺にある石油資源に対する主権的権利を確保するためには、その領有権を主張しなければならなかった。中国が公式にその権利を主張した1971年当時は、国連海洋法条約の前身の大陸棚条約の時代であったが、同条約にも海洋法条約と同様に、大陸棚の天然資源に関する沿岸国の権利が明記されていた[121]。

沿岸国でなければ大陸棚の石油資源の権利を主張できないと規定された国際法を踏まえて、中国政府は尖閣諸島の領有権を主張しはじめた。つまり、その領有権を求める主張は領土的野心というより、経済発展に必要になる石油資源確保のためであった。中国は2010年からアメリカ合衆国を抜いて世界最大のエネルギー消費国となった。中国にとって、東シナ海における石油開発は、石油の輸入を減らすという経済的メリットに加えて、シーレーンに頼らない石油供給源を確保するという、安全保障上のメリットがあった。東シナ海で採掘された石油は、海上輸送ではなく、海底パイプラインで本国に送ることができる。このような経済的な要因があったため、2013年、王毅外相が領有権問題を棚上げして、日本との共同開発を呼びかけたのであった[122]。

中国は自国の経済発展、国民の近代的生活の維持にとって欠かせない石油資源を安定的に確保するという、現実的、合理的な理由に基づいて尖閣の領有権を求めているのである。それは中国が発展するに従って、脱植民地化という当初からの理由とともに重要になってきた。そう考えるならば、日本は中国の急速な経済発展を阻止するために、石油資源の共同開発という中国側からの提案を拒否してきたと認識することも可能だろう。また日本政府は、領土紛争を悪化させて、国民の愛国心を煽り、自国の軍国主義化を推し進め、琉球独立を牽制することも念頭においていると考えることができよう。

尖閣周辺海域における石油開発に対する鉱業権を管理する権限を、琉球政府から日本政府に移した後も、開発ができていない。その理由は、「うるま資源開発」に対して試掘権を日本政府が認可しないためである。本当の「日本固有の領土」であれば、試掘権を日本政府は認めることができるが、実際は「日本固有の領土」でないため、開発を実行に移せないのである。

次のように、入江啓四郎は国際法に基づいて日本側が油田開発を実施することができると主張した。大陸棚に対する沿岸国の排他的な主権的権利とは、大陸棚の探索、資源開発の権利のことであり、沿岸国の領土権ではない。沿岸国の排他的な主権的権利に基づく、資源の探索、開発、利用は主権国の同意がなければならず、またその規制に服さなければならない[123]。

つまり、中国政府は自らの大陸棚の上に尖閣諸島が存在することをもって、油田に対する主権的権利を主張しているが、その開発にあたっては同諸島の主権国である日本政府の規制に従う必要がある。中国は、同海域の油田を自由に開発できないと主張しているのである。

しかし現在、尖閣諸島は自立的な経済生活ができない場所になっている。海洋法条約１２１条３項によれば、「人間が住めなかったり、自立して経済的生活を維持できないものは、岩とされ、排他的経済水域や大陸棚を持つことができない」と定められている[124]。つまり、現在の尖閣諸島は国際法上の「島」とはいえないのであり、住民が居住するための行政的措置を日本はこれまで一度も行わず、実効支配をしてきたともいえない。

他に尖閣での油田開発が困難な理由として、次のようなものがある。同諸島周辺海域では潮流が激しく、台風が多発する。その結果、原油流出事故の多発が予想され、海洋環境を汚染する恐れが大きい。海洋環境を汚染した場合、これを除去する費用は石油開発から得られる利益よりも高くつくだろう。また1968年に実施されたECAFEによる東シナ海での調査は、音波探査だけであり、海底を掘削して油性含有の有無を直接確かめたのではなかった[125]。

さらに、1994年の経済産業省石油審議会による試算では、同諸島海域の原油埋蔵量は、わずか30億バレル程度しかないとされており、海底油田としての重要性は劇的に低下しているという指摘もある[126]。

戦前の尖閣諸島における開発は、古賀辰四郎という日本人植民者による資源収奪型経済を特徴とした。その際、日本政府による同諸島への行政上の統治行為（移住政策を行い、行政村を設立する等）がなく、島嶼経済政策も実施されなかった。戦後の米軍統治時代においても、戦前と同じく、米国民政府、琉球政府ともに行政上の統治行為を実施せず、経済政策も存在しなかった。米軍は久場島、大正島を無人島として射爆撃演習場にしただけである。「復帰」後の、尖閣油田開発に関しても日本政府は明確な計画を策定せず、中国政府からの共同開発の提案も拒否している。1895年の領有決定から今日まで、日本政府は同諸島に対して実効性のある経済政策を実施せず、同島嶼に対する「管理者」としての能力が大きく欠如していると、世界の人びとから認識されてもおかしくない。

Ⅳ　サンフランシスコ平和条約体制下の琉球と尖閣諸島

本章では、カイロ宣言、ポツダム宣言、サンフランシスコ平和条約、沖縄返還協定等の国際法において尖閣諸島と琉球がどのように規定され、サンフランシスコ平和条約体制下において、これらの島々がどのように議論されたのかについて検討する。琉球の所属や独立に関する蒋介石や李承晩の認識、「沖縄復帰」に反対する台湾政府の外交政策と尖閣諸島との関係等を明らかにする。戦後、１９６０年末まで日本、米国、中国、台湾、琉球の政府とも尖閣諸島に大きな関心を払わず、実効支配を行わなかった。

現在、尖閣諸島の主権が日中のどこに属するのかを、米政府は明言していない。それはまた、「復帰」前に日本が琉球に対して有していたとされる「潜在主権」が実体のないものでしかないことを示している。「沖縄返還」に関しても「施政権」のみの返還でしかなく、琉球に対する「主権」の返還ではなかった。つまり、琉球、尖閣諸島の主権の行方は、今でも未解決のままであるのだ。

サンフランシスコ平和条約体制下とは、戦後、米国主導で形成された東アジアの国際関係である。同諸島の所属に関する「棚上げ」の状態が揺らぎ、２０１２年の日本政府による同諸島の国有化により、同条約体制に基づく、日・中・台・米・琉間の関係が再編される過程に入ったと考えられる。これは2013年の『人民日報』において、尖閣諸島の中国領有化が主張されるとともに、「歴史的に未解決の琉球問題を再び議論できるときが来た」という内容の論考が掲載されたことにも関係する。米政府の後押しで、琉球が日本に「返還」され、米軍基地が押しつけられるという、サンフランシスコ平和条約体制の変更を求める動きが、中国、台湾、琉球において顕著になってきた。

中国、台湾による尖閣諸島領有の主張は、石油の利権を狙ったものだと日本では認識されている。しかしその尖閣領有論の歴史的、国際法的背景には、日本帝国による中国への侵略という歴史的事実が存在する。つまり、台湾、尖閣諸島も日本帝国によって侵略され、植民地になったという認識である。抗日運動の一環として尖閣諸島奪回が主張され、奪回運動が展開されている。中華民国政府は、琉球の日本復帰に国として反対したが、今も公式に琉球を日本の一部とは認めていない。同時期に中華民国は尖閣諸島に対する領有権を主張した。日本が琉球を併呑した1879年よりもさらに遡り、数百年というアジアの伝統的な国際秩序体制（朝貢冊封関係）のなかで尖閣諸島と琉球の領有問題を考える必要がある。

1　サンフランシスコ平和条約体制下における琉球の主権問題

現在、日本は、ロシアとは千島列島、韓国とは竹島、中国や台湾とは尖閣諸島の領有権をめぐって対立している。そのような日本をとり巻く諸対立は、サンフランシスコ平和条約体制によって引きおこされた。同条約の枠組みをつくったのは、米国務長官顧問であったジョン・フォスター・ダレスである。ダレスは、共産主義圏の拡大から日本を「防衛」し、「ドミノ現象」を防ぐために、意図的に潜在的な「未解決問題」を残した。日本とその近隣諸国とのあいだに対立の種を残すために、同平和条約において明確に領土処理の規定を記載しなかった可能性が高い。米国の西太平洋上の防衛線である「アチソン・ライン」に位置する竹島は、すでに北半分が共産化され、半島すべても共産化されかねない状態にある「朝鮮」と日本とのあいだに残された、潜在的・政治的な「楔」であった[1]。

日本周辺の領土問題を未解決にし、日本と東アジア諸国とを対立させ、緊張状態をつくり出して、日本を「防衛」するためとして、米軍の存在や活動の意義を確保するために、戦後、サンフランシスコ平和条約体制が米政府によって構築されたのであった。

1956年8月、日本側全権大使であった重光葵外相は、ソ連による歯舞、色丹の二島返還提案を受諾し、対ソ平和条約を締結しようとした。それに対して、ダレス米国務長官が、ソ連に譲歩して日本が「四島返還」を諦めるなら、琉球に対する日本の「潜在主権」は保障できない、米軍基地を永久に保有すると警告した。それは「ダレスの脅し」と呼ばれている。ダレスが介入した理由は、米国による琉球支配を確実にするとともに、日ソ間の和解を阻止するためであった。琉球の戦略的重要性は、アジア太平洋地域で冷戦が激化するとともに増大した。米国には琉球を自国の管理下に留めるための強い根拠がなかった。もし日ソ間で北方領土問題が解決されたら、次は米国に対して、琉球を返還するよう圧力がかかることが予想された[2]。

米政府は、日本と周辺大国との対立を煽り、自らの存在意義を高めようとした。日本の琉球に対する「潜在主権」を米政府が認めたのは、日本に対して自らの影響力をおよぼすためでしかなく、「潜在主権」には実体的な意味や内容はなかった。琉球の戦略的重要性は、冷戦の崩壊とともに減少し、サンフランシスコ平和条約体制を再検討する時期にきている。

米政府が日本政府の求める、千島列島の「四島返還論」を支持したのは、日本の要求がソ連には受け入れ不可能と考えていたからである。米政府のアジア太平洋地域における「冷戦政策」の第一の目的は、日本を西側陣営内に置き、共産主義陣営との和解を阻止することであった。「四島返還論」は冷戦を背景にして、日本とソ連とのあいだに打たれた「楔」にほかならない[3]。

戦後、日本の周辺には竹島、千島列島、尖閣諸島という3つの楔が米政府によって打たれたことになる。

当時の米政府のアジア戦略において、台湾、南海諸島（南沙・西沙・東沙・中沙の各諸島）を含め、サンフランシスコ平和条約で処理された領土のどれも、「共産中国」の手に渡るうえでの根拠を残さないことが必要であると考えられていた[4]。

サンフランシスコ平和条約は、中国封じこめのための国際法でもあった。日本軍によって最大の被害を受け、戦後東アジアにおいて大きな位置を占めていた中国が「対日講和会議」に招かれなかった。同条約は「対日和解条約」というより、冷戦構造のなかで米国の優位性を確保するための、国際的な法制度上の枠組みでしかなかった。

サンフランシスコ平和条約のなかの南沙諸島および西沙諸島処理に関する条項は、1951年に入って、フランスの要請によって同条約に挿入された。しかし、それらの諸島の帰属先を明記しないことにより、「共産主義封じ込め」政策に都合よく働く紛争の種を、中国と東南アジア諸国とのあいだに残した。[5]

現在も緊張が続いている南沙諸島における領土紛争の種は、米国によって蒔かれたのである。しかし東南アジアには、ベトナム、ラオス、ミャンマー等のように社会主義国になった国も生まれ、「共産主義封じこめ」という、米政府の世界戦略は成功したとはいえない。

１９４２年11月5日に報道された宗子文外相による声明では、中国が回復する領土として満州、台湾とともに琉球が含まれていた。また同外相は、１９４４年10月29日、日本は琉球諸島から撤退すべきであると発言した。その数日後の記者会見で宗外相は、中国は戦後、琉球諸島を「回復」すると述べた。１９４４年1月に刊行された蒋介石の『中国の運命』の改訂版において、琉球が国防上不可欠な中国領土の一部として位置づけられていた。[6]

一般的に日本の琉球領有は、日清戦争で日本が勝利したことにより確定したと認識されている。しかし実際、太平洋戦争中において、中華民国政府は琉球の中国への「返還」を主張していたのであり、琉球の所属は必ずしも確定したとはいえない。１８８０年の分島改約の交渉時から始まった、琉球の所属に関する日中間の対立は、日清戦争後も続いていた。日中戦争の過程で琉球領土問題が再浮上し、太平洋戦争、冷戦の時代になると琉球の戦略上の価値が増し、中華民国側もその「返還」を唱えるようになったと考えられる。

日本が琉球に対して「潜在主権」を有するというのは、ダレスの口頭による、当時の米政府見解の表明でしかなかった。それは調印された条約のような、法的拘束力のある国際的な合意に基づくものではなかった。同平和条約の解釈に柔軟性をもたせ、米政府の支持により、日本から好感を得るという効果を狙ったものである。同平和条約のなかに、故意に「潜在主権」の規定をいれなかったと考えられる。同平和条約第2条において、日本が放棄した領土の帰属先が明記されず、放棄された領土の範囲や定義も規定されなかったのと同じく、将来の非常事態に備えて、その地位を未定にしておいたのである。中華民国は、戦中から琉球領有に関心をもっていた。琉球の地位を曖昧にしておけば、日中間に将来における係争の種、あるいは潜在的「楔」が残せる。台北の国民党政府は、同平和条約第3条の「琉球信託統治処理」には賛成であったが、島の主権問題については、戦中からの立場、つまり「沖縄は日本のものではない」という点では一貫しており、ダレスの「潜在主権」発言は無視できなかった。[7]

尖閣諸島の日本領有化を進めた日本政府の機関である、南方同胞援護会の大浜信泉会長は、「潜在主権」について次のように述べている。領土の割譲が行われたわけではないから、沖縄に対して日本の主権が依然として存続している。米国の沖縄に対する施政権が、日本の主権に優先すべきことは当然である。施政権が存続する限り、日本の主権はその発動を停止され、施政権の下積みになって潜在するほかない。米国の施政権が消滅すれば、その反射的効果として、日本の「潜在主権」は顕在化する。沖縄は、租借地、植民地、附庸国とは区別すべきものである。沖縄の地位は、国際政治上ほかに類例を見出すことのできない、特異な「第三範疇」と解するほかはない。[8]

1879年の琉球併呑によって琉球国は日本に滅ぼされたため、日本国は琉球に対する主権を元々有していない。琉球に対する主権が日本に帰属すると、明記された国際法は存在しない。また「潜在主権」も国際法によって確定された権利ではない。琉球を「第三範疇」として分類することで、琉球の政治的地位をめぐる問題を国内問題とし、世界の脱植民地化の潮流と切断するという日本政府の意図を、大浜が代弁しているといえる。琉球の実態は、「第三範疇」ではなく、明確な植民地であった。
南方同胞援護会の下に設置された「尖閣列島研究会」は、次のように主張した。「潜在主権」とは最終的な領土処分権のことであり、これがわが国に認められていることは、琉球列島の一部である尖閣諸島に対する領有権が日本に帰属していることを意味している。[9]
日本側は、尖閣諸島が琉球に属しており、その琉球が「復帰」により日本に帰属することをもって、尖閣の日本領有の根拠としている。日本は尖閣と直接的な関係がないため、琉球を介在させる必要があった。よって「復帰」と尖閣日本領有化は併行して進められたのである。
国務省の元法務官であるチャールズ・シュミッツは、「潜在主権」について次のように述べている。ダレスがいった「潜在主権」には、法的な意味はない。太平洋戦争は領土拡張のためではないというのが米政府の方針だったため、沖縄を「併合」するといいたくなかったのだろう。これは「政治的なコメント」であり、「法的なコメント」ではない。沖縄返還協定を交渉した我々には必要のない言葉であり、過去の歴史で役割を果たした言葉である。[10]
ワシントンの国務省日本部において沖縄返還協定に携わっていた、ハワード・マケルロイも、「潜在主権」という言葉は、いずれは沖縄が返還されると「日本をなだめるために使われた言葉」であり、実際に返還されるときには、「意味のない言葉」になっていたと語った。[11]
ダレスが述べた「潜在主権」がもつ歴史的役割を、米政府の当事者が明らかにしている。大西洋憲章等においても米政府は領土不拡大を表明していたが、実際は、米政府は琉球を領有し、「領土」を拡大したのであった。それを共産主義国から批判されないように「潜在主権」という「政治的コメント」をダレスが述べたのである。「潜在主権」に対する法的裏づけがなければ、それは法的には拘束力をもたない、「意味のない言葉」となる。つまり、琉球や尖閣諸島に対する米政府の主権は、「復帰」後、日本政府に継承されていないのである。両諸島に関する主権つまり「島嶼主権」は、未決定のままである。沖縄返還協定にも、「島嶼主権」については明記されなかった。

2 アジアの独立闘争に参加した琉球人

琉球は1879年に日本によって併呑され、その植民地となった。近代琉球における植民地主義を象徴するのが沖縄県知事・奈良原繁の暴政と、それに抵抗した謝花昇の自由民権運動であった。1872年に南風原村宮城で誕生した新垣弓太郎は、上京後、謝花昇とともに沖縄倶楽部の『沖縄時論』を創刊号から5号まで発行した。新垣は1898年ごろ『万潮報』の主筆、円城寺清に謝花を紹介し、奈良原の暴政を紙上で暴露させた。[12]

奈良原は自らの部下を上京させ、大親分の手下十数人を使って謝花、新垣、円城寺を襲撃させた。暴漢は抜刀して「琉球人のクセに知事様に失礼なことをしやがって」といいながら3人を襲った。[13]

新垣は自由民権運動の一環として、琉球人の海外移住を進めていた。海外移住について外務省の担当官は「土人等は日本語を話せるか」など、侮辱的な言葉を新垣に浴びせた。それに対して新垣は「ハアー、俺達は自分の国の方言を使って居るから標準語は知りませんよ。然し指導者が知って居れば移民達も困りません」といい返した。同担当官は「そうか、然し土人等の色は黒いかね」と述べ、新垣は「ハア、熱い所ですから黒いにきまって居ります。然し、東京に来たら貴方より白くなりますが」と反論した。[14]また新垣は次のように述べている。「圧迫され通しで台湾人以下に見られていたよ。我輩が上京したら、隣近所から琉球人を見にとやって来た奴があって『よく日本人に似ている』とか云っていたものだ」。[15]琉球人に対する根強い差別があるなかで、新垣は琉球人を解放するために自由民権運動を行った。

新垣は、東京における中国革命運動にも関わりをもった。新垣は1898年に下宿屋「龍昇館」を経営していたが、他の下宿屋で入居を拒否された中国や朝鮮の留学生を優先的に入居させた。[16]当初、龍昇館に住む留学生は20〜30人程であったが、後に300余人にまで増えた。[17]

新垣は、東京で知遇を得た宗教仁から「中国革命に参加せられたい」との旨の手紙を受けとり、直接、中国に赴いて革命に参加するようになった。新垣は1923年に琉球に戻るまでの11年間、上海、南京、北京等において革命軍のメンバーとして闘った。[18]

孫文の第三革命軍が進撃していたとき、敵がドイツ大使館に立てこもって機関銃を射撃した。新垣は中国人に変装して部下2人をつれて大使館に侵入し、ドイツ人将校を日本刀で斬りつけ、大使館を爆破したため、革命軍は前進することができた。第一革命に失敗した孫文が日本に亡命した1912年に、清朝政府やドイツ政府は日本政府に対して孫文の引き渡しを要求した。孫文は頭山満に保護されていたが、日本政府は孫文の身柄引き渡しを閣議決定した。新垣は頭山に対して「最悪の場合は加藤をおれにやらしてくれ」とその暗殺を提示した。頭山は「何でやるか」と聞くと、新垣は「おれ一人でじゅうぶんだ」と短刀を懐から抜いてみせた。頭山は「よし、それじゃもう一度おれが加藤にかけあってくる。それでダメならあとはお前にまかす」と述べた。[19]頭山が日本政府に孫文保護を再度求めたため、閣議決定は実施されず、新垣による加藤暗殺も行われなかった。

新垣は、蒋介石とともに中国で闘った経験があり、「義行不朽　林鐵同志　蒋中正　民国46年9月」と記された、蒋介石からの書が新垣に贈呈された。新垣は、中国において「林鐵」と呼ばれていた。また孫文からも「熱血可嘉」の書が新垣に送られた。[20]

新垣が中国革命に関わった理由の一つは、日本による覇道政治に嫌気がさしていたことであった。新垣は、口癖のようにヤマトを「東洋鬼」と罵っていた。戦後、新垣は次のような琉歌を詠んでいる。「アメリカ世やミルク世ぬしるし大和世になりば地獄さらみ」（文意：米国統治は豊かな時代の証であるが、日本統治になったら地獄になるだろう）。日本による琉球の植民地支配に対し、強い嫌悪の感情を有していた。[21]日本の侵略、植民地支配に対し、抗日運動、独立運動を展開していた中国の人びとの心性に対して、新垣が同じ被植民者として共鳴したことが中国革命への参加を促したといえよう。

太平洋戦争中、新垣は妻とともに琉球に住んでいた。南風原村の自宅から沖縄島の南端地域に避難していく途中で妻が日本兵に射殺された。新垣が抗議しようとすると、日本兵はゲラゲラ笑って発砲してきた。[22]新垣は妻と自らの墓をつくり、墓石に「日兵逆殺《ママ》」の文字を刻みこんだ。中国から琉球に戻った新垣の身辺には憲兵が張りついており、[23]新垣は、日本政府により「要注意人物」として監視されながら生活していた。「敵性人物」としての新垣は日本軍によって妻が殺害され、自らも殺されそうになった。日本軍による琉球人虐殺は、琉球内の各地でも多発した。日本軍は公文書「第32軍球会報」（1945年4月9日付）において「沖縄語を話す者は間諜（スパイ）とみなして処分（殺害）すべし」と兵隊に命じていた。

新垣は次のように述べている。「戦前の日本政府は搾取政策をとり、本土決戦をとなえて沖縄を見殺しにしたのは沖縄をママ子あつかいした現れであり、沖縄戦当時の日本軍の不信行為に対しては天皇か首相が訪問し、謝罪すべきだ[24]」。

東京での日本人から受けた琉球人差別の体験、日本兵による妻の虐殺等を通じて、新垣は日本に対する不信が深まり、戦後の日本「復帰」運動に対しても、次のように認識していた。「日本復帰と何も騒ぐ必要はない。大体何で復帰運動をしなければならないのだ。早く復帰すれば今以上の生活が出来ると思うか。吾々は人質として敵に渡されたのだ。アメリカの援助を得て早く復興することだ。沖縄人はユダヤ人と同じようなものだ。いつでも強い者からいじめられ通しである。沖縄はまた戦争になると決して安住できる地ではない。全人民が早く適当な土地へ引越しユダヤ人の様にウンと金をもうける事だ。首里石嶺にいた支那人部隊があったが、よく支那の士官達が我輩を尋ねて来た。彼等は『豆つぶ位の日本のくせ、よくも我々をいじめやがった』と悪口を言っていた。我輩に好意をもってくれたのも、決して日本人だからではない。琉球人であり革命戦争に協力したと云うことだ。日本人は彼等に云わせると、トンヤンキ（東洋鬼）だそうだよ[25]」、「（新垣の自宅に掲げられた「北止南進」の意味を記者から問われ）沖縄の北には狼がおる。言わずと知れたロシヤと日本（中略）沖縄人は南に伸びなければならない。南は沖縄人のための土地なんだ[26]」。

琉球を植民地にし、琉球人を差別する日本、日本人という認識は、日本の半植民地になった中国の人びととも共有しうる歴史認識であり、それが新垣の中国革命参加への大きな動機になったのであろう。琉球は日本に「復帰」すべきではなく、南（つまり台湾を含むアジア地域）との関係を強化すべきであると訴えながら、新垣は1964年に生涯を閉じた。

次にインドネシア独立闘争に参加した琉球人について論じてみたい。1945年8月17日、インドネシアは独立を宣言した。しかし宗主国のオランダがそれに反対したため、4年あまり続いた独立戦争が発生した。日本軍の8942部隊（海部隊）に所属していた琉球人の平良定三は、バリ島において独立戦争に参加した理由を次のように述べた。「軍隊の幹部から大東亜戦争はアジアの人々のための戦争であると教えられていたし、当時は私もそう信じていました。捕虜になるより、少しでもアジアの役に立ちたいと心に決めて、阿南少佐（大分県在）に独立戦争に加担すると話しました」。バリ島において独立戦争に参加した旧日本兵は、平良を含めて20人だった[27]。

1949年11月2日、インドネシアとオランダが締結したハーグ協定によって独立戦争は終結し、インドネシアはオランダの連邦国として独立した。スカルノが同国の大統領に就任したが、小スンダ列島にオランダの傀儡政権であるスクワティ大統領の政府が樹立された。スクワティ政権を排除し、インドネシアを統一するために発生したのが、ネガラカサトワン事件である。同事件にも平良は参加したが、逮捕され、3年間刑務所に投獄された[28]。

琉球人の徳山清教もインドネシア独立戦争に参加した。徳山はインドネシア独立に貢献したいと考え、現地に駐在していた内務省や参謀本部の幹部に対して、琉球人の同地残留を認めるよう訴えた。当時、約50人の琉球人は独立戦争に協力したいと考えていた。敗戦後、稲嶺一郎が一般の琉球人会長、徳山が軍人軍属の琉球人会長にそれぞれ就任して、独立運動に参加した[29]。琉球人の宮平秀昌牧師も、戦前からジャワ島で宣教する過程でインドネシア独立を真剣に考えるようになり、戦前戦後にかけて独立運動に身を投じた[30]。

戦後、琉球において琉球セメント、大東糖業、琉球煙草等の企業を束ねる企業グループ「琉展会」会長になった宮城仁四郎も、インドネシア独立運動に参加した。戦前からインドネシアで糖業に従事していた宮城は、敗戦後も同地にいた。戦後、住民たちの反日感情が激化し、在住日本人に暴力がおよぶようになった。戦中、現地住民を虐待した日本の旧軍人や一般住民が連行、殺害、収容所送りになった。しかしジャワ人や華僑は宮城に対して「君は日本人ではなく沖縄人だから生命は保障する」といって守った。インドネシア独立の気運が広がるなか、宮城もインドネシア人とともに独立の歌を唄い、指揮をして合唱させた[31]。

戦後、琉球石油を経営し、尖閣油田開発に向けて動いた稲嶺一郎も、インドネシア独立運動に身を投じた。戦前、稲嶺は満鉄社員として働いていたが、1944年2月、ジャカルタに置かれた海軍武官府の華僑課長としてインドネシアに赴任した。日本軍の同地占領下に設置されたペタ（祖国防衛義勇軍）は、日本の敗戦後、インドネシア独立軍として編成されたが、稲嶺は同義勇軍の設立に尽力した。「『真の独立』のために日本軍に必要のない武器弾薬を引き渡したい」と稲嶺は考え、日本軍幹部に対して武器を独立軍に渡すように求めた。インドネシア独立軍への食料、武器の譲渡、助言等が問題行動であるとして、稲嶺は同地のグルドッグ刑務所に1年間投獄された[32]。

琉球人は中国だけでなく、戦中から戦後にかけてインドネシアにおいても独立運動、脱植民地化運動に参加していたことがわかる。琉球人は「侵略者―被侵略者」の関係性において後者の位置に立ってインドネシア独立軍と行動をともにしたのである。

3　戦後東アジアにおける琉球独立運動

1372年に琉球の中山国王・察度が明朝と朝貢冊封関係を始めて以降、琉球は中国とのあいだで外交的、儀礼的、経済的な友好関係を築いてきた。しかし日本政府は、1872年に琉球国を一方的に「琉球藩」にし、強制的な併呑への道を進めた。しかし1871年に締結された日清修好条規第1条における、両国に属する「封土」を「侵越するところがあってはならない」という規定に基づいて、李鴻章は朝鮮、琉球、台湾等の「属藩属土」を保護し、「中華世界の宗藩秩序体制」を再建しようと考えた[33]。

清朝政府の福建按察使、駐英・仏公使等を歴任した郭嵩燾は、次のような「琉球政策」を提示した。①琉球問題を国際問題として位置づけ、万国公法の理念に基づいて処理する、②欧米各国駐日公使と日清両国特命大臣で構成される国際会議を開いて、琉球問題を議論する、③清朝政府は琉球国の朝貢を免除し、琉球国を自立国として存続させ、その独立を国際的に保障する[34]。

1880年の分島改約の際に、清朝は琉球国三分割案を提示して琉球復国を模索した。それは沖縄諸島に琉球国を復活させ、奄美諸島を日本領、宮古・八重山諸島を清朝領にするという案である。しかし、同案は実現されることなく、琉球は近代日本の植民地として固定化されていった。

抗日戦争の終盤頃から、琉球の政治的地位に関する議論が活発になった。中華民国政府は、日本軍がパールハーバーを攻撃した翌日、正式に対日宣戦を布告した。蒋介石の率いる国防最高委員会秘書庁内におかれた国際問題討論会において、戦後処理方針の検討・策定が行われた。1943年11月、同討論会は「日本無条件降伏受理条項」において、琉球は中国に帰属すると規定し、附註として、英米が琉球保有の主張を堅持した場合、中華民国は、①琉球を国際管理下におく、②琉球を非武装地域にするという二つの選択肢から、一つを選ぶと定めた[35]。

蒋介石・軍事委員長にあてた、中華民国軍事委員会参事室がまとめた「カイロ会議で我が方が提出すべき問題草案1943年11月（原本日付なし）」において、次の4点が示された。日本に求めるべき事項として、①旅順・大連の無償返還、②南満州鉄道・中東鉄道の無償返還、③台湾・澎湖諸島の無償返還、④琉球諸島の国際管理または非武装地帯化。カイロ会談で、ルーズヴェルトが蒋介石に琉球を望むかと尋ねると、蒋介石は米中共同での琉球の共同管理及び信託統治を希望すると答えた[36]。

また1943年のカイロ会談において蒋介石は、戦後の琉球は朝鮮同様に独立させるべきとも考え、カイロ宣言文の「日本が奪取したる他の一切の地域より駆逐せらるべし」のなかに琉球も含むと理解していた[37]。つまり蒋介石、中華民国政府は戦後、琉球は日本から分離させ、国際管理地域にし、その後独立させるべきであると認識していたことがわかる。

中華民国政府は、日本の琉球に対する「剰余主権」（潜在主権）や信託統治の方式、琉球の政治的地位に関して以下のような見解を示した。剰余主権は国際法上確定した言葉ではなく、サンフランシスコ平和条約のなかにも文言として存在しない。日本政府の琉球に対する剰余主権は国際法および条約上、根拠がなく、中華民国はこれを受けいれない。将来、琉球は、米政府が受託管理する国連の信託統治下に置くべきである。脱植民地主義及び民族自決の原則に基づき、琉球人民の自治が実現できるように国際的な協力が必要である[38]。日本政府が主張し、米政府が認めた琉球に対する日本の剰余主権を中華民国政府は否定し、琉球の信託統治領化を求めていた。

1953年8月、米政府は奄美諸島を日本に返還すると日本に伝えた。同年11月、中華民国立法院は、奄美諸島の日本への返還はサンフランシスコ平和条約第3条の規定に合致せず、事前に中華民国政府との協議も行われず、ポツダム宣言に違反し、反対であるとの決議案を採択した。同年12月、中華民国政府外交部は奄美諸島の日本返還に抗議する声明を出した[39]。

また1953年11月、中華民国政府外交部は次のような備忘録を駐華米大使に送付した。1372年から1879年の500余年のあいだ、中国は琉球諸島に対して宗主権を有していたが、この宗属関係は日本の琉球併合によって中断させられた。中華民国政府は琉球に対して領土的要求をせず、再び宗主権を確立する意図をもたない。琉球住民の願望が完全に尊重され、彼らの前途を選択する機会（自決・独立〈赤嶺守注〉）を得ることを願っている[40]。

戦後、琉球が日本と政治的に切断されたとの認識に基づき、台湾内で次のような諸施策が実施された。台湾内の琉球人民協会は琉球居留民に対して琉球人民証明書を発給した。中華民国政府は、琉球居留民を日本籍民と法律的に区別し、琉球籍民としてその特殊性を認め、琉球籍民は日本国民ではないとする外交政策、法的取り扱いを行った[41]。

1955年9月、台湾の『中央日報』、『新生報』各紙に、駐華日本大使館が実施した国勢調査に基づく日本人登記に関する報告が掲載された。琉球人民協会は同大使館による日本人登記の公表は「日本の所謂〈復帰運動〉とか〈残留主権〉の不合法性を中外に暴露したもの」として抗議し、日本政府の「外交保護権」を拒否した[42]。

1961年6月に発出された、池田・ケネディ会談に基づく共同声明において米政府が日本の琉球に対する剰余主権を認めたことに対して、中華民国政府外交部は次のように反論した。

① サンフランシスコ平和条約は、カイロ宣言やポツダム宣言に基づいている。琉球諸島および、日本列島主要4島以外のその他の島嶼については、第二次世界大戦の同盟国が共同で定め、日本の主権外におくべきである。

② 琉球は国連の信託統治領を経て、最終的に自治と独立を獲得すべきである。

③ 剰余主権は、国際法の原則にそぐわない。琉球の日本への返還は、同条約第3条の精神に悖る。

④ 日本が琉球を侵占する前、中国は琉球に対して宗主権を行使していた。しかし今、中国は琉球に対して領土要求をしない。

⑤ 琉球は、共産主義侵略に対抗する安全保障体制下で重要な役割を果たしており、信託統治領移行前において琉球の現状は維持すべきである[43]。

1960年代に入っても中華民国政府は、日本政府の琉球に対する剰余主権を認めず、琉球は信託統治領になった後、独立すべきであると考え、琉球に対する領土的主張をしない立場を強調した。

琉球の日本への「復帰」が日米両政府によって決定された後、中華民国政府外交部は1971年6

月に以下のような抗議声明を発表した。琉球諸島問題は、カイロ宣言やポツダム宣言の規定に基づいて処理されなければならない。日本の主権は本州、北海道、九州、四国及び主要国が決定する島々に限られる。よって琉球の地位は、同盟国によって議論される必要がある。サンフランシスコ平和条約において琉球の法的地位およびその将来の処置について明確に規定されている。中華民国は主要同盟国の一つであり、この協議に参加しなければならない。しかし米政府は一度もそうした協議を実施したことがなく、琉球を一方的に日本に返還することについては不満である[44]。

中華民国政府は、琉球の日本への「復帰」が日米両国によって決定されたことに対して国際法に基づいて強く抗議したが、現在も「復帰反対」の立場に変更はない。

次に蔡璋（琉球名：喜友名嗣正）による琉球独立運動について論じてみたい。蔡は1916年にホノルルで生まれ、那覇の小学校を卒業後、中国、東南アジア諸国、サイパン島、テニアン島、台湾、そして沖縄島で生活してきた琉球人である[45]。蔡は、中華民国、韓国の両政府首脳と連携しながら、琉球独立運動を展開した。

1946年に設立された琉球青年同志会（1947年に琉球革命同志会に改称）の代表として蔡は、琉球独立運動を始めた。1954年2月、蔡は中国国民党中央委員会に「琉球情報」と題する報告書を提出した。1954年以降、蔡には中央工作会議より毎月5千元の工作補助金が支給された。その後も、蔡は「在琉工作報告」を国民党中央委員会に提出した。1954年6月に中華民国が「亜洲人民反共聯盟」を設立すると、蔡は台湾で開催された、同聯盟の第一回大会に琉球総会代表として出席した。1958年11月に独立を掲げる琉球国民党（党首は大宜味朝徳）が結成されると、蔡は台湾に支部を設置し、同党の副総裁兼渉外部長を務めた。同年以降、蔡に提供される国民党からの工作補助金は毎月1万元となった[46]。

1957年12月、中国国民党中央委員会は中琉文化経済協会を設立した。翌年3月に中琉文化経済協会設立大会が開催されたが、同協会の理事長は方治、蔡は理事、大宜味朝徳は監事となった[47]。1965年、琉球と台湾との交流推進団体として中琉協会が設立されたが、初代会長には、インドネシア独立運動を支援した宮城仁四郎が就任した。

1961年3月11日に送付された、蔡から米国民政府のキャラウェイ高等弁務官宛ての書簡において、フィリピンのマニラで開催予定のアジア人民反共連盟反共問題討議への参加前に、同弁務官への面会を求めた。蔡の同会議における報告文のなかには、次のような文言があった。「琉球諸島は元々日本の領土の一部ではなく、戦争の賠償として日本から割譲された領土でもない。琉球は1879年に日本による占領以前の、元々の独立国家の状態に回復させる必要がある[48]」。蔡の琉球独立論は反共主義に基づいたものであり、琉球を軍事統治する米国民政府の政治思想と歩調を合わせる形で独立運動が行われていた。

蔡は、「琉球復国」とともに、「中国復帰」、「中琉一体」を主張していた[49]。「中国復帰」の場合の「中国」とは中華民国を意味し、中華人民共和国ではない。現在の琉球独立運動において、中華民国または中華人民共和国への「復帰」を唱える団体や人物はほとんどおらず、蔡の琉球独立論の特異性、「冷戦時代」という時代性を表しているといえる。

サンフランシスコ平和条約締結の直前、蔡は中華民国と琉球との関係について次のような認識を示していた。「中華民国と琉球とは日本が琉球を武力侵略する遥か前から緊密な関係にあっただけでなく、政治的、血統的、経済的、文化的にも関係があり、両国との歴史的関係は2千年以上前まで遡ることができる。我々の先祖は中国から来た人々である。（中略）我々の祖国（自由中国）は日本の侵略に対して闘い、最大の被害を受けたが、日本を打ち負かす上で最大の貢献をなした。（中略）中華民国がサンフランシスコ平和条約に平等な立場で参加することによってのみ、アジアの平和が実現するだろう。（中略）我々は琉球の自由中国への復帰または独立と自由が付与されることを主張する」[50]。

蔡は、中華民国と琉球との緊密な関係性や、太平洋戦争における同国の貢献を強調した上で、サンフランシスコ平和会議に中華民国が参加することを希望し、琉球の独立と自由を求めていた。

4　李承晩による琉球独立運動支援

次に1948年～60年まで韓国の大統領であった李承晩と、琉球独立運動との関係について論じたい。1954年6月、蔡璋が李承晩と会見した際に、李は琉球独立運動を支援する意思を示した。1956年12月、李が琉球の日本「復帰」に公式に反対したことに関して、翌年1月、蔡は李に感謝の書簡を送付した。1957年4月、蔡の琉球革命同志会は韓国の新聞紙面に琉球独立に関する長文の声明文を掲載した[51]。

李は琉球独立をただちに実現することを求めたのではなく、日本「復帰」に反対し、将来の適切な時期に独立させることを考えていた。李のこのような考え方は、「独立保障論」と呼ばれている。

1957年1月、韓国政府は米政府に対して琉球の日本「復帰」に反対し、「沖縄返還を求める日本帝国主義を挫折させるために積極的に行動をとれ」と要求する声明文を発表した。そして、李は国務会議（閣議）において、政府の広報室に様々な手段を使って琉球独立を宣伝するよう命じた。同年11月の国務会議において李は、琉球独立を米政府に勧告するための研究を開始するよう外務部と国防部に指示した。1958年4月になると、李は、崔徳新・駐南ヴェトナム韓国大使に対し琉球での現地調査を命じた。崔大使は琉球に赴き、米軍関係者、独立運動家等と接触した。崔大使は、琉球の将来の地位を決定するために、韓国、アメリカ合衆国、中華民国、日本の4か国共同委員会を設立するとともに、南北朝鮮の統一が実現し、中華人民共和国等の共産主義の脅威が除去されるまで、琉球の現状を維持すべきであると建議した。また崔大使は駐華米大使のドラムライトに次のように述べた。沖縄住民は、日本人とは異なる民族集団である。「もし機会が与えられれば、琉球人は自主決定と自主統治を望むだろう。米国は琉球人の自主決定の声明を促すことに失敗した。もしわれわれが琉球人を促せば、彼らは日本の支配を拒絶し、独立を表明するだろうと確信している」。しかし調査後、崔大使は、琉球において自主決定や独立を要望する声があまり多くないと語った[52]。

1958年4月、崔大使は琉球に関して次のように述べた。韓国政府は、世界におけるナショナリズム、独立に対する強い熱気に関心をもっている。日本への依存に反対する感情が琉球においても勃興していると、韓国政府は認識している。琉球人は日本人ではないことを、もっと強調すべきだ。もっと沖縄語、英語の教育に情熱を注ぐべきである。台湾で会った蔡璋の意見が印象に残った。蔡は強い反日、反共の意見を有している。反共活動を琉球でさらに活発にしたいという蔡を支援すべきだ。[53]

1958年4月、台北で行われた崔大使と中華民国政府の沈昌煥・外交部次長との会談において、琉球独立に関して両政府の意見が一致することが確認された。1959年11月に開かれた、金弘一・駐華韓国大使と黄少谷・中華民国政府外交部長との会談において、黄外交部長は、将来、共産主義の脅威がなくなり、アメリカ合衆国が極東から撤退する際には、琉球を日本に返還せずに、独立させるべきだと述べた。中華民国政府はこうした認識を米政府に通告しており、琉球問題に関して韓国政府と協力することを約束した。[54]

李は1959年、ブース高等弁務官に対して琉球独立を主張する、次のような書簡を外交部に作成させた。「数世紀の間琉球人は、自らの誇らしい伝統と遺産を持った、独立し、相当に文明化され、教育水準の高い人々であった。近代日本膨張主義の最初の犠牲者として彼らが日本人帝国主義者によって1874年〔ママ〕に隷属させられるまでは、琉球人は事実上日本には何も負っておらず、その文明的な影響は中国大陸から流入したものであった。しかし、日本は韓国、中国、そして最終的に東南アジアへのさらなる侵略のための出口と踏み台を求めて、これらの無力な島々を占領し、容赦のない植民地統治下に置いた[55]」。

1959年7月にソウルで開催された第5回アジア人民反共連盟年次総会に、琉球代表として参加した蔡は、次のように報告した。極東における「共産主義の脅威」がなくなるとともに、琉球に政治的な独立が与えられるべきだ。日本による再占領の可能性をとり除くために琉球に対する日本の剰余主権はとり除く必要がある。琉球人は日本の統治に反対しており、日本の侵略は、共産主義の琉球占領と同じである。[56]

しかし蔡は、東アジアにおいて「共産主義の脅威」が続く限り、米国民政府による琉球の軍事統治を認めており、その脅威が除去された後に琉球独立を展望していた。つまり、蔡の琉球独立論は、アメリカ合衆国による琉球の軍事植民地支配から解放させることを目的とする脱植民地化のためのものではなかった。

李は、韓国が日本の植民地支配下にあったころ独立協会の主要メンバーとなり、寺内正毅・朝鮮総督暗殺計画に連座して投獄され、上海におかれた大韓民国臨時政府の初代大統領、戦後は大韓独立促成国民会の総裁に就任するなど、朝鮮・韓国独立運動のリーダー的存在であった。李が琉球独立を支援した理由として反共主義だけではなく、朝鮮と琉球がともに日本の植民地になったという歴史上の共通性と、琉球の脱植民地化への期待があったのではないかと考える。李の琉球独立支援の意思を琉球側で受け止め、協力関係を構築したのが蔡であった。

戦前、中国革命に参加した新垣弓太郎、戦後、インドネシア独立に協力した琉球人や、台湾で琉球独立運動を展開した蔡璋、そして琉球独立を支援した蒋介石や李承晩について検討してきた。なぜ琉球人はアジアの革命、独立運動に参加し、アジアと密接に関係をもった琉球独立運動を行ったのか。それは、琉球とアジアが地理的にも近く、歴史的に緊密な関係をもち、文化的にも共通点を多分に有する不即不離の関係にあったからであると考えられる。とくに、琉球がアジア諸国と同じく「植民地経験」を有し、住民も「被植民者」であるという認識がアジア独立運動への参加を促したのであろう。新垣は中国と琉球の脱植民地化を互いに呼応させる形で双方の解放運動に身を投じ、蔡は中華民国や韓国両政府の支援を得ながら琉球独立運動を展開し、インドネシアの琉球人も被植民者側に立って独立運動に参加した。

太平洋戦争後、アジア太平洋の旧植民地の多くが独立を勝ちとったにも関わらず、琉球は未だに日本の植民地のままである。日本の帝国主義は清算されたとはいえない。琉球人は日帝植民地主義の被害者であるが、同時にそれからの解放を目指して、アジアとの連携を模索してきた、新垣や蔡に見られるように琉球独立運動も、日本の植民地支配への抵抗という「抗日運動」としての性格を有していたといえる。またアジア独立運動に琉球人が主体的に関わったという歴史的事実を踏まえて、現代琉球における植民地主義のあり方を考え、それから解放されるための方法や思想を獲得することができよう。

5　日本の戦後期尖閣領有論の根拠

日本側が最初に、公的に尖閣領有を主張したのは、1970年8月31日、琉球政府立法院が行った、「尖閣列島の領土防衛に関する要請決議」であった。琉球政府は、同年9月10日に「尖閣列島の領有権および大陸棚資源の開発権に関する主張」を出し、同月17日、「尖閣列島の領土権について」という声明をそれぞれ発表した[57]。

まだ1970年の段階では、琉球に対して日本政府の施政権はおよんでいなかったのであり、琉球政府立法院、琉球政府による決議や声明は日本政府によるものとはいえない。琉球の議会や政府が、日本政府の代弁をさせられたと考えられる。「復帰」前から日本政府は琉球を利用して、尖閣諸島に対する自らの領有権を主張していたのである。

日本政府外務省は次のように、尖閣諸島領有の根拠を自らのホームページで公表している。尖閣諸島が「日本固有の領土」であることは、歴史的にも国際法上も明らかである。現に日本はこれを有効に支配している。尖閣諸島をめぐって解決しなければならない領有権の問題は存在しない。サンフランシスコ平和条約第2条に基づいて日本が放棄した領土に同諸島は含まれていない。1885年から日本政府が沖縄県を通じて現地調査を行い、その後、その領有化を決めた[58]。

日本が同諸島の領有化を主張することができるのは、琉球併呑によってであり、これらの島々は「日本固有の領土」ではない。琉球併呑によって、日本は尖閣諸島との関係をもつことができたのである。併呑前、日本と同諸島には歴史的、人的関係がまったく存在しなかった。中国、台湾が同諸島に対して領有権を主張し、接続水域への公船派遣等を行っているという実態を踏まえれば、日本政府の「領有権問題は存在しない」という主張は、現実逃避の、独りよがりのものでしかない。米政府も同諸島に対する日本政府の領有権（主権）を認めておらず、沖縄返還協定にも、その領有権について明記されていない。また日本政府は、サンフランシスコ平和条約において自らの戦争責任、植民地支配責任を反省しないまま、現在まで来ていることが、上のような認識からもうかがえる。琉球併呑後、日本政府によって設立された沖縄県は、植民地政府でしかなく、それによる尖閣調査は日本の植民地支配を強化するための行政行為であると考えることができる。

日本政府は、以下のように、「復帰」後、尖閣諸島に対する日本による実効的支配の事例を挙げているが、それぞれについて検討をしてみたい。

a　領海内で違法操業を行う外国漁船の取締り等の、警備・取締りを実施してきた。

b　民有地である久場島の土地所有者が固定資産税を納付してきた。

c　大正島、魚釣島等を国有地として管理してきた。

d　1972年以来、日米地位協定に基づき、久場島および大正島を「日本国」における施設・区域として米政府に提供してきた。

e　沖縄開発庁による利用開発調査（仮設ヘリポートの設置等、1979年）、沖縄県による漁場調査（1981年）、環境庁によるアホウドリ航空調査の委託（1994年）等、日本政府および沖縄県による調査が行われてきた[59]。

a'　日本政府による警備・取締り等の活動は、尖閣諸島に関して領土問題が存在することを、日本政府自身が示していることになる。もし領土問題がなければ、海上保安庁は、これほど厳重に警備しなくてもいいだろう。

b'　このような徴税行為は、日米両国家による尖閣諸島の違法領有化後の植民地支配下におけるものでしかない。同諸島内居住者に対する徴税ではなく、島外居住者に対する徴税であり、実効的支配の根拠とはいえない。そもそも、1895年から現在まで同諸島内に行政機関を設置しなかったことも、日本政府が有効に支配しなかったことを示している。

c'　これまでの尖閣諸島の国有地化の過程そのものが違法であった。2012年の尖閣諸島の国有地化に対して、中国、台湾、香港等では市民を中心とする、大きな反発が発生し、中国・台湾両政府とも日本政府による国有化措置を認めていない。その実態は「国有地化」ではなく、「再植民地化」であるといえる。

d' 日本政府が米政府に両島を提供できる根拠となる、領有権（主権）を日本政府は有していない。日米地位協定にも、同諸島の領有権に関する記載は存在しない。

e' 同へリポートは、その後、中国政府の抗議を受けて撤去された。また近年実施された、東京都や石垣市による上陸調査を日本政府は認めなかった。『東京都尖閣諸島現地調査　調査報告書』には次のような記載がある。「当初、調査を海洋調査及び上陸調査により実施する計画であった。しかし、尖閣諸島を賃借している国から尖閣諸島への立ち入りが認められなかったため、上陸調査に代えて機動性の高いラバーボートにより可能な限り島々に接近して陸地等を観測する調査を行うこととした[60]」。また、石垣市の『尖閣諸島自然環境基礎調査事業報告書』にも以下のような記述がある。「最近の現地調査結果は、2012年の東京都が実施した調査結果であるが、海上での調査結果のみであった。従って、尖閣諸島の現状を、より詳細に把握するためには、上陸もしくは航空機を利用した調査の実施が望まれる[61]」。

同諸島の領有権をめぐる対立がなく、「日本固有の領土」であれば、地方公共団体による調査を認めるべきだろう。上陸もできない、不完全な「現地調査」が実効的支配の証拠としてアリバイのように使われている。

以上のような、日本政府による実効的支配の根拠は、説得的であるとはいえない。2020年現在も、同諸島を無人島のままにしておくこと自体が、実効的支配を自ら放棄していると、世界からは認識されるだろう。竹島、南沙諸島等のように、島を実効的に支配していると主張している国々は、同国民を島々に常駐させ、生活環境を整備している。

日本政府は尖閣諸島の領有化過程においても、国際法上の問題はなかったと以下のように主張しているが、それぞれに対しても検討を行いたい。

a　1895年の閣議決定以来、日本は、民間人の土地借用願に対して許可を出し、国や沖縄県による実地調査が行われるなど、尖閣諸島に対して公然と主権の行使を行っており、日本の領有意思は対外的にも明らかであった。

b　国際法上、先占の意思について他国に通報する義務はない。

c　第二次世界大戦後における日本の領土を法的に確定したのは、サンフランシスコ平和条約である。カイロ宣言やポツダム宣言は、日本の領土処理について、最終的な法的効果をもち得ない。尖閣諸島の領有は、「平和愛好国家」として歩んできた戦後半世紀の日本の正当な主張である。

d　サンフランシスコ平和会議におけるダレス米国代表の発言、および1957年の岸信介・総理大臣とアイゼンハワー大統領との共同コミュニケに明示されたように、日本国が南西諸島に対する「残存する（又は潜在的な）主権」を有することを米政府は認めていた。

1951年にダレスは次のように発言した。「合衆国は、最善の方法は、合衆国を施政権者とする国連信託統治制度の下にこれらの諸島を置くことを可能にし、日本に残存主権を許すことであると感じました[62]」。

a' 尖閣諸島に対する日本政府の領有意思は、国内的にもまた対外的にも明らかではなかった。当時、同諸島の領有権を有していたと日本政府も認識していた清朝に対して通告しておらず、「台湾、その附属島嶼」として、日清戦争後、尖閣諸島も日本から割譲されたのである。

１９０２年、尖閣諸島に地番がつけられた。魚釣島は石垣島大浜間切登野城村２３９２番地、久場島は同２３９３番地、北小島は同２３９１番地、南小島は２３９０番地となった[63]。

しかし、大正島だけは１９２２年に国有地に指定され、地番が２３９４番地となった。また尖閣諸島に含まれている沖の北岩、沖の南岩、飛瀬には、地番が存在しない。日本政府は、なぜ、大正島の国有地化が他の島々より20年も遅れたのか、また沖の北岩、沖の南岩、飛瀬に地番がない理由を合理的に説明していない。沖の北岩、沖の南岩、飛瀬が国際法上、「島」ではなく「岩」であるとするなら、尖閣諸島の範囲から排除すべきであろう。

b' 先占そのものが、植民地支配を正当化する国際法の法理である。植民地にしたことを通告しなでいいとする、日本政府による国際法解釈も植民地主義的である。日本政府は、帝国主義時代の国際法に基づいて、未だに尖閣諸島の領有化を正当化しており、その意味で、日本の帝国主義は現在も続いているのである。

c' カイロ宣言は、日本の領土問題について、次の二つの原則を確立した。第一に、大西洋憲章、連合国共同宣言と同様に、領土不拡大の方針を掲げた。第二に、日清・日露・第一次世界大戦期に、日本が「奪取」、「盗取」、「略取」によって拡大した領土を日本から剥奪する。[64]

日清戦争の頃まで、日清間で琉球の所属に関する協議が行われ、同戦争によって、琉球の日本への「略取」が確定したと考えられている。同様に、尖閣諸島も同戦争を契機にして日本によって「略取」された。よってカイロ宣言に基づいて、琉球と尖閣諸島は日本から剥奪されなければならない。

サンフランシスコ平和会議に、中国や台湾の政府は参加していない。また同平和条約には、日本が放棄した旧植民地の返還先も明記されていない。よって同平和条約によって日本の領土が最終的に確定したとはいえない。日本はポツダム宣言を受諾することで、戦争を終了させ、戦後も国家として存続することが許された。同宣言で明記された日本の領土処理方法を否定することは、連合国との協約違反になり、国連等において審議する必要のある案件であると考えられる。日本政府は、現在にいたるまで戦前、戦中、戦後一貫して琉球を「捨て石」として扱い、多くの琉球人が殺害されたのであり、「平和愛好国家」とはいえない。

d'「潜在主権」は、米政府の国務長官や大統領による個人的発言、日本との共同声明のなかで言及されたものでしかなく、法的根拠や法的拘束力は有してなかった。なぜ米政府は、「主権」としなかったのか、「潜在」という言葉をつけ加えて「主権」を限定しようとしたのか。それは、米政府が「潜在主権」という概念に実体をもたせたくなかったからである。実際、日本は「潜在主権」に基づいて琉球に対して主権的行為を行い、琉球人を国民として保護したという実績はない。それは実体のない虚空な概念であった。

日本政府の尖閣領有論に対して、国際政治学者のガバン・マコーマックは次のように批判している。

① 1972年以来、日本は尖閣諸島に対して施政権を行使し、実効的支配をしてきたが、日本人を含むすべての人の上陸を禁止してきた。それは、尖閣諸島の帰属が事実上、争われているように、日本政府も振る舞ってきたことを示している[65]。

2010年9月、海上保安庁の巡視船が中国籍トロール船の船長を逮捕し、日本政府は中国の抗議に耳を貸さず、領土問題は存在しないとしたことで、「棚上げ」の紳士協定は破られた[66]。日本政府は、同諸島に関する領土問題は存在しないと明言しながら、自国民までその上陸を認めないということは矛盾している。むしろ日本政府が、「領土問題」を演出してきたのである。「棚上げ」時代の終了後、同諸島の帰属をめぐる領土紛争という実態が顕著になった。

② 日本は「固有の領土」だと大声でいうだけで、それを裏づける証拠をもたないという印象を周辺諸国に与えている。2010年になっても尖閣問題に関し、一センチたりとも譲れないと主張するのは、尖閣で中国の言い分を認めれば、沖縄まで中国に要求されるのではないかという恐れがつきまとっているせいかもしれない[67]。

日本政府が尖閣領有の法的根拠としている「無主地先占」の原則は、植民地支配を正当化する国際法である。明確な歴史的、地理的な根拠を示さず、「無主地先占」の法理を繰り返すだけでは、帝国主義という印象を世界に与えることとなる。日本は中国の軍国主義化を批判し、それを口実として、自らも軍国主義の道を走っている。琉球併呑、密約に基づく沖縄返還協定等にみられるように、現在にいたるまで日本は琉球領有の確たる、法的、歴史的根拠をもっておらず、琉球の「政治的地位」は未決のままである。

③　1968年、国連ECAFEの調査団が尖閣諸島近海に石油とガスが埋蔵されている可能性を明らかにした。米政府が沖縄返還に同意したのはその翌年であった。尖閣諸島に関し、米政府が日本に委譲するのは「施政権」であり、「主権」ではないことを注意深く強調した[68]。

松井芳郎も「主権」と「施政権」を区別して次のように述べている。1971年10月27日に米連邦議会で行われた「沖縄返還協定」に関する公聴会以後、米政府の当局者は「主権（sovereignty）」と「施政権（administration）」を区別して、米政府は沖縄返還協定によって尖閣諸島の「施政権」を日本に返還したが、同諸島に関する「主権」をめぐる競合する請求については、「中立」の立場をとるという態度を示してきた[69]。

日本は石油資源を守ることも一つの理由にして、琉球への米軍駐留を認める日米地位協定を締結したのではないかと考えられる。尖閣日本領有化と「復帰」（琉球日本領有化）とのリンク化が進められてきた。日本政府が琉球に米軍基地を押しつけてきたのは、日本による琉球、尖閣に対する植民地支配を継続させ、尖閣の石油資源を守るための傭兵として、米軍を活用することが意図されていたのではないか。しかし、米政府は日本政府に対して同諸島の主権を認めないことで、中国、台湾と日本とを対立させる楔を残し、広大な米軍基地を「復帰」後も琉球に置くことに成功した。

④　日本は、帝国主義時代の加害国としての責任を認める、正式な法的処置をまだとっていない。日本軍「従軍慰安婦」や南京虐殺を否定する有名人、教科書を書き変えようとする企て、靖国参拝を

する首相などに対する、被害者側の憤怒が、尖閣問題をきっかけに表面化した[70]。日本政府が、「無主地先占」という植民地支配の論理を、21世紀の現在も繰り返していることから、他の歴史認識問題とも連動して、日本に対して帝国主義の責任を問う声が国際的に広がってきた。尖閣問題とは、島の領有権をめぐる争いであるとともに、歴史認識問題でもある。

6 なぜ中国、台湾は尖閣領有を主張しているのか――その歴史的、国際法的な根拠

中国政府は、尖閣諸島の領有化問題に関して、次のように論じているが、それぞれに関して検討を行いたい。

① 世界反ファシズム戦争の勝利の成果である釣魚諸島を守る。

② 最も早く釣魚島、赤尾嶼などの地名を記載した史籍は、1403年に完成した『順風相送』である。琉球国の国書である『中山世鑑』には、赤嶼（赤尾嶼）およびそれ以西は、琉球の領土ではないと記されている。1708年に琉球人の程順則が書いた『指南広義』には、姑米山（久米島）は「琉球西南方の境界にある鎮山である」と記載されている。1372年、琉球の国王が明朝に朝貢してから、1866年までほぼ500年間に、24回、明朝や清朝は琉球国に冊封使を派遣したが、釣魚島（尖閣諸島）は冊封使が琉球に行くために経由する島であった。『使琉球録』、『中山伝信録』等の冊封使の報告書にも、それらの島々についての記述がある。1605年の『乾坤一統海防全図』と、

1621年の中国海防図『武備誌・海防二・福建沿岸山沙図』においても、釣魚島などの島嶼が中国の領海内に組み込まれている。1871年の『重纂福建通誌』巻84では、釣魚島が海防の要衝とされ、これらの島々は台湾府クバラン庁（現・台湾省宜蘭県）の管轄下におかれていた。

③　1885年9月6日付の『申報』で、「台湾北東部の島で、最近日本人が日本の旗をその上に掲げ、島を乗っ取らんばかりの勢いである」と報じられた。甲午戦争（日清戦争）の2か月前である、1894年5月12日、沖縄県は釣魚島を内密に調査した後、次のような最終的結論を出した。「明治18年（1885年）に県の警察を派遣して同島を現地踏査して以来、さらなる調査を行ったことがないので、より確実な報告を提出することができない。……そのほか、同島に関する旧記文書およびわが国に属することを示す文字の記載や口碑の伝説などの証拠はない」。

④　1972年9月29日、日本政府は「中日共同声明」において、台湾が中国の不可分の一部であるという中国側の立場を十分に理解し、尊重し、かつ「ポツダム宣言」第8条における立場を堅持することを承諾した。日本政府は不平等条約である「馬関条約」によって、釣魚島を含む「台湾全島およびすべての付属島嶼」を割譲するよう清朝に迫った。「カイロ宣言」、「ポツダム宣言」等の国際法は、日本が窃取した中国の領土を無条件に返還すべきであるとしている。これらの国際法によって、日本の領土範囲が明確に画定されたが、そのなかに釣魚島は含まれていない。日本が釣魚島を占有することは、実質上「カイロ宣言」、「ポツダム宣言」などによって確立された戦後秩序に対する挑戦であり、日本が負うべき国際法の義務に背いている。

⑤　1958年、中国政府は領海に関する声明を発表し、台湾およびその周辺諸島は中国に属する

と宣言した。2009年に公布された「中華人民共和国海島保護法」は、海島の保護・開発と管理制度を確立し、海島の名称の確定と公布に関する規定を設けた。それに基づき、中国は2012年3月に、釣魚諸島の標準名称を公布した。2012年9月、中国政府は声明を発表して、同諸島の領海基線を公布し、同諸島の領海基点・基線座標表と海図を国連事務総長に提出した。

⑥ 中国は終始、同諸島海域において恒常的に管轄権を行使している。中国海洋監視船は、同海域でパトロールを行い、法の執行を果たしている。漁業監視船も、同海域で常にパトロールと漁業保護を行い、漁業活動上の秩序を維持している。また中国は、天気予報や海洋観測予報などを通じて、釣魚諸島に対する管轄権を行使している。[71]

①' 尖閣諸島は、日本の帝国主義によって奪われた、終戦にかかわる国際法に基づいて中国に返還されるべき、島々であると認識されている。中国による脱植民地化運動としての尖閣返還運動については後で論じたい。

②' 明朝・清朝と琉球国との外交・交易関係を維持するために、琉球国への航海は不可欠であった。その際、尖閣諸島は航海上の目印として大きな役割を果たした。室町幕府、織田豊臣政権時代、江戸時代の日本の幕府（政府）は、航海上の目印とするなど、尖閣諸島を利用したことも、その存在を認識したこともない。林子平の『三国通覧図説』を除いて、日本側の歴史文書には尖閣諸島に関する記載が存在しない。

日本政府は、中国政府が領有化の根拠として示す歴史資料の価値を認めようとしない。その一つの理由は、日本政府が、琉球を独立国として認めないという現在の外交政策上の方針がある。つまり、冊封使の記録、琉球国の国書の歴史的価値を認めれば、結果的に琉球国が独立国として存在していたことを日本政府として公式に認知することになるからである。その結果、1879年の琉球併呑に対して日本政府は謝罪し、賠償金を支払うという義務の履行を迫られる。他方で、日本側には琉球併呑以前における尖閣諸島との関係に関する歴史的資料がほとんど存在しない。それは、つまり日本による尖閣領有が、歴史的根拠を欠く、暴力的な植民地支配の結果でしかないことを示している。

③ 沖縄県も、尖閣諸島が日本の領土であるという歴史的な証拠が存在しないことを認識していた。清朝内における日本の尖閣諸島侵略に関する報道、沖縄県の調査等を踏まえて、日本政府は同諸島の領有化を一旦諦めることになったのである。

④ 日本政府は中国との「中日共同声明」の内容を無視するという、外交上の問題を犯した。馬関条約そのものが、帝国主義戦争の結果、締結された不平等条約であった。カイロ宣言、ポツダム宣言に日本政府は違反する形で、尖閣諸島を領有し続けている。尖閣諸島と同じく、琉球も「琉球併呑」によって日本に窃取された島々であり、尖閣と琉球双方に対して日本は現在も植民地支配を続けている。

⑤ 中国は1958年に「領海に関する宣言」を行い、台湾、その周辺諸島が中国に属することを明らかにした。他方、日本政府は1895年以来、現在まで、このような宣言を行っていない。中国、台湾の領有宣言に反論する形で、日本政府は領有化を主張し始めた。1895年の閣議決定も「領有化宣言」とはいえない。なぜなら、国内外に対して、その事実を公表しなかったからである。中国政府は、同諸島の名称を法的に確定した。他方、1895年以来、日本政府の公文書において

も、尖閣諸島の名称は日本語名、中国語名が混在した状態が続いている。日米地位協定に基づいた提供施設として、「赤尾嶼射爆撃場」、「黄尾嶼射爆撃場」のように政府の公式文書で記載されている。日本語名に代えて「大正島射爆撃場」、「久場島射爆撃場」のようには表示されていないのである。日本政府は同諸島の標準名称を法的に規定したことがない。同諸島に関する中国による各種の主権的行為に関して、日本政府は正式に政府間で意見交換や調整等を行わず、一方的に「領土問題は存在しない」との主張を繰り返している。そのような対応自体も植民地主義であるといえる。

⑥ 中国政府による同諸島に対する領有権を守るためのパトロール活動は、海上保安庁のそれと同じ性質のものとなり、中国側から見れば、違法行為ではないということになろう。なぜなら同諸島の領有権問題は解決していないからである。中国側からみれば、同諸島を詐取して、現在も返還しない日本政府による同海域での警備活動こそが、日本による侵略行為の継続であると認識されてもおかしくない。中国政府は公船派遣等の主権行為を停止すれば、日本による植民地支配が固定化されると考えているのだろう。

中国政府による尖閣諸島海域でのパトロール活動に関して、国務院発展研究センターの董永裁・研究員は、『環球時報』において、次のように論じた。2013年4月までに中国の「海上取締り部隊」はすでに40回、釣魚島（尖閣諸島）海域の権益維持におもむいていた。同諸島は、すでに「日本側による管理・コントロール」から「中日各自による管理・コントロール」の状態に移行した。すなわち双方が巡航、管理・コントロール活動を行い、同諸島を無人化し、双方共に上陸しないという「現状の維持」が形成されたのである。こうした「現状の維持」は、「新たな均衡の維持」でもある。[72]

日本政府にとっては中国公船の行動は「領海侵犯」となるが、中国政府にとっては自らの領海の管理活動、実効支配行為となる。「現状の維持」によって日中間の均衡が生まれ、戦争の勃発が抑制されている。しかし、後の章で論じるように、近年、「島嶼防衛」と称して、宮古・八重山諸島における自衛隊基地の新設、機能強化が急速に進められており、日本政府は「現状維持」状態、「均衡」を破壊しようとしているのである。

また歴史的文献に基づいた、次のような尖閣中国領有論の主張が展開されている。(a)琉球国の国書である『中山世譜』では、琉球国の領土のなかに尖閣諸島が含められていない。(b)新井白石が書いた『南島志』には、琉球が管轄している島々が列記されているが、そのなかに同諸島が存在しない。(c)林子平が書いた『三国通覧図説』では、「釣魚台(魚釣島)、黄尾山(久場島)、赤尾山(大正島)」を中国大陸と同じ赤色で配色し、他と区別している。[73](d)明朝は、1556年、これら島嶼を福建省海防区域に組み入れた。(e)1893年、西太后は釣魚島、赤尾嶼、黄尾嶼を盛宣懐に下賜した。(f)馬関条約(下関条約)により、台湾と附属島嶼が日本に割譲された。同諸島はこの附属島嶼に含まれているのであり、すべて中国に返還されるべきである。[74]

尖閣中国領有論の歴史的な根拠として、次のような浅見真規の見解もある。唐代より前の貨幣である五銖銭が沖縄島、久米島等で出土された。唐時代前から中国の交易船が、沖縄島、久米島等に来ていたと考えられる。7世紀前半から10世紀半ばまで流通していた唐銭、「開元通宝」が、沖縄島、石垣島等の八重山諸島から出土している。よって中国の交易船は少なくとも10世紀末までに、釣魚島を発見した可能性が高い。[75]

鐘厳は、『人民日報』（1996年10月18日付）において「釣魚島の主権について」と題する、次のような内容の論考を発表して、尖閣中国領有論を主張した。

① 第二次世界大戦後、日本政府が連合軍司令部に提出した、海上保安庁水路部の海図において、「黄尾嶼、赤尾嶼」などの中国語名の名称が使用されていた。琉球政府が1969年に発出した正式文書でも、「黄尾嶼、赤尾嶼」などの、中国語の島名が使用されていた。米軍が1946年1月29日に発出した「連合国最高司令部訓令第667号」の第3項は、日本の領土範囲を規定しているが、その中に釣魚島（尖閣諸島）は含まれていない。②1953年12月25日に発出された「米国民政府布告第27号」は、サンフランシスコ平和条約に基づき、琉球列島の地理的境界を定め、北緯24度、東経122度内の島々や海域を領土や領海としている。これは米政府による釣魚島の「不法占拠」である。沖縄返還協定のなかで、日本の領土範囲は、布告第27号と完全に同じであると規定されている。③1951年9月18日、周恩来・外交部長は中国政府を代表して「この講和条約には中華人民共和国が準備、起草、調印に参加しておらず、法的根拠がなく、無効であり、中国は決して受け入れられない」と明言した。④日本政府は、沖縄返還協定に尖閣諸島が含まれていると述べ、同協定を領有権に関する国際法上の根拠としている。しかし、中国の領土を、日米両国の協議によって決定することはできない。戦後の領土問題を解決する上で、日本はポツダム宣言、カイロ宣言を厳格に順守しなければならない[76]。

戦後、琉球を軍事植民地にした米国民政府は、尖閣諸島を領有化するための法的手続きをとらなかったのであり、同諸島の「不法占拠」をしたうえで、黄尾嶼、赤尾嶼を射爆撃場として利用した。日本政府は尖閣領有化の根拠として、サンフランシスコ平和条約を挙げているが、中国政府は同条約の無効を主張しており、それはひいては、尖閣諸島の日本領有にも異議を示したことになる。つまり、日本政府は、尖閣領有に対して他国からの反論が1970年前後まで存在せず、「平和的に」同諸島を管理してきたと述べてきたが、この主張の根拠が崩れるのである。また、尖閣日本領有論の根拠とされている沖縄返還協定の協議過程に、琉球政府だけでなく、琉球の所属をめぐり歴史的に対立してきた中国、台湾が参加していない。領土紛争の被害者または当事者を排除して、琉球、尖閣諸島の所属を日米だけで決めることはできない。

周恩来・外交部長は、1951年7月12日に公表された「対日平和条約米英草案」を、次のような諸点において批判した。（a）中国が関わる領土問題について、過去の国際的な協定によって日本からの分離を規定していない「琉球諸島等」を米政府の施政下に置くこと。（b）日本による台湾と澎湖諸島の放棄を規定しながら、これらの中国への返還については触れていないこと。（c）日本が西鳥島と西沙諸島を放棄すると規定しているが、主権返還については言及していないこと。周恩来は、「対日平和条約の準備、起草及び署名に中華人民共和国の参加がなければ、その内容と結果のいかんにかかわらず、中央人民政府はこれを不法であり、それゆえ無効であると考える」との結論を下した[77]。

「琉球諸島等」に尖閣諸島も含まれていると中国政府は認識して、1951年における周恩来の批判をもって尖閣日本領有論に政府として異議を唱えたと主張している。またサンフランシスコ平和条約に中国が署名していないため、中国政府は同条約に拘束されず、また尖閣諸島の領有権に関して発言権を有していると考えている。

現在の国際社会で多数派を占める発展途上国にとって、尖閣紛争に関して中国が正面に打ち出している、過去の日本による「侵略戦争や植民地支配」という問題提起のほうが、伝統的国際法に依拠した日本の主張よりも、はるかに受けいれられやすいだろう。[78]発展途上国の大半は、欧米諸国による植民地支配という過酷な歴史を共有しているからである。

中国にとって、尖閣紛争が有している歴史認識問題としての性格が、日本政府による尖閣諸島「国有化」の決定を契機にして、にわかに顕在化した。中国側の歴史認識が形成された原因の大半は、中国に対して侵略戦争を行い、その領域の一部を植民地支配し、同国とその国民に対する戦争責任と戦後責任とを十分には果たしてこなかった日本側にある。尖閣紛争が歴史認識問題としての様相をあらわにした現在では、国際法だけが紛争解決の基準として機能することは期待できない。日本が中国との関係で未完の戦争責任と戦後責任を果たすために、ねばり強く真摯な努力を払う必要がある。[79]

尖閣紛争の本質的問題は、歴史認識問題であり、「無主地先占」という伝統的国際法によっては解決が困難であるだけでなく、不可能となる。なぜなら「無主地先占」の論理は、日本の中国に対する侵略、植民地支配を正当化する法理であるからである。日本政府、日本の政治家は、中国に対する侵略、植民地支配に対して真摯に謝罪、賠償を行ったとはいえない。次章で論じる、沖縄戦に関する教科書検定問題で明らかになったように、日本政府は琉球での日本軍による戦争犯罪に対して未だに謝罪せず、歴史修正主義に基づいて教科書の検定を行ってきた。琉球にとっても尖閣諸島問題は、歴史認識問題と強く結びついている。

1971年2月、中華民国政府は、公式に尖閣諸島に対する領有権を主張した[80]。台湾側は次のような根拠をあげて尖閣諸島の領有権を正当化した。
①釣魚台列嶼（尖閣諸島）は、台湾省に附属し、中華民国領土の一部を構成している。地理位置、地質構造、歴史ならびに台湾省住民の長期にわたる継続的使用等を通じて、中華民国と密接につながっている。中華民国政府は領土保全の義務に基づき、絶対に「微小領土」の主権を放棄することはできない[81]。
②同列嶼海底の大陸棚に豊富な石油が埋蔵されていることから、日本は釣魚台を踏台にした対中国東海大陸棚に対する主権を主張している。釣魚台は、わが国の大陸棚を確保する最前線である。釣魚台をめぐる主権論争において、我々が勝利し、主権を取得すれば、日本は中国東海における大陸棚に対する権利の根拠を失うことになる[82]。
③日本政府は、戦後、米政府が日本に代わって過去20年間実施した、同諸島に対する占有の事実を明らかにしなければならない。しかし、国際法上、他国による、占有の代行が可能かどうか、大いに疑問である[83]。
④大陸棚と琉球の距離は近いが、両者の間には地質上の関係性はない[84]。
⑤国際裁判の判例は、無人島でかつ、岩石が突出した小島、これに近似したものは大陸棚画定線の根拠とすることはできないと明白に述べている[85]。
日本政府は、尖閣諸島を国際海洋法で規定された「島」であり、そこを起点として領海、排他的経

済水域を設定できるとしている。それに対し、台湾の国際法学者・陶竜生は、それらは大陸棚の延長上に存在する無人島、岩であり、自らの領土であると認識している。また沖縄トラフによって同諸島と琉球列島は地理的、地質学的にも切断されており、日本国の一部となった琉球を根拠にして同諸島の領有を主張できないとしている。

戦後の米軍統治時代、日本政府と米政府とのあいだで、尖閣諸島の管理の引きつぎに関する協議は行われなかった。そもそも戦前、戦中において日本政府は、同諸島に対する実効的支配を行っていなかった。

米国民政府は、尖閣諸島を実効的に支配していたのであろうか。1952年2月29日、米国民政府は「布令第68号」として『琉球政府章典』（同年4月1日施行）を発出した。その第1章第1条において、琉球政府の管轄区域が緯度経度で示された。尖閣諸島は、1953年の米国民政府「布告第27号」においても、琉球諸島の一部とされた[86]。

サンフランシスコ平和条約において、尖閣諸島の所属についてまったく言及されていないが、米国民政府は一方的にそれらを自らの管轄下にあると主張したのである。同上の布令や布告は、憲法もない軍事植民地支配下において発出され、民選議会での審議も経ていない「命令」でしかない。これらを、米国民政府による尖閣諸島に対する実効的支配の証拠として認めることはできないだろう。

1946年の「占領軍訓令677号」において「北緯30度以南」、1953年の「布告第27号」において、「北緯29度以南」とそれぞれ緯度を示しただけで、尖閣諸島の名前が特定されていない。沖縄返還協定の「協定本文」に同諸島についての記載がない。同協定の「合意議事録」（1971年6月

17日）においても、「次の座標a～fの各点を順次に結ぶ直線によって囲まれる区域内にあるすべての島、小島、環礁及び岩礁」と説明されているだけで、同諸島の名は示されていない[87]。

米政府が日本政府に代わって尖閣諸島を実効的に支配していたならば、その名称を明示し、緯度経度で明確に位置を示すのが当然であったろう。

1950年の前半までは与那国島の島民等が、鰹漁、海鳥の卵やクバの葉の採取を目的にして尖閣諸島との間を往来していた。しかし、1951年、黄尾嶼（久場島）及び赤尾嶼（大正島）の周辺海域が米海軍の爆撃演習場とされてから、同諸島周辺での操業を止めるようになった。1950年代末頃から台湾漁船による、同諸島周辺での操業が増加した[88]。

琉球の米軍統治時代、尖閣周辺海域において台湾漁船はほぼ自由に操業することができた。台湾漁民による同周辺海域での「密漁」や、尖閣諸島における海鳥の卵などの乱獲を憂慮する声があったが、琉球政府や米国民政府が積極的に台湾漁船を取り締まらなかった[89]。

台湾住民を積極的に取り締まらなかったのは、琉球政府、米国民政府とも同諸島に対する領有意思が欠如していたからであろう。米国民政府は、久場島、大正島の中国名を変更することなく、射爆撃の演習場とした。他の島々も無人島として放置した。戦前の日本政府と同じく、同諸島のインフラを整備し、人を定住させ、行政村を設置する等の実効的支配を行わなかったのである。

1955年3月2日、琉球船籍の漁船「第三清徳丸」（15トン、乗組員8名）が、魚釣島近辺で中華民国国旗を掲げた2隻のジャンク船の襲撃を受けた。乗船員のうち4名が行方不明、船長を含む2名が射殺された。行方不明者は発見できず、死亡とみなされた。同年3月5日、琉球政府立法院が米国民政府、日本政府、国連に対して同事件の調査を要請する決議文を採択した。同年5月、船長の遺族等が、琉球政府の比嘉秀平・行政主席に対し、被害者と遺族への補償金の支払いと、「漁師の生命と財産の保護」を陳情した。米国民政府は、琉球政府や琉球警察と協力して調査を行い、米政府国務省を通じて中華民国政府に問い合せを行った。中華民国政府は、自国の船舶が事件を起こしたこと、当該海域に自国の部隊がいたことを否定し、漁民を攻撃したのは大陸中国の艦船であるとの見解を示した[90]。

同事件は1960年代前半になっても解決しなかった。米国民政府の行政官であるヒッチ中佐は、大田政作・行政主席に宛てた書簡のなかで、「利用可能な情報と証拠にもとづいて、事件の法的責任」を立証することができなかったことに遺憾の意を示した。同じ頃、琉球政府は遺族に対し、987ドル45セントから4750ドル65セントの見舞金を支払うことを提案した。また琉球政府は、魚釣島周辺海域への立ち入り禁止により、操業ができなくなった漁民に対して補償金を支払った[91]。

同事件の真相解明、犯罪者の処罰等は行われなかった。つまり、日本政府は同諸島海域で発生した他国船による殺人事件に関して、何ら実質的な対応をせず、放置した。なぜ、米国民政府は米軍を台湾に派遣するなどして、琉球人漁民を殺害した容疑者を確保しなかったのか。米国民政府は、尖閣諸島で発生した殺人事件を解決することができなかったが、それは同諸島に対して有効な実効支配をしていなかったことを示すものであった。琉球に対する施政権を有している米国民政府も、「潜在主権」を有している日本政府も、統治下の住民の生命や財産を守ろうとしなかった。「潜在主権」が実体を有しないものであることが、露になった事件であった。

中国や台湾による尖閣領有論の背景には、国際社会において、1960年代から顕著になった「資源ナショナリズム」の動きが存在する。資源に対する恒久的主権を、国連等の国際機関の場において確立しようとする、最初の動きは、1962年の「天然資源に対する恒久主権」決議である。それ以来、1966年、70年、73年、74年の国連総会において、「恒久主権決議」が通過し、その範囲も海洋資源にまで拡大されるようになった。恒久主権確立過程における紛争処理の解決に関して、1962年の同決議では「国内法および国際法」によって処理するという文言がはいっていた。しかし、1966年決議からは「国際法による処理」の文言がなくなり、発展途上国は、国内法によって紛争処理を解決することができると主張した。国内法による恒久主権の確立は、1974年末の国連総会で通過した「諸国家の経済権利義務憲章」の主軸の一つとなった。同憲章によって、恒久主権確立が諸国民の権利であると同時に、それを認めることは義務であるという考え方が、国際的に確立するようになった[92]。

尖閣諸島の領有を主張した当時の中国、台湾は、発展途上国であり、「資源ナショナリズム」の台頭という国際的な潮流のなかで、中国、台湾の尖閣領有宣言を認識する必要がある。

次に「諸国家の経済権利義務憲章」（採択1974年12月12日、国連総会）のなかで、天然資源の「恒久主権」に関する条項を引用してみたい。

① 第2条「天然資源に対する永久的主権、国有化」1「すべての国家は、そのすべての富、天然資源及び経済活動に対し、それらを所有し、使用し及び処分することを含む完全な永久的な主権を有し、かつこれを自由に行使する[93]」。

②　第16条「植民地主義等の撤廃」1「すべての国家は、発展のための前提条件として植民地主義、アパルトヘイト、人種差別、新植民地主義、あらゆる形態の外国による侵略、占領、支配、並びにこれらから生ずる経済的及び社会的結果を、個別的及び集団的に撤廃する権利及び義務を有する。このような強制的な政策を遂行する国家は、その影響を受けた諸国、地域及び人民に対して、これら諸国、地域及び人民が有する天然資源及びその他すべての資源の搾取、涸渇及び損害に対する返還及び完全な補償を行う経済的責任を有する。これら諸国、地域及び人民への援助を行うことはすべての国家の義務である」2「いかなる国家も、力によって占領された地域の解放の障害となることのある投資を促進し又は助長する権利を有しない[94]」。

上記の国際法に基づいて、中国と台湾は、尖閣諸島周辺海域における天然資源を所有、使用、処分することができる「永久的主権」を有していると主張することができる。また日本は、自らの帝国主義、植民地主義によって得た尖閣諸島を、中国や台湾に返還する義務がある。戦前の古賀辰四郎によるアホウドリ撲殺等による資源枯渇への賠償や復元、米軍による久場島や大正島における射爆撃による環境破壊の現状復元等を行う責任がある。また、同憲章第16条2に従えば、日本は同諸島に対して石油開発を含む投資を行ってはならないことになる。

中国政府は、「世界反ファシズム戦争の勝利の成果」として尖閣諸島を位置づけているが、これに関して同政府は次のような見解を示している。海洋権に関する国際的な闘争は、侵略と反侵略、略奪と反略奪、覇権と反覇権をめぐる闘争である。それは、アジア、アフリカ、ラテンアメリカ諸国の民族的権益を擁護し、国家主権を守り、超大国の海洋覇権主義に反対する闘争である。中国は大多数のアジア、アフリカ、ラテンアメリカ諸国と共通した境遇にあり、共通の歴史的任務に直面している。中国政府と、その人民は一貫して、超大国の侵略と転覆、支配、干渉、侮辱を受けているすべての中小国、アジア、アフリカ、ラテンアメリカ諸国人民の側に立っている。ラテンアメリカ諸国が率先して提起した200カイリの領海権を守り、自国の海洋資源を保護する正義の闘争を支持し、超大国の海洋覇権主義と強権政治に反対する。また、平和共存五原則が国家間の関係の準則となるべきである。各国の主権、領土の保全、海洋権益は、普遍的に尊重されなければならない。外からのいかなる侵略、干渉、略奪にも断固反対する。海洋権の問題を世界各国人民の根本的利益と、国連憲章の原則に合致させ、公平に合理的に解決するためには、侵略、略奪、覇権の政策に反対しなくてはならない[95]。

尖閣諸島をめぐる紛争が発生した時期において、中国は第三世界に属しており、世界の同様な国々とともに「超大国の海洋覇権主義」と闘うという、世界的な潮流のなかで同諸島の領有化を主張していたのである。現在、中国は世界第2位の経済大国になったが、同諸島の返還を求める原則的根拠は、国連憲章、平和共存五原則に基づく、侵略された側による海洋権の主張であることがわかる。

V　日本の軍国主義化の拠点としての尖閣諸島と琉球

近年、宮古・八重山諸島、奄美大島に自衛隊基地が新設、増設され、ミサイル基地、レーダー基地、弾薬庫等が設置されてきた。島々は「仮想敵国」とされる国から攻撃の標的にされ、戦場になる恐れがこれまでになく高まっている。日本政府は、日米安保条約第5条が尖閣諸島有事にも適用されると主張し、米政府もそのように認識している。日米同盟体制強化の流れのなかで、琉球に置かれた米軍基地と自衛隊基地が有機的に連結され、「島嶼防衛」のための戦闘体制が強固になってきた。実際の戦争になれば、多くの住民が戦闘に巻きこまれ、多大な犠牲が生じるのは先の沖縄戦の経験から明らかである。沖縄戦の時、琉球人は防衛隊、鉄血勤皇隊、看護師等として現地徴集され、戦闘に投じられ、軍事機密を知ることとなり、「玉砕、散華」という名の強制的集団死に追い込まれた。将来、日本政府が想定している、「第二の沖縄戦」でも同様な悲劇が発生する恐れがある。

現代における日本の軍国主義化と尖閣諸島の購入・国有化とが、相互に関連しながら進められている。石垣市、与那国町における育鵬社の教科書採用、与那国町・石垣市・宮古島市における自衛隊基地の配備計画は時期的にも重なる。その背景には、尖閣諸島問題を契機にして中国脅威論を煽り、子どもたちに戦前回帰型の愛国心を教育し、宮古・八重山諸島を日本の軍国主義の拠点にしようとする、日本の右派勢力による活発な活動がある。

尖閣諸島は石垣市登野城として、その地籍が登記されているが、石垣島の人びとにとって尖閣諸島はどのように認識されているのか。沖縄戦において、日本軍は琉球人を守ろうとしなかったが、尖閣諸島でもそうであった。尖閣諸島問題を起点として教科書採択問題、自衛隊基地建設問題等が勃発し、それらをめぐって地域、家族が分裂し、共同体が国策によって大きく揺らいだ。琉球では１９８０年代以降、日本軍による住民虐殺、強制的集団死をめぐり、沖縄戦に関する教科書検定問題が何度か発生してきた。沖縄戦に関する歴史修正主義によって、自衛隊基地建設のための「精神的受け皿」が用意されてきたといえる。八重山諸島は「教科書採択、自衛隊基地建設、尖閣紛争」の諸問題が相互に関連しながら、政治による教育への介入が顕在化するようになった。

1　地政学上の拠点としての尖閣諸島

日本政府が尖閣諸島を領有化した理由として、その地政学上の重要性を指摘することができる。日清戦争の最中、大本営は１８９５年に威海衛攻略を果たした後、澎湖諸島の占領作戦を実施した。無人島であった尖閣諸島の占有は、日清戦争で日本軍が清朝に攻勢を仕掛ける過程で強行された。日本政府による「無主地先占」は、戦争という状況を利しての一方的な主張であり、国際社会が遍く認知したという証拠は希薄である。日清講和条約によって台湾本土と澎湖諸島の日本への割譲が決定されたが、尖閣諸島の領有についてはまったく俎上に上がっておらず、それは戦争最中の略奪行為であった。[1]

同諸島の領有化が日清戦争の終盤に行われたことも、それが有する地政学上の重要性を日本政府が認識していたことを示している。沖縄戦を含むアジア太平洋戦争でも明らかになったように、軍隊は島嶼を軍事戦術上の拠点（「捨て石」）として利用した。

その日清戦争そのものが、朝鮮王朝や清朝に対する侵略戦争であった。日清戦争は、「日英通商航海条約」の改正と併行して発動された。同条約の改正は、１８９４年７月16日に調印された。１８５４年に締結された同条約が、不平等条約であるとして、その改正を求めていた日本政府は、これにより相互対等の最恵国待遇を規定し、領事裁判権の撤廃をかちとった。１８９４年７月20日、朝鮮王朝政府に対し、清朝との宗属関係の破棄を要求する最後通牒を突きつけて、日清戦争に突入した。明治国家は日清戦争を「文明の戦争」、すなわち「文明国＝日本」と「野蛮国＝清」との戦争と宣伝し、戦争への国民の支持をとりつけようとした。福沢諭吉、内村鑑三は、「文明」国家の正当な権利行使であるとして、戦争を積極的に支持した。[2]

日清戦争の原因は、朝貢冊封関係というアジア型国際関係を破壊し、帝国主義という欧米型国際関係を押しつけることにより、日本政府自らが東アジアにおける植民地の宗主国になることを目指したことにある。日本によるアジア侵略を正当化する主張を当時の知識人が唱えたが、それは琉球の軍事的価値を重視した、山県有朋、田代安定等の「琉球戦略」と重なる、「文明による野蛮の排除」という帝国主義思想を共有していたといえよう。

日本政府は、日露戦争の最中である、１９０５年1月に行った内閣決定により、竹島の領有に踏みきった。同島および周辺海域が、ロシアとの戦闘を優位に進めるために不可欠の作戦用地であると捉えたからである。1910年の韓国併呑によって、同島が日本の領土として既成事実化された[3]。

尖閣諸島も戦争中に奪った島であり、竹島と同様、軍事戦略上の拠点であると認識して閣議決定により、割譲したと考えられる。

日本政府による尖閣諸島への測候所建設計画からも、日本政府による同諸島に対する地政学的認識をうかがうことができる。1943年、中央気象台は「尖閣群島測候所」建設の計画を進めた。同計画は、魚釣島もしくは黄尾嶼（久場島）に測候所を設置し、宿舎を設けて職員を常駐させ、港や防波堤を築き、飛行場も建設するというものである。山砲や重機関銃などによる武装も計画されていた[4]。

石垣島測候所から藤原咲平・中央気象台長宛の文書「尖閣群島中ニ測候所建設ニ関スル調査ニ付キ海軍現地部隊ト協議済事項報告ノ件」（1943年8月2日付）には、海軍佐世保鎮守府司令官から石垣島測候所に対して、尖閣での測候所建設調査に協力するよう求める、伝令があったことが記載されている。海軍佐世保鎮守府は、九州・沖縄方面の防衛を担当する拠点である。同鎮守府は日本の中に4か所設置された海軍区のなかの第三軍区であり、台湾の馬公、朝鮮の鎮海の両港を管轄下におく大陸前線の基地であった[5]。

尖閣諸島での測候所建設には、日本軍からの働きかけがあったのである。台湾、朝鮮、中国、琉球それぞれの戦地、戦争準備地域を結ぶ拠点の一つとして、同諸島が日本軍により認識されていたとしても不思議ではない。

尖閣諸島に測候所を建設する気象上の理由として、「台湾坊主（南岸低気圧）」の存在がある。それは春先に台湾沖で発生し、日本本土に接近するとともに急激に発達し、激しい暴風雨をもたらす低気圧である。当時、台湾と石垣島のあいだには測候所がなく、気象情報の空白地帯となっていたため、「台湾坊主」に関する気象情報が得られなかった。それは突然出現し急激に発達するため、しばしば海難事故や航空機事故の原因になった。1941年の冬季から翌年の初めに航空機の事故が多発した。同海域を管轄下におく海軍佐世保鎮守府にとって「尖閣群島測候所」建設は緊急を要するものであった。海軍は、南方戦線への補給路を確保するために、石垣島の大浜に海軍南飛行場の建設を進めており、1944年に完成予定であった。1943年6月のミッドウェー海戦、同年9月の米軍のガダルカナル島上陸で戦局が一転し、日本側は船舶の損害が激増した。日本が「絶対国防圏」としていたアジア太平洋の島々での玉砕、撤退により、台湾や沖縄の防衛が緊迫してきた。海上輸送や航空機の航路確保が迫られていたのである。[6]

軍事と気象とが深い関係にあることは夙に知られている。特にアジア太平洋での戦局が悪化した1943年当時において、「絶対国防圏」を死守するために、尖閣諸島に測候所を建設するという、日本政府にとっては初めての「実効的支配」の試みを行おうとしたのである。

1943年、石垣島測候所は藤原咲平・中央気象台長に対して、測候所建設のための調査資料として、『地学雑誌』に発表された宮島幹之助の「沖縄県下無人島探検談」と「黄尾嶼」、黒岩恒の「尖閣列島探検記」を複写して送付するよう求めた。同諸島調査において、明治時代の文献に頼らざるを得なかったことから、尖閣に関する情報の乏しさが明らかになった。[7]

測候所建設において活用できる研究調査の資料が、1900年に古賀辰四郎という私人が組織した、宮島や黒岩等による調査しかなかった。つまり、1943年まで日本政府は、同諸島に関する本格的な調査を何ら行っていなかったことになる。

1943年8月3日、石垣島測候所は次のような「尖閣群島調査報告書」第一号を中央気象台に提出した。「同島付近ニハ敵性艦船出没スル事アルヲ以テ、次ノ武装ヲ行ヒ警戒万全ヲ期スル要アリ」との理由で、以下のような武器の配置を求めた。①山砲（山頂に設置して四方に砲撃できるようにする）、②重機関銃（二か所）、③軽機関銃（一か所）、③小銃（勤務員全員所持）。これらの武装は、日本軍が同諸島に駐屯する場合、その必要はなしとする。勤務人員の構成は、所長または主任が1名、観測員が9名、通信士が2名、定夫が2名、雑役人夫が1名となり、三交代制で勤務する[8]。

同測候所はまさに「武装測候所」とも呼ぶべきものであり、「職員の軍人化」は文字通り気象と軍事との結合を示している。

同報告書において、測候所建設のための請負工事には相当の資本が必要になるとして、沖縄県内では那覇の建設会社、国場組が適当であると認識されていた[9]。

同社は1931年、国場幸太郎が設立したが、小禄飛行場、読谷飛行場、各種の壕等の日本軍関係の事業を受注し、戦後は、米軍基地を建設した。現在、国場組は県下で最大規模の建設会社として成長した。

しかし、1944年1月8日、中央気象台長から石垣島測候所に対して、資材を必要とする新規事業が全般的に実施できなくなったため、尖閣諸島に関する調査は打ちきりになったとの連絡が入った。1943年後半からアリューシャン列島のアッツ島において日本軍が玉砕し、ニューギニアやソロモン諸島でも米英を中心とする連合軍に日本軍は敗退した。国内態勢を強化し、食料の自給自足、国内の防衛態勢の強化などが求められた。戦時行政特例法に基づき、鉄鋼、石炭、船舶、航空機等の重点産業の強化が図られ、金属類の回収も始まった。翌年度予算も不成立となり、1945年度における関連予算の獲得を約束して、「一応現地調査ノ打切リ」が石垣島測候所に伝えられた。[10]

軍事的理由で同測候所の建設が目指されたが、日本の戦局悪化にともない、その建設が中止となった。その結果、日本政府は領有化を決定した1895年から現在まで、同諸島上において公的資金を用いて施設等を建設、管理したことがなく、実効的支配のための確たる証拠を残すことができなかった。

島嶼は、海上の警戒監視、海上を渡っての敵本土攻撃のための策源地、敵艦船の侵攻阻止等の諸点において、軍事戦略上の重要性を有していると認識されている。さらに、島嶼は、国家管轄海域の基線を提供しているという面でも重要であるとされている。現在、艦隊規模で西太平洋において展開している中国海軍の主力は、寧波に司令部を置く東海艦隊であり、沖縄島と宮古島のあいだを通って太平洋に抜け出ている[11]。

軍事戦略上から島嶼を見るという点が強く押し出されると、島嶼の上で生活する住民の生命や生活は軽視される傾向となる。また軍事作戦の面から、住民の活用が考慮されるようになる。海洋法条約が整備されるに従って、海洋資源、シーレーン等、海洋権益を確保する拠点として島嶼が大きな役割を果たすようになった。中国脅威論が高まるとともに、島嶼の地政学的側面が強調された。

地政学的観点から、尖閣諸島を含む南西諸島は、中国海軍にとって外洋展開の際に最も脆弱となるチョークポイント（シーパワーを制する上で戦略的に重要となる海洋水路）となる。日本や米国にとっては、作戦上最も効果的な封鎖ラインになるという認識につながる[12]。

南西諸島、その周辺海域の地政学上の重要性から、今日、同諸島への自衛隊基地の新設、機能強化が進められている。また尖閣諸島を日本が領有化することで、中国に対して軍事戦略上の優位性を維持できるとの認識がうかがえる。

軍事戦略上、尖閣諸島は、中国海軍が太平洋に展開するための出口として、沖縄島と宮古島の西側に位置している。潜水艦を伴って行動する中国海軍艦隊が、沖縄島と宮古島にさしかかる際、海上自衛隊や米海軍の監視活動に対抗した情報収集が必要となる。尖閣諸島を基線とする日本の排他的経済水域において、このような中国軍の情報収集活動が制約されることにより、同軍の作戦は支障を来すことになる[13]。

尖閣諸島は中国と戦争をする上で不可欠な戦略上の拠点として位置づけられている。中国を仮想敵国とする限り、日本にとって同諸島は返還できない島となる。

次のように、外務官僚の千葉明は、尖閣防衛は台湾防衛にとっても重要になると指摘している。尖閣諸島は台湾の一部であると、国府が主張したことは、中国政府にとって軍事介入の口実を強化するきっかけとなった。人民解放軍が万一、尖閣を占拠した場合、中国政府から見れば、台湾の一部を奪回したことになる。その際、在日米軍が尖閣防衛に消極的だとすれば、米政府が中国政府の台湾に対する権原を認めたと喧伝され、台湾は最早風前の灯火となる。この意味で、尖閣防衛は、米政府の台湾に対するコミットメントの試金石になる[14]。

ここでは、尖閣防衛を日米同盟体制維持のための試金石にして、米軍を日本の傭兵にすることで尖閣を守ろうとする、日本政府の外交、防衛戦略が示されている。米軍の海外派遣は、米連邦議会の承認事項となるが、無人島のために米国民の血を流すことを同議員たちは認めるであろうか。政治経済上、日本よりも米国にとって重要な意味と役割をもつ中国は、同時に核ミサイルを保持しており、合理的に考えれば、そのような国と戦闘することを決断するとは考えられない。

尖閣諸島の地政学上の重要性を高めた最大の要因は、中国脅威論である。日本人新聞記者の小川聡と大木聖馬は、次のように尖閣防衛の重要性について述べている。

① 中国の海上戦力（北海、東海、南海の三艦隊）が、西太平洋において艦船を展開させるには、台湾とフィリピンのあいだのバシー海峡、そして沖縄島と宮古島のあいだなど南西諸島を通過する必要がある。バシー海峡や南西諸島を日米両軍がしっかりコントロールしていれば、中国の西太平洋への進出を阻止できる。[15]

すべての国の通航が認められている「公海航行」を阻止することは、国際法違反となる。「中国の西太平洋への進出を阻止する」という地政学上の提案は、国際法の根拠をもたない。中国の軍事作戦を阻止するために、南西諸島（琉球の島々）が日本のために「捨て石」の役割を果たすことを求めている。

② 尖閣防衛において、特に離島奪還や上陸作戦などの能力をもつ海兵隊の存在が極めて重要となる。海兵隊の沖縄駐留を安定的に維持するには、人口が少なく海に面した名護市辺野古にきちんと米海兵隊基地を移設しなければならない。[16]

辺野古新米軍基地と尖閣諸島とが軍事的にリンクしているとし、琉球人の民意に反して強行されている新基地建設を正当化している。中国による離島侵略を前提とし、それを奪回する作戦が念頭に置かれている。つまり、宮古・八重山諸島で建設されている自衛隊基地は外敵から島や住民を守るためではなく、侵略を導き、戦争を誘発させることが想定されているのである。侵略後、島嶼を日米で奪回するというシナリオである。島嶼住民の犠牲を回避することよりも、日本政府の「国益」、安全保障、対中国への牽制等が優先されている。

③ 日米安保条約に基づく米政府の対日防衛義務の発動は、日本に対する武力攻撃が発生し、日本政府が防衛出動を発令していることが前提条件となる。現行の自衛隊法では、「組織的、計画的な武力の行使」がなければ、防衛出動を発令することはできない。もし漁民を装った中国軍特殊部隊が奇襲を仕かけたら、「組織的、計画的な武力の行使」とは判断しにくいケースとなる。そうなると米軍が関与する法的な義務がない、つまり日本が独力で対処しなければならない[17]。

日本は独力で中国と戦争をしたくないと考えているのだろう。単独での戦争では負けるが、米軍と一緒だと勝てるという打算が見え隠れしている。中国側の「組織的、計画的な武力の行使」を促すために、自衛隊基地、辺野古新基地等の建設が行われていると考えることができる。今後、軍事攻撃の可能性を広げるために、日本政府は憲法や自衛隊法の改正を強く求めてくるだろう。

日本政府は2013年12月、外交と安全保障政策に関する、初の包括的な方針となる「国家安全保障戦略」と、今後10年程度の防衛力整備の指針となる「防衛計画の大綱」を閣議決定した。同大綱では、沖縄を「安全保障上、極めて重要な位置」にあるとし、尖閣諸島をめぐる中国との対立の長期化を想定して、南西地域の防衛体制強化を打ち出した。「離島奪還作戦」を担う「水陸機動団」の新設、航空自衛隊那覇基地への戦闘機部隊や早期警戒機飛行隊の新増設、与那国島への陸上自衛隊沿岸監視部隊の配備も明記した。防衛省は同年11月、陸海空自衛隊を動員した大規模実動演習を実施した。演習の眼目ともいえる「離島奪還訓練」は、那覇市の南東約400キロにある無人島、米軍の射爆撃場となっている沖大東島（北大東村）で行われた[18]。

日本政府が策定した南西諸島における防衛計画でも、尖閣が他国によって侵略され、それを奪回することが前提となっている。以上のような日本政府の防衛計画は、前年の政府による尖閣諸島国有化措置を受けてのものであったが、現在、計画項目は一つ一つ具体化されている。自衛隊による離島奪回訓練を、米軍の射爆撃場となっている沖大東島で行ったのは、同じく米軍の射爆撃場である尖閣諸島の久場島、大正島の軍事戦術上の機能が念頭に置かれていたのだろう。

2　尖閣諸島で軍隊は住民を守らなかった

沖縄戦において、日本軍による住民虐殺、強制的集団死、壕からの住民の追い出し、「捨て石作戦」による地上戦、住民の徴兵や徴用等が一般的に行われたように、軍事作戦を最優先して、日本軍は住民の生命や生活を守らなかった。以下に論じるように、尖閣諸島においても日本軍は住民を守らなかったのである。

住民が避難船で石垣島から台湾に向けて移動するなか、米潜水艦の攻撃を受け、尖閣諸島の魚釣島に避難するという事件が発生した。同事件が発生した、琉球をとりまく時代的背景は次の通りである。1941年、東南アジアから石油やゴム等の資源を運ぶ艦船の泊地を守備するために、西表島に船浮要塞が設置された。1943年には沖縄県における日本軍守備隊の第32軍が創設され、八重山諸島には陸軍独立混成第45旅団(「八重山旅団」)、石垣島海軍警備隊が配備された。1944年7月7日のサイパン島陥落後、日本政府は緊急閣議において、奄美大島、沖縄島、宮古島、石垣島等から「幼老婦女子」を疎開させるよう、鹿児島県、沖縄県の両知事に命令した。日本本土に約8万人、台湾に約2万人の人びとを疎開させる計画が策定された[19]。

「八重山旅団」の水軍隊(隊長・長谷川小太郎陸軍少尉)は、徴用した漁船や新造船である、第一千早丸、第三千早丸、第五千早丸の3隻の船で住民を台湾に疎開させることを決めた。1945年6月30日、約180人の住民が三船に乗船して出港した。乗船者のなかには琉球人、台湾人、朝鮮人、そして日本人軍人がいた[20]。

つまり、住民を安全に台湾に疎開させる責任は、日本政府、日本軍が負っていたのである。

「八重山旅団」は1945年6月1日、敵軍の石垣島上陸の恐れありと認識し、マラリアの巣窟地帯である、同島の山岳地帯に住民を強制退去させた。同月10日には全軍に戦闘態勢を命じた。その20日後、同旅団は敵機、潜水艦の跳梁が激しいと認識しながら、「危険な死の海」に疎開者を送り出した。「南西諸島守備大綱」には、「守備軍の活動にそぐわない老齢者、子供を事前に隣島あるいは島の安全地帯に疎開させ、島民の直接戦闘能力を強化すること」とし、「この疎開の時期と場所は、沖縄群島球部隊司令官が決定する。各部隊の指揮官は、その守備範囲、島の状況に応じて、それぞれ決定する。軍、県庁、県民は、この執行について賛同協力する」と記述されている[21]。

同年6月23日に、牛島満司令官、長勇副司令官は自殺し、沖縄戦の「組織的戦闘」は終了したはずであった。しかし、戦闘行為の一環としての「住民の疎開」はその後、日本軍によって実施された。疎開の過程、その目的完遂には、日本軍が全面的に責任を負う必要がある。石垣島で生まれ育った、私の母が8歳のころ日本軍によって山岳地帯への避難を余儀なくされ、マラリアに罹患した。マラリアに苦しんだ母は、髪が抜け落ち、食事をしないにもかかわらず腹部が異常に膨らみ、家族に熱い体に水をかけてもらったと私に話してくれた。幸いにして一命をとり留めて、私はこの世に生を享けることができた。八重山諸島全体で３６４７人が、日本軍の強制移住によるマラリアが原因で死亡した。これも日本軍による住民虐殺の事例であるといえる。

第一千早丸、第五千早丸には、日本軍人が乗船し、船の中央に櫓を組んで機関銃が一挺据えられていた。そのため米軍による攻撃の対象になった可能性が高い[22]。

同船は米軍の偵察機によって上空から監視されており、武装船として認識され、攻撃の対象になった。同事件も、危険な海への強制的移動、島への避難後における日本軍人による蛮行等を考えると、日本軍によって住民が戦争犠牲者になった、つまり「住民虐殺」であったといえよう。

魚釣島に避難した乗船者は、次第に栄養不良、下痢等を起こして衰弱が目立ち、上陸後30日頃から死亡者が続出した。そのころ軍刀をもった一人の日本軍伍長は「若い女の肉はおいしそうだ」などと放言して、軍刀を振りまわし、女性や子どもたちを戦慄させた[23]。

遭難後、魚釣島では日本兵が45日間、日本刀をもって住民を指揮し、残った食料を供出させた。日本兵は住民に対して、朝起きたら、長命草等のわずかな食料を一人どれだけ集めろと命令し、それが少ないと怒鳴った[24]。

餓えによる死亡者は男21名、女29名、合計50名に達した[25]。遭難者には30名ほどの朝鮮人、台湾人がいたが、それらの人びとに関する情報はほとんど不明であり、戦後建立された慰霊碑にもその氏名が刻銘されていない[26]。

１９４４年11月、石垣島海軍警備隊は、石垣島川平地域の住民に対して、潜水艦が跳梁する海を渡り、宮崎県へ集団疎開するよう命令を下した。これに反対する住民に対して、井上勝太郎・副司令は、「軍刀をカチャカチャさせて威嚇」しながら、「君達が途中で敵に沈められて死のうが、内地で凍えて死のうが、僕の知ったことではない、この計画は畏れ多くも天皇陛下の定められたもので、今さら変更するわけにはいかん」と述べた[27]。

日本軍には、住民の生命を守るという意思はまったくなかったのである。統帥権を掌握している天皇、軍隊上層部の命令を忠実に遂行するのが、個々の軍人に課せられた義務であり、職務となった。今日の自衛隊は、旧日本軍の軍国主義、帝国主義を反省した上で設置されてはおらず、新たな「離島奪回作戦」でも、同様な失敗を繰り返す恐れがある。

日本軍は、島内のマラリア地帯に閉じこめられ、食糧、医療不足のなかで死を待つという住民の恐怖心を巧みに利用して、台湾への疎開を誘導したのである。しかも、日本軍は同疎開が「死に至る」と知りながら送り出した。石垣島在住の歴史研究者、大田静男は、このような軍の行為は「未必の故意」による「不法行為」であり、「国家賠償法的観点」から論議すべきであると指摘している[28]。

石垣市は１９６９年5月10日、「台湾疎開石垣町民遭難慰霊碑」を魚釣島に建立して、慰霊祭を挙行した。石垣市はこの慰霊祭のあと、尖閣諸島の各島に同市の行政区域を表示したコンクリートの標柱を建立した。130名の人命を餓死寸前から救出するために、くり船を作った人、同舟を漕いで石垣島に行った「決死隊」の7名に対して、感謝状と記念品が石垣市から贈呈された。[29]

軍命による台湾への疎開にともなう住民の犠牲に対して、慰霊碑を魚釣島に建立したのは日本政府ではなく、石垣市であった。また、生存者を石垣島に帰還させる主体となったのは、日本軍ではなく、遭難した住民自身であった。

石垣島に建立された同事件に関する「碑文」にも、「太平洋戦争末期の1944年7月、日本軍は台湾航路の制海空権が米英軍に掌握されていたにもかかわらず、石垣町民に台湾疎開を命じた」と記されている。[30]

大田が指摘するように同事件は、日本軍による国家犯罪であり、住民虐殺であると認識する必要がある。

沖縄戦において日本軍は住民を守らなかったが、尖閣諸島に避難した住民に対しても同様に扱った。米軍の攻撃対象となり、魚釣島で餓えで死亡するという犠牲を強いられた。

3　八重山諸島の教科書選定と「島嶼防衛」との関係
——教育による軍官民共生共死体制へ

尖閣諸島の地籍が登録されている石垣市を中心にして発生したのが「八重山教科書採択問題」であり、それは次のような経過をたどった。2011年8月23日、石垣市、竹富町、与那国町同一採択地区の八重山採択地区協議総会において、中学公民教科書として育鵬社の教科書が採択された。同年8月26日、石垣市教育委員会と与那国町教育委員会は、育鵬社の教科書を、翌日、竹富町教育委員会は東京書籍の教科書をそれぞれ採択した。文科省は、竹富町を教科書の無償給付の対象外とし、その自費購入を求めた。２０１２年4月、石垣市、与那国町、竹富町は、それぞれが採択した教科書を配布した。２０１３年10月、文科省は、竹富町の教科書採択が教科書無償措置法に反していることについて、沖縄県教育委員会に対して竹富町への是正要求を指示した。しかし、沖縄県教育委員会は竹富町にそれを求めなかった。２０１４年3月、文科省は竹富町の教科書採択が教科書無償措置法に反しているとして、竹富町教育委員会に是正要求をしたが、同教育委員会は拒否した。２０１４年5月、沖縄県教育委員会は、竹富町教育委員会を単独採択地区とすることを決定した。

「八重山教科書採択問題」が大きな注目を浴びたのは、政治による教育への介入が見られたからであった。２０１３年3月1日、義家弘介・文部科学省政務官が竹富町教育委員会を訪れ、慶田盛安三・教育長と竹盛洋一・教育委員長に対して、教科書無償措置法に基づき、育鵬社の教科書を使うように求めた。義家政務官による「指導」の根拠は、次の通りである。同一採択地区内で同じ教科書を採択しなければならないと定めた教科書無償措置法と、教育委員会の採択権を認めた地方教育行政法はあくまでも「セット」である。八重山採択地区協議会の答申結果に反して、他の教科書を採択した竹富町は違法である。それに対して、慶田盛教育長と竹盛教育委員長は、採択権は教育委員会にあるとして、地方教育行政法の優位性を主張した。その上で、教科書調査委員によって多くの問題点が指摘された教科書（育鵬社版）の採択を、無記名で決めた八重山採択地区協議会のあり方を批判した。[31]

日本政府による教科書押しつけのやり方は、抑圧的であり、暴力的であった。義家政務官が竹富町を訪問したとき、次のように、同町教育委員会を直接「指導」した。特別法（教科書無償措置法）は一般法（地方教育行政法）に優先する。竹富町は、国が無償で配布する教科書を使用しない生徒を歴史上初めて生みだした。竹富町が適切な対応をとらなければ法的な措置も辞さないと。[32]

また教育施策を決定し、最終権限をもつ教育委員長は、教育委員のなかから互選で選ばれたが、教育委員会に対する、中山義隆・石垣市長の影響力は強まる傾向にあった。中山市長は「右翼的な発言・行動」で有名な人物であり、育鵬社の教科書を評価していた。石垣市の教育長や教育委員の人選にも、現実として市長の影響力はおよんでいた。竹富町、石垣市、与那国町のなかで、石垣市は圧倒的に人口規模も、学校の数も多い。発言力がまったくちがう状況下において、竹富町の選択は「採択地区協議会」の枠組みに埋没させせられようとしていた。[33]

石垣市長は自らの影響力を八重山諸島全体におよぼそうとしており、国としては石垣市を通じて八重山諸島を意のままに従わそうとしたのである。八重山教科書採択問題とは、義家政務官と中山市長という政治家による、竹富町の教育権に対する侵害、つまり、政治による教育への介入問題であった。その背景には、八重山諸島において自衛隊基地を受け入れさせるための、社会的な環境を作り、国防の最前線にするという日本政府の目論見があった。

２０１１年、大浜長照・革新市政から中山義隆・保守市政に変わるとともに、八重山高校校長であった玉津博克が石垣市教育長に任命された。八重山採択地区協議会会長となった玉津教育長は、同協議会の役員会に相談せず、委員を入れ替えた。そして、専門家によりマイナス点がつけられ、推薦されなかった育鵬社・公民教科書を強引に採択した。[34]

玉津教育長は、育鵬社の教科書にこだわる理由として、「尖閣は日本の領土」であることが同教科書に明記されていることを挙げている。玉津教育長を任命した中山市長は、2012年に石原慎太郎・東京都知事が尖閣諸島を購入すべく募金を募っている時、同知事に面会して「購入して石垣市へ寄贈」するように頼んだ。竹富町民の石垣金星は、自民党政権が育鵬社・公民教科書を竹富町に押しつけようとする理由を、次のように指摘している。それは「尖閣は日本の領土である」と主張する教科書を、子どもたちに与え、「国土を守るため」に自衛隊誘致をもくろんでいるからである。[35]

尖閣日本領有論と八重山教科書採択問題は、強く結びついている。尖閣日本領有論を主張する住民を増やすことで、自衛隊基地を建設し、島嶼防衛の拠点として八重山諸島を位置づけようとする日本政府の国策が、教科書問題からうかがえる。

東京書籍の公民教科書の特徴は、沖縄戦について詳しく記述し、平和の尊さを考えさせるところにある。沖縄戦の際、マラリアの巣窟であった西表島南風見田に、波照間島民が軍命によって強制疎開させられ、多くの島民が命を失った。その悲惨な事件の記憶を忘却させないために、教員の識名信昇が「忘勿石　ハテルマ　シキナ」という文字を石に刻んだ石碑が今も西表島に残っている。慶田盛安三・教育長は波照間島の生まれであり、同級生たちがマラリアで命を落とすのを見ていた。[36]

日本政府は、教科書無償措置法という法的縛りによって、竹富町に対して、尖閣日本領有論を強調し、自衛隊の役割を評価する内容の教科書を押しつけようとした。しかし、竹富町は島々における戦争の記憶を後世に継承し、平和な島をつくりたいという判断から、石垣市や与那国町とは異なる教科書の採択に踏みきった。

元文科省官僚の寺脇研は、国家と教育との関係について次のように述べている。

① 日本国憲法下では、国家のために教育を行うという考え方はまったく成り立たない。歴史のなかでつねに、紛争や戦争の種になってきた領土問題を、自国政府の見解に一切疑問をもってはならない事柄のようにして教えるのは問題がある。それは「教育」や「国民」とは何なのか、という根本的な問題にまでつながるテーマである[37]。

2007年に改正された「教育基本法」において、教育の目標として「わが国と郷土を愛する」という「愛国心教育」が強調され、学校教育法でも義務教育の目標として「愛国心教育」が盛りこまれた。尖閣諸島に対する日本政府の方針、歴史や法解釈に疑問をもたせず、上からの命令に忠実に従わせるような「愛国心教育」を行っている。

② 政府が竹富町に特定教科書の採択を強制しようとした法的根拠は、教科書無償措置法であった。同法が想定している市、郡という単位は、島嶼部の社会的特性を念頭においたものではなかった。郡はもともと律令制度の郡県制以来の歴史をもつが、琉球王朝時代には日本のような郡は存在しない。沖縄に郡ができたのは、明治政府が沖縄を県として編入してからで、そのとき郡という単位が人為的に作られた[38]。

日本とは異なる歴史、地域編成体制を有してきた琉球に、日本のそれらが、琉球併呑を契機にして画一的に適合されたのである。

③ もともと教科書無償措置法は、市町村が自らの主体性に基づいて使用する教科書を決め、国

がそれを子どもたちに無償で確実に配布するために作った法律であった。採択地区を設定するのは、小中学校の段階である。高校は学校毎に、各学年で教科書を採択できる。高校は義務教育ではなく、教科書を国の責任において無償で提供することになっていないからである。2013年10月、文科省は、教科書無償措置法に違反するとして、沖縄県に対して、地方自治法に基づき竹富町に是正要求をするよう指示した。しかし沖縄県は、地方自治を尊重する立場からこの指示に従わなかった。2014年、文科省が直接是正要求をしたが、竹富町は応じなかった。同年、文科省は教科書無償措置法を改正して、採択地区を市郡単位から市町村単位に変えた。竹富町は八重山採択地区協議会から離脱し、町単独で採択できるようになった。これは文部官僚の出した知恵であり、当時、初等中等教育局長などの職にあった前川喜平・前文部科学省事務次官はそのことを認めている[39]。

教科書無償措置法は、市町村が有する教科書採択の決定権、教育権を前提とするものであった。しかし、それが無視され、政治家が主張する特定の歴史観、安全保障観等を教育に反映させるための手段と化したのである。沖縄県も竹富町も地方自治の精神に基づいて、国や政治家からの不当な要求に対して異議を唱え、不服従を貫いた。

4 教科書問題、自衛隊基地建設、尖閣諸島のトライアングル

石垣島では、沖縄県教職員組合に所属する教員を中心として「平和教育」が盛んであり、毎年6月を「平和月間」として「平和教育」が行われ、そのなかで「戦跡めぐり」が実施されていた。石垣島

の戦跡には、撃墜された米軍用機の飛行士が日本兵に処刑された場所、日本軍「朝鮮人慰安婦」が埋葬された場所等があった。石垣市教育長の玉津博克は、八重山高校の校長時代に、「やみくもな反戦」だけでは真の平和教育にはならないとして、学校が毎年開いていた「反戦平和集会」の名称を「平和集会」に改めた[40]。

このような「平和教育」に異議を唱える教育者を、石垣市長は教育長に任命したのであり、政治的な任用であったといえる。

八重山教科書採択問題が発生した時期は、尖閣諸島をめぐり日中間が対立し、石垣市において尖閣日本領有論の主張が激しくなったころと重なる。2010年9月7日、久場島の北北西約12キロメートルの日本の「領海」内で、中国のトロール漁船が、海上保安庁の巡視船「みずき」と「よなくに」に体当たりした。日本政府が中国船長を釈放したため、石垣市議会は同年9月28日、中国政府に対する抗議を決議し、日本政府に対する意見書を可決した。同市議会は、日本政府に対して、尖閣諸島が「わが国固有の領土」であるという「毅然たる態度」を、中国政府をはじめ諸外国に示し、尖閣諸島周辺における監視・警備体制の強化を求めた[41]。

2010年12月、石垣市は、1895年に尖閣諸島の領土編入が閣議決定された1月14日を「尖閣諸島開拓の日」と定めて、それ以降、毎年記念式典を挙行している。最初の記念式典が開かれたのは、教科書問題が勃発する半年ほど前であった。八重山採択地区協議会の委員の一人は、採択の過程で育鵬社版の公民教科書に投票したことを明かした。その際、尖閣諸島の記述が一番のポイントだったと証言している。この委員は「今、中国に尖閣諸島を取られると、次は八重山、沖縄全体を取られる。中国はそういう国だ。領土を守るには実効支配しかない。保守も革新もない。それが私の信念」と訴えた。八重山日報社の仲新城誠記者は、もし石垣市に「尖閣」がなければ、育鵬社版の教科書が採択され、教科書をめぐる対立が起きる可能性は低かったかもしれないと述べている[42]。

玉津教育長と同じく、八重山採択地区協議会の委員も育鵬社の教科書を選んだ大きな理由として、尖閣諸島に関する記述を挙げている。尖閣諸島問題と教科書問題がリンクしていることがわかる。国民の平和や人権を目的とした教育ではなく、国防という国家のための教育を実施しようとする教育行政が、石垣市で行われていたのである。

石垣市教育委員会と尖閣諸島領有化問題とを直接的に結びつける事例として、以下のようなものがある。1919年12月、福建省の漁民が嵐により遭難し、魚釣島に漂着した。同島にあった鰹節工場の関係者が救助し、翌年、石垣島から商船で福建省に送還された。1920年5月22日付で、中華民国長崎総領事から鰹節工場の経営者、石垣村長ら7名に送付された感謝状には、漁民が「日本帝国沖縄県八重山郡尖閣列島内」に漂着したことが明記されていた。現在、同感謝状は2通確認されているが、2010年10月に玉津博克が石垣市教育長に就任した時点では1通しかなかった。玉津は「感謝状を文化財に指定したい」と、教育長就任祝賀の懇親会において述べた。それは中国漁船の衝突事件発生直後であった。石垣市職員のなかには「尖閣諸島の海は友愛の海にするべきだ。こんな時期に文化財指定するべきではない」と反対する人もいた。石垣市文化財審議会は、市教育委員会から本件について諮問を受け、審議したが「感謝状はほかにも出てくる可能性がある。発見を待ってから指定するべきだ」と慎重論が出たため、継続審議となった。しかし、玉津は同審議会に対して早期の結論を求めた。その結果、同審議会は「指定すべき」と答申し、2011年12月に同感謝状は石垣市の文化財に指定された。それは八重山教科書採択問題が発生していたときのことであった。玉津は「尖閣諸島が沖縄県石垣市の行政区域であり、日本の領土であることを証明する貴重な文書だ。歴史的価値が高く、県指定、国指定の文化財に値する」と話した[43]。

同感謝状には、「日本帝国沖縄県八重山郡尖閣列島内和洋島」（傍点は著者による）という架空の島名が記載されていた。偽名が使われた文書は歴史的価値が高いとはいえず、政治的な意図で文化財に指定されたと考えるべきであろう。また同感謝状によって、中華民国政府は尖閣諸島の日本領有を承認したともいえない。感謝状の意図は、同国民救助に対する感謝の意を示すことにあり、領有権の委譲という外交目的のために発せられたものではなかった。

教科書採択、自衛隊基地建設、尖閣諸島のそれぞれを結びつける主導的な役割を果たしたのは、中山義隆・石垣市長であった。中山市長は、在沖米軍基地の役割、尖閣諸島に対する国防体制強化について次のように述べている。沖縄に米軍専用施設があることを勉強し、日本だけでなく東アジアの安全保障のために必要であることを理解すれば、誇りをもって米軍専用施設を受け入れるという選択肢があり得る。今後は私を通して、子どもたちに米軍専用施設と沖縄のポジティブな関係性を見せていきたい。離島に暮らす人間が右往左往することなく、「日本国のために誇りを持って生きている」ことを示すことが重要である。人が住んでいることで守られている、領海や排他的経済水域がある。本土の人たちが生活するためのエネルギーや食料を積んだ貨物船も、全部このシーレーンを通っている。尖閣諸島や八重山地域の島々を失って周辺が安全でなくなれば、食料も燃料も補給路を断たれてしまう。尖閣諸島はほとんど国有化されたが、自分たちの命を繋ぐための海の道路を守っていると思えば、決して高い買い物ではない。尖閣諸島を国有化したからには、国には尖閣諸島も含めて「国境離島防衛」を考える義務が発生する。[44]

狭い琉球に過度に集中し、日常的に住民に暴力をおよぼしている在沖米軍基地は、住民の安全保障とは逆行した存在である。そのような軍事基地を「誇りを持って」受け入れることを主張する人物が石垣市の首長になっている。石垣市は、「中国侵略」を想定した「島嶼防衛」という日本政府の国策を忠実に遂行する機関になっていることがわかる。２０１２年の日本政府の魚釣島、北小島、南小島の国有化は、中国との有事を想定した、日本による同諸島の実効的支配のレベルをより高めるための措置であった。現在は、中国との有事を引きおこすために、ミサイル戦に備えた自衛隊基地の建設が行われている。

次のように中山市長は、中国侵略論を前提にして日米同盟強化、軍事基地建設の必要性を強調している。今こそ「中国覇権主義」への牽制を理由に、積極的に米国との同盟関係を再確認し、強化しなければならない。尖閣諸島や石垣島は、「国防の最前線」である。領土をめぐる問題では、明確に国際的なルールに基づいて、やるべきことをやる。国内法であっても随時、総理大臣や関係省庁の判断を仰ぐのではなく、現場で判断できるだけの、法に基づいた明確な権限を与えるべきである。中国は日本の動きなどを待ってくれない。国内で右往左往しているあいだに、石垣市の一部が占拠されないと誰が断言できるだろうか。尖閣諸島で今後起こりうること、そして竹島で実際起こったことをメディアや政治家が「島を取られるというのはこういうことなんだ」と伝えるのは責務である。[45]

国防は、中央政府の専権事項とされるが、中山市長は石垣市の判断で国の安全保障に関わる権限の一部委譲を求めている。石垣島が他国に占領されないように、日本政府が防衛出動を発する前に石垣市の判断で軍事的活動を行いたいと考えているのではないか。その目的は何であれ、国の専権事項を侵犯しようとする意図を有した人物が、「国防の島・石垣島」の首長を務めてきたという現実があった。

現在、石垣島では自衛隊基地の建設が行われているが、次のように、中山市長は同基地の建設前からその軍事的役割を強調していた。自衛隊の駐屯地や基地のない石垣島に海上自衛隊の船が寄港することは、対中国上のプレゼンスとしての役割を果たしている。これからは、石垣港が海上自衛隊の船が出入りする港としてではなく、同港が母港になるような対応を取ることで、石垣島周辺の海は海上自衛隊が守っているという宣伝にもなるので、私は前向きに検討したい[46]。

石垣島での自衛隊基地建設が、中山市長の主導によって実現したことがわかる。将来、中山市長は、石垣島の自衛隊を「石垣市の軍隊」として「島を守る」という理由で、石垣市の判断に基づいて軍事出動させようとしているのではないだろうか。

中山市長は、教育と領土問題との関係について次のように述べている。我が国の教育を考えるときに、領土問題と歴史教育を切り離して考えることはできない。石垣市でも、尖閣諸島の歴史的経緯や領土問題についての考え方を教えていきたい。具体的にこれまでの領土問題の歴史をしっかりと学んだうえで、さらにこれからの領土問題を学校の授業のなかでとり上げる。それにより、子どもたちは自分たちの住む地域の置かれている環境、それをとり巻く諸外国の動きなどを学習することができる。近い将来、日本を背負う立場になるのはまちがいなく彼らであるから、彼らに考えさせていきたい。今年度から、中学3年の公民教科書に育鵬社の教科書が採用される。育鵬社版の公民教科書は、「教科書改善の会」のメンバーらが執筆している。[47]

中山市長は、教科書採択過程において大きな権限を有する教育長を任命し、自らの政治理念に合致した教科書の採択を主導的に進めてきた。尖閣諸島が「日本固有の領土」であるとする日本政府の主張を支持するような住民を、教育過程において増やそうとしている。つまり、教科書を通じて政治目的を実現しようとしていると考えることができる。尖閣日本領有論という政治イデオロギーを軸にして、教科書の採択を進めたのである。その際、日本国の「国益」に対する石垣島の歴史、政治、社会の貢献度を忖度しており、日本政府にとって都合のいい国民が養成されるだろう。「教科書改善の会」とは、「新しい歴史教科書をつくる会」から脱退したメンバーが、中学校歴史・公民教科書の出版を行うために、2007年に組織した団体である。正式名称は「改正教育基本法に基づく教科書改善を進める有識者の会」である。

政治と教育との関係について中山市長は、次のように指摘している。政治と教育は「名目上分離」となっているが、子どもたちの教育は市長としてしっかり考えなければならない。本来は教育委員会がやることであるが、教育の本質部分は、「市長の総合調整機能」のうちに含まれるべきである。[48]「政治と教育」は名目上の分離でしかなく、実質上は「市長の総合調整機能」を通じて政治による教育の方向づけを意識的に目指していることがわかる。

これまでの琉球における平和教育に対して、中山市長は次のように批判した。強制的に集団自決させられたとか、その類の話だけがことさらに強調されて、「日本軍に対する反感」を子どもたちに押しつけている。過去の歴史は動かない事実としてあるが、そこに現代の我々が先入観をもって部分的に悲劇だけを強調するのは、「特定の意図」があると思われる。歴史の授業にとどまらず、「公民」では米軍の基地被害に多くの時間が割かれ、教科書ではなく、副読本がメインとなって授業が進められている。副読本を教員が作成することもあり、それでは「個人の思想」も反映される可能性があり、将来を担う子どもたちの未来を考えると、このような教育方針のままでよいのかと疑問を感じる。[49]

多くの住民が戦闘に巻きこまれ、日本軍によって虐殺、集団的強制死に追いやられた原因の一つは、海に囲まれた島嶼において地上戦を展開するという、日本政府による「捨て石」作戦であった。石垣島のような島嶼が戦場になると、沖縄戦と同様な展開が予想される。なぜなら、旧日本軍である自衛隊を有する日本政府は、日本軍による琉球人に対する加害の歴史を認め、謝罪、賠償を未だに行っていないからである。また住民の戦闘参加を強制した原因に、皇民化教育がある。「天皇の赤子」として「散華」することが、至上の道徳的価値であるとの教育が行われた。同様な教育を市長は石垣島において行おうとしているのではないか。

「国のための教育」によって、島々の住民の犠牲が大きくなったのであり、それが繰り返されないための政治を行うことが、地域住民の生命や生活の保持に責任をもつ首長の本来の務めであると考える。副読本を作成する「教員の思想」に懸念を示しているが、軍国主義化を進める「政府の思想」に対しては無批判であり、石垣島の子どもたちの将来が危ぶまれる。

以下のように、子どもたちが尖閣日本領有論を主張するような教育を行うべきであると、中山市長は考えていた。尖閣諸島が「日本の領土かもしれないけど中国の領土かもしれない」というような曖昧な教え方ではなく、あくまで「日本固有の領土」であるという主張をして、今後どうやって紛争が起こらないようにしていくべきなのかという議論をさせ、考えさせる必要がある。「私は沖縄の人間でありながら、日本人であることに誇りを持っています[50]」。

教育とは、子どもたちが自らの頭で物事を考える力を培うことを目指すべきではないか。日本だけではなく、中国、台湾も尖閣の領有を主張し、そのための歴史的、法的理由をもっている。日本政府が主張する考え方だけではなく、他の主張をも検討したうえで、その所属、島の歴史を学ぶのが本来の教育ではないのか。日本尖閣領有論という国策を、確信をもって主張し、侵略されたら闘うような人間を教育するための体制を石垣島内で構築しようと考えているのではないか。「日本固有の領土」論を主張することが、日本人であることの証明として利用されるだろう。「琉球人であっても日本人になることができる」ことに誇りを感じるような人間を育てることが教育の目標となり、琉球人の同化が進む。これは現代版の皇民化教育であるといえる。

それは次の中山市長の発言からも明らかとなる。国に対する思いをもてない人は、地域に対する思いももてないし、家族も大切にできない。国に対する愛情もなく、家族に対する愛情も薄い、家庭内暴力や幼児虐待が増えているのが今の日本の現状である。私は日本人であることに誇りをもっている。私は市長になってから、市役所に日の丸を掲げた。台湾や中国の観光客がこの島に来たときに、ここは日本の島であることを明確に理解してもらうことが狙いであった。またそれには、「国への帰属意識」を示す意味もこめている[51]。

日本への愛国心と、石垣島への愛郷心とはまったく関係がない。また愛国心と家族愛とも、無関係である。愛国心の欠如を家庭内暴力や幼児虐待の増加と関連づけるという、論理の大きな飛躍がみられる。家庭問題が「愛国心教育」によって解決できると考えている。そもそも、家庭内暴力や幼児虐待の増加は社会問題であり、それを解決するための支援を行う第一義的な責任があるのは地域行政である。市長は自らの任務を放棄して、安易に「愛国心の欠如」に責任を転嫁し、日本ナショナリズムの必要性を強調している。

5 沖縄戦に関する教科書検定問題と日本の軍国主義化

歴史教科書は、地域の歴史を、政府がどのように認識しているのかを明らかにするという側面ももっている。特に「沖縄戦」の記述をめぐって、住民側からみた歴史と、政府からみた歴史ではその解釈の内容に大きなちがいがある。

次のような理由で、沖縄戦において住民被害が多大になった。①沖縄戦は、本土防衛、国体護持（天皇制維持）のための「捨て石」作戦であった。②第32軍司令部の沖縄島南部への撤退は、本土決戦を準備するための時間稼ぎを目的にしたものであった。その結果、南部に避難していた住民が巻きぞえになった。沖縄戦における住民戦没者の3分の2以上は、南部撤退後に生じた。③牛島満・第32軍司令官は「最後まで敢闘せよ」と命令を出して、自殺した。日本軍は組織的に降伏する機会を失い、戦闘が継続し、住民被害が続いた。④日本軍による虐殺が頻発した。日本軍への食糧提供や壕提供を拒否した者、軍民雑居の壕内で泣き叫ぶ乳幼児、米軍に投降しようとした者や米軍に保護された者、山中等の避難民に投降を呼びかけた者、米軍から食糧を貰った者、日本兵からの尋問に応えられなかった者等が虐殺された。⑤日本軍によって死に追いやられた者が多かった。壕から追い出し、米軍への投降が許されず、逃げ惑うなかでの砲爆撃による死亡、投降拒否のために壕内での米軍による殺害、日本軍による強制退去や食糧強奪を原因とする栄養失調死、マラリア死、「集団自決」等で住民は日本軍によって死に追いやられた[52]。

日本政府が教科書に記述して欲しくない事実の一つが、日本軍による住民の強制的集団死、いわゆる「集団自決」である。「集団自決」は、次のような原因で発生した。①教育や行政機関、新聞、日本軍将兵を通じて、住民が捕虜になることは恥辱であると、繰り返し叩きこまれた。②米軍に捕らえられると、男は戦車でひき殺され、女は恥ずかしめをうけて、酷い殺され方をされると宣伝、教育された。日本軍人は、日本軍が中国で行ってきた、強姦、様々な残虐行為を住民に語った。③座間味村の場合、村の助役兼兵事主任がそのまま防衛隊長となった。つまり、「軍命」を伝達する伝令役が役場職員であると同時に防衛隊員であった。役場は軍の命令に絶対に従わなければならなかった。防衛隊長である助役の「指示」は、戦隊長の「命令」になる構造になっていた[53]。

情報統制が行われていたなか、日本軍人が中国で行ったような残虐行為を米軍も琉球人に対して行うと住民が考えてもおかしくはない。有事になれば、地方行政は日本軍の統制下におかれ、「自治は神話」となり、軍司令官の権限が住民に直接およぶことを、沖縄戦の経験が教えてくれる。

慶良間諸島には1944年9月頃から日本軍が駐屯し、海上特攻隊の基地が置かれた。軍政を敷いていた日本軍が、日常的に村役場を通じて軍の宿舎と食糧、基地建設の労働力等の確保を住民に命じた。そのなかで日本軍は、米軍につかまったら残虐に殺される、敵の捕虜になるよりは「自決せよ」と「戦陣訓」に基づく、住民教育を徹底的に行った。第32軍司令部も「軍官民共生共死」を強調した。米軍上陸直前に、村の指揮命令系統を通じて住民全員の集合が命ぜられ、手榴弾が2個渡され、1発は敵に投げ、あとの1発で「自決せよ」といわれた。日本軍の指導と強制なしには、「集団自決」は発生しえなかった。日本軍のいない地域ではほとんど「集団自決」は起こらず、米軍に投降して命を失わずにすんだ例が多く見られた[54]。

1945年3月の時点で、座間味島、阿嘉島、渡嘉敷島には、陸軍の海上特攻部隊300名が駐屯していた。同年3月26日に、座間味島で234人、3月28日には渡嘉敷島で329人の住民が「集団自決」を行った[55]。

島嶼全体を軍事的な陣地に変えるためには、日本軍兵士だけでは足りず、日本軍は足腰の立つ老若男女の住民を総動員して陣地構築にとりかかった。その結果、戦闘にとって最高の軍事機密である陣地の位置や内部まで、住民が直接知ることになった。つまり日本軍は地上戦突入前に、「土民」に最高の軍事機密を知られてしまうことになった。1944年11月18日、「報道宣伝　防諜等ニ関スル県民指導要綱」が球1616部隊から出された。その第一方針として「軍官民共生共死ノ一体化ヲ具現シ」が強調された。1945年4月9日、第32軍球会報において、「爾今軍人軍属ヲ問ハズ標準語以外ノ使用ヲ禁ズ沖縄語ヲ以テ談話シアル者ハ間諜トミナシ処分ス」との命令が下された。また、1945年6月5日付の、久米島部隊指揮官が具志川村や仲里村の村長や警防団に宛てた「達」において、米軍の投降勧告「ビラ」を「妄ニ之ヲ拾得私有シ居ル者ハ敵側『スパイ』ト見做シ銃殺ス」との軍命が出された。強制的集団死は、日本軍による作戦のための指導・誘導・説得・強制・命令等によって発生した[56]。

現在、自衛隊が進めている「島嶼防衛」が有事の段階になると、慶良間諸島のような体制になることが予想される。「島嶼防衛」とは沖縄戦のように、過去にも琉球において遂行された軍事作戦である。「集団自決」を「殉国美談」、「忠誠心」の発露としてではなく、軍事情報を知った住民の「口封じ」という、軍事戦術上の一つとして考えるべきだろう。面積の狭い島嶼において住民は、徴兵や徴用等の機会において軍事的機密情報に接することが多くなる。日本軍としては、軍事秘密を知った住民が捕虜として敵軍に渡り、それが知られることは、勝敗に関わることになるため、「自決、散華」を命じたのである。また「自発的に死ぬ」住民を増やすために、皇民化教育が行われたと考えることができる。その結果、琉球諸語（しまくとぅば）を話す琉球人すべてがスパイであると認識され、それが虐殺の理由とされた。「裁判なしの処刑」つまり、「国家によるテロ」が沖縄戦で行われたのである。

沖縄戦でみられたように、有事になると役場職員も軍機構内に編成される。戦争遂行のために住民は軍の命令下におかれ、その指示を受けることになり、その犠牲が大きくなった。現在、日本政府が掲げる「島嶼防衛」の目標は、侵略された島嶼から敵軍を撃退することであり、住民の保護は目的とされていない。よって軍事戦術上必要とあれば、住民を徴兵、徴用する可能性が出てくる。それらの過程で機密情報を取得した場合、沖縄戦と同じく、強制的集団死が自衛隊によって強いられる事態は否定できない。

戦争になると住民も現地で徴兵され、軍人になることが強制される。現地召集兵は、爆雷や手榴弾を渡されて、夜間斬り込みを命じられ、生きて帰ると「非国民」、「臆病者」呼ばわりされた。日本軍は敵軍への投降を許さなかったため、しばしば最後の突撃を行い、全滅の道を選ぶことが強いられた。中国戦線の「三光作戦」に見られるような「治安粛正作戦」（治安粛正要綱に基づき、捕獲した者を、裁判をせず、その場で処分する方式）を山西省などで行っていた、第62師団が琉球に送りこまれ、第32軍の中心的な師団となった[57]。

1945年1月20日、日本帝国政府は、「帝国陸海軍作戦計画大綱」を決定した。それには、南千島、小笠原諸島（硫黄島を含む）、沖縄島以南の南西諸島、台湾および上海附近を、「皇土防衛」作戦遂行上の「前縁」とし、同地域に敵軍が上陸した場合、「出血消耗」作戦を挙行すると記されていた。つまり、日本帝国は琉球を「皇土」と認識していなかった。同大綱に基づいて沖縄守備隊は、琉球人に対して「軍官民共生共死の一体化」を命じ、その結果、先に述べたように住民に多大の犠牲が強いられたのであった。

戦後、日本軍による住民虐殺、強制的集団死に対して日本政府は、軍の関与を認め、謝罪、賠償をすることはなかった。軍人軍属あるいは「戦闘協力（参加）者」として援護法の適用を受けることは、それらの戦没者が靖国神社に合祀されることとセットで行われた[58]。

日本政府から戦争被害に関わる公的資金を受給されるには、援護法の適用を受け、同時に「軍神」として靖国神社に祀られることが強いられた。日本軍による戦争を賛美する靖国神社と、軍人、軍属、住民の戦死を結びつけ、戦死者の「国家による慰霊」を保障することで、日本政府が次に行う戦争への日本国民の動員を容易にしようとしているのではないか。

一般の住民が「戦闘協力者」と認定されるためには、「軍の要請により戦闘に協力」したことを示すことが不可欠の要件となる。つまり、自らの判断で「自決」しても、援護法は適用されない。「軍の要請」にあたるのが、軍あるいは部隊長による自決「命令」であった。日本政府に侵略戦争への反省があるなら、「国家への戦争協力」に対してではなく、国家が行った誤った戦争による犠牲者に対して償いが行わなければならない。日本政府は誤った戦争であることを認めず、「正当な戦争」に対する貢献に応じた形で援護政策を行ってきた。援護法の精神そのものが、侵略戦争への反省の欠如を示している[59]。

援護法自体が、自発的に国のため、天皇のために自分の意思で死亡するという「殉国美談」を否定していることになる。つまり、沖縄戦における住民の死が「強いられた死」であることが援護法からも明らかになる。

1982年、アジアへの「侵略」を「進出」などに書き変えさせる検定が国際問題化した。また、高校教科書『日本史』（実教出版）の脚注において、著者の江口圭一が、沖縄戦における日本軍による住民殺害について記述したが、検定意見がつき、削除に追いこまれた。文部省は、江口が住民虐殺の根拠として示した沖縄県立平和祈念資料館のパネル資料は根拠にならないとし、また琉球政府や沖縄県教育委員会がまとめた『沖縄県史』は「体験談を集めたもので一級の資料ではない」として認めなかった。1983年、家永三郎が高校教科書『新日本史』（三省堂）において、日本軍の住民殺害を記述したところ、「集団自決」の人数のほうが多かったのだから、それをまず書けとの検定意見が出された。翌年、家永は国を提訴した。第三次教科書訴訟では、南京虐殺、731部隊と並んで、沖縄戦の「集団自決」が争点となった。この裁判において、政府は「集団自決」を日本軍による犠牲としてではなく、国家のために殉じた「崇高な死」として描こうとした[60]。

1982年の教科書検定において、日本軍による住民殺害の記述が削除されたとき、沖縄県内の市町村議会、県議会は教科書に沖縄戦の真実を記述することを求める意見書を全会一致で採択し、文部省に対して抗議要請行動を展開した[61]。その後、日本軍による住民殺害の記述が教科書に掲載されるようになった。

2005年8月、大江健三郎と岩波書店に対し、『沖縄ノート』等の書籍で名誉を毀損されたとして、慰謝料の支払いと出版差止を求めて争われたのが、沖縄戦「集団自決」裁判である。原告は、座間味村の海上挺身第1戦隊長であった梅澤裕、渡嘉敷島の海上挺身第3戦隊長だった赤松嘉次の弟、赤松秀一であり、以下のように主張した。①「集団自決」は、隊長命令(軍命)ではなく、皇民化教育の結果であり、住民が自ら選んだ「美しい死」であった。②「集団自決」の命令は、座間味村の助役や渡嘉敷村の村長によるものであった。裁判の過程で、次の諸点が明らかになった。(a)戦陣訓等により、住民には予め「玉砕」が命令されており、生きる選択肢はなかった。(b)助役や村長が独断で自決命令を出すことはありえない。住民が手榴弾をもっていたことは、軍命があったことを示している。(c)住民は軍命があったと認識していたことは事実であり、「美しい死」ではない。この裁判は、特定の思想傾向をもった弁護士等による、沖縄戦を歴史修正する試みであった[62]。

2007年9月29日、宜野湾市の海浜公園で行われた「教科書検定意見撤回を求める県民大会」に約11万6千人（宮古・八重山諸島で同時に開催された大会の人数を含む）が集まり、「集団自決」記述削除修正意見撤回を求めた。2008年度から使用される高校日本史教科書の申請本に対する検定において、文科省は沖縄戦末期の「集団自決」について日本軍の強制があったかどうか明らかでなく、沖縄戦の実態について生徒たちが誤解する恐れがあるとして、軍による強制の記述を削除するように修正意見をつけた[63]。

2007年3月に文科省が「集団自決」の記述を修正するよう検定意見をつけたときの政権は、第1次安倍晋三内閣であった。安倍政権は、教育基本法における教育の目標として「わが国と郷土を愛する」（いわゆる「愛国心教育」、教育基本法2条5号）を盛りこむ改正を行った。また安倍政権は、教育行政の規定も改正し、旧教育基本法に比べて、行政が教育に介入する余地を大幅に増やした。学校教育法においても、義務教育の目標に「愛国心教育」を盛り込む改正（学校教育法21条3号）がなされた[64]。

文科省は、これまで常に「通説にもとづいて教科書を書け」と指導してきた。「集団自決」が軍の強制によるという記述は、2005年度までは通説に基づく記述として認められ、検定意見はつけられなかった[65]。しかし2006年9月26日、安倍内閣が成立すると、同年12月に教育基本法が改正され、その直後、沖縄戦に関する検定意見が通知された[66]。

これは政治による教育への関与であるといえる。「国民のための教育」ではなく、「国家ための教育」を志向する政権が、教育基本法のなかに「愛国心教育」を組み入れ、教科書における「集団自決」に関する歴史認識を修正しようとした。

教科書検定問題は、日本の軍国主義化の動きのなかで発生したことも特筆される。1982年の第一次教科書検定事件（「日本軍の住民殺害」記述の削除）、1983年の第二次教科書検定事件（「住民の集団自決」加筆命令）は、有事法制制定の動きのなかで起こった。国内戦を想定した有事法制制定を推進する、国会議員の「国防族」にとって、同じく「国内戦だった沖縄戦」における「不都合な真実」が教科書に記述されることは阻止したかった。自らすすんで国のために死ぬ「殉国死」であったとする、「軍民一体の戦闘」としての「集団自決」を強調したかった。[67]

1999年の国会（小渕恵三内閣）では、「周辺事態法」、「住民基本台帳法」、「通信傍受法」、「駐留軍用地特別措置法」の再改定を含む地方分権一括法、国旗国歌法が成立した。[68] 国内が戦場化することを想定した有事法制の制定を準備していた日本政府にとって、日本軍が住民を「スパイ視」、「非国民視」して殺害した行為は、明らかに「不都合な真実」であり、教科書の記述から抹消しようとした。[69]

歴史の実態をねじ曲げて、国の政策に都合のいいように書き換えることを、歴史修正主義という。日本政府自ら子どもたちに教える教科書において、歴史修正主義を推し進めていたのである。

日本の歴史修正主義者は、沖縄戦では「婦人たち」まで軍とともに、「玉砕」覚悟で勇敢に闘って国を守ろうとしたと、沖縄の人びとの行為を賛美した。沖縄の人びとは日本国民の「手本」、「日本人の鏡」だといわれるようになった。[70]

被害者としての琉球人ではなく、「国体を護持する日本人」の鏡として位置づけ直す手段として教科書が利用されてきたのである。

国は、軍の関与（命令、強制、要請等）があったときに、「国と雇用類似の関係」が発生したとみなし、「集団自決」を「軍事行動」と認定して「戦闘参加者」という身分を付与した[71]。戦場において日本軍の作戦遂行上都合のいい「集団自決」も、「軍事行動」として認識されていたのであり、戦後の日本政府もそのように考えて、「集団自決」の被害者を援護法の対象者としたのである。援護法という法律が日本にある限り、遺族への国費支給が行われ、強制的集団死が合法化され、現在準備されている将来の「沖縄戦」において「集団自決」を国はもう一度、強制することができる。

次に「日の丸・君が代問題」と強制的集団死との関係について検討してみたい。1987年に琉球で開催された海邦国体に向けて、日の丸掲揚・君が代斉唱の実施が大々的に推し進められた。1985年の沖縄県の小中高校における日の丸掲揚・君が代斉唱の実施率は0〜5%であったが、1990年になるとそれが90〜100%になった。読谷村内での国体開催に際して、村議会が日の丸押しつけ反対を決議し、多くの村民が日の丸掲揚反対の署名活動を行った。男子ソフトボール競技会場になっていた読谷村に対して、日本ソフトボール協会長が「日の丸掲揚・君が代斉唱をしないなら、会場を変更する」旨を通告した。読谷村長は「日の丸・君が代を踏み絵にした圧力」であるとして、遺憾の意を示した。沖縄県の調停によって、「君が代斉唱抜きの日の丸掲揚」で両者は妥協した。しかし、知花昌一は、ソフトボール競技会場に掲揚されていた日の丸を焼却した。器物損壊罪等で起訴された「日の丸焼却事件」において、那覇地裁判決(1993年3月23日)、福岡高裁那覇支部判決(1995年10月26日)とも、思想・良心の自由の侵害、表現の自由という知花の主張を認めず、被告人を有罪(懲役1年、執行猶予3年)とした[72]。

海邦国体開催の前に、沖縄県議会や那覇市議会などの地方議会において、「日の丸・君が代促進決議」が採択された。これらの自治体議会での決議を踏まえて、沖縄県教育庁は、1986年度の卒業式における「君が代・日の丸」の実施率を増大させるべく、「阻止行動に対しては警察官導入もあり得る」、「式を妨害した生徒は卒業保留する」と述べた[73]。

読谷村のソフトボール競技会場において、日の丸をライターの火で焼いた知花昌一は、その理由を次のように述べている。「君が代」を吹奏するなら、「国体」に出なくてもいいと、「国体」出場を拒否し、「国体」でも「君が代」を歌わず、席も立たない中学生、高校生がいた。「日の丸」卒業式はイヤだとして、式に全員参加しなかった北谷高校生、卒業式に「日の丸」を引き摺り下ろして、ドブに捨てた読谷高校生の闘い――「日の丸・君が代」を拒否する、中高校生の抵抗があったことがわかる[74]。「日の丸・君が代」は、日本軍による住民虐殺、強制的集団死を引き起こした皇民化教育を象徴しており、「教育の当事者」である中高校生もその受け入れを拒否する直接行動をしていた。読谷村の強制的集団死の現場であるチビチリガマでの調査と慰霊活動を行っていた知花も、自らの責任で日の丸焼却という直接行動に踏みきったといえる。

日の丸焼却後、知花の家には、1日に70通もの嫌がらせの電話があり、経営していた商店には連日、右翼の車が来て「非国民の店から物を買うと同罪だ」と恫喝し、営業妨害した。読谷村役場には爆弾騒ぎがあり、「村長を殺す」という脅迫もあった[75]。

現在、琉球人に対するヘイトスピーチが大きな問題になっているが、1980年代半ばにおいてもそれが行われており、知花自身、知花の家族、村長をはじめとする読谷村民が被害を受けていた。

戦時中、読谷村内のシムクガマに約千人の住民が避難していた。他方、チビチリガマには約１５０名の住民が身を寄せた。シムクガマには、強制的集団死の犠牲者が一人もでなかったが、チビチリガマは84名が死亡した。そのうち47名は12歳以下の子どもたちであった。シムクガマには、ハワイ帰りの２人の男性がいた。その男性は大きな家を造って住んでいたが、日本軍がやってきて「お国の為に、家を兵舎として提供しろ」と命じた。それに対して、「ここは、自分達が住む為に作ったのだから、兵隊さんに借すこと《ママ》は出来ません」と断った。この日本軍人は、サーベルをがちゃがちゃ鳴らして、「非国民！　お前斬るぞ！」と恫喝した。しかしその男性は頑として協力しなかった。他方、チビチリガマには南方帰りの男性、中国で「従軍看護婦」をした女性等がいた。中国で日本軍が行った蛮行を「従軍看護婦」がガマのなかで話していた。「捕虜になるとたいへんだよ、女子は犯され、腹を裂かれて殺される。男は、鉄条網で括られ、戦車の下で敷きつぶされる」、「赤い髪の、山羊の目ん玉をした赤鬼のようなアメリカにつかまると、もっと酷い目にあう」といった。[76]

沖縄の強制的集団死の原因には、皇民化教育、中国における日本軍人による住民に対する残虐行為を見聞したという経験等もあったことが、シムクガマとチビチリガマの比較を通じて明らかとなる。

6　琉球列島での自衛隊基地建設と尖閣問題との関係

八重山諸島で自衛隊基地は、次のような経過を経て建設されるようになった。２００７年、与那国町で与那国防衛協会が発足し、２００８年には自衛隊誘致の署名活動が行われた。同年９月の町議会において、自衛隊誘致を求める決議が賛成多数で可決された。２００４年、防衛庁は「防衛計画の大綱」のなかで、中国を新たな脅威と位置づけた。その背景には、尖閣領有権問題、大陸棚問題、中国による台湾の武力併合問題、シーレーン問題等があるとされた。特に同大綱では、「島嶼部侵攻」への対抗措置が強調されていた。同大綱を受けて作成された「次期中期防衛計画」において、「沖縄離島侵攻」の危険性に対処するために、自衛隊部隊の先島諸島（宮古・八重山諸島）など離島への配備が提案された[77]。

２００４年の「防衛計画の大綱」において、日本政府は中国に対する攻撃姿勢を明確に示した。そのなかでも「島嶼防衛」が重視され、琉球を「捨て石」にする防衛計画が策定され、尖閣諸島防衛と自衛隊基地の設置とがリンクするようになった。

２０１０年９月、尖閣諸島近海で海上保安庁巡視船と中国漁船が衝突する事件が発生した。同年12月、「新防衛大綱」と「新中期防衛整備計画」が閣議決定され、与那国島に陸上自衛隊の沿岸監視部隊、航空自衛隊の警戒監視隊が配備されることが決まった[78]。

１９７２年の日中平和友好条約調印式において、周恩来首相、田中角栄首相により尖閣領土問題は「棚上げ」された。１９７９年の鄧小平副総理と園田直外相との会談でも、「棚上げ」が確認された。それにもかかわらず、日本政府は２０１２年12月８日、魚釣島、北小島、南小島を買い上げ、国有化したのである[79]。

尖閣三島の国有化は、日本による新たな侵略行為であると考えることができる。日本政府は、当初から「棚上げ」を認めていないとする立場を繰り返し主張している。日本政府は、「棚上げ」をするような尖閣諸島の領土問題そのものが存在しないと強調している。しかしそうであるなら、なぜ、防衛計画の大綱、防衛整備計画等において、「島嶼防衛」の必要性を訴え、先島諸島に自衛隊基地を建設するのかを説明することができない。領土問題が存在しないなら、当該国との緊張関係もなく、自衛隊基地を新設、増強する必要はないだろう。

国際法学者の松井芳郎は、「棚上げ」について次のように指摘している。後になって日本が「棚上げ」合意の存在を否定することは、「誠実の原則」に背くものである。こうした「合意」の存在を否定したことは、誠実さを欠くというだけではなく、誤った選択でもあった。[80]

2014年、与那国島の自衛隊配備予定地において、すでに工事が始まっているなか、自衛隊基地の賛否を問う住民投票が行われた。その結果は、賛成が632票、反対が445票、無効が17票となった。[81]「島嶼防衛」という国策によって島が二分され、社会的な対立と混乱が生み出された。

2016年3月、沿岸監視部隊を中心とする与那国駐屯地が開庁した。約160人の自衛隊員が駐屯し、レーダーによって周辺海域で活動する艦船の監視活動を行っている。これは明らかに「尖閣防衛」を目的とした軍事活動である。

東京都が尖閣諸島の一部の島を購入する計画を検討している段階において、石垣市の中山義隆市長は、購入後の同諸島における環境保全に充てる費用のための寄付金を募る活動を始めた。また2010年12月、石垣市議会は「尖閣諸島開拓の日を定める条例」を可決した。[82]

1895年1月14日に日本政府の閣議において、尖閣諸島の領有化が決定されたが、石垣市は、その月日を「尖閣諸島開拓の日」とした。毎年、関連の記念式典が挙行されているが、2017年の記念式典には安倍晋三首相から祝電が届いた。

２０２０年４月現在、石垣島では、約６００人の警備部隊、移動型の地対空・地対艦ミサイル部隊を配備するための基地建設が行われている。建設地である平得大俣地区は、飲料水や農業用水のための水源域、特別天然記念物のカンムリワシの生息地である。弾薬庫建設も計画され、近隣には民家や通学路がある。地域住民に対して事前に説明をすることなく、現地調査を進めていた防衛省は、２０１５年11月、石垣市に対して陸上自衛隊配備を正式に要請した。中山石垣市長は２０１６年12月に基地建設のための「諸手続き」を了承し、２０１８年７月に「協力体制」を表明した。防衛省沖縄防衛局は環境影響調査を実施しないまま、２０１９年３月に工事を始めた。建設に反対する住民たちは、地方自治法に基づく直接請求に向けて、２０１８年10月31日から１か月間、署名運動を行い、１万４２６３筆の有効署名を集めて、基地建設の是非を問う住民投票の実施を石垣市に求めた。しかし、石垣市は住民投票を行わなかったため、２０１９年９月、那覇地方裁判所において、「石垣市平得大俣地域への陸上自衛隊配備計画の賛否を問う住民投票義務付け訴訟」を提訴した。２０２０年４月16日、新型コロナウイルスの感染拡大にともない、日本政府は全国に「緊急事態宣言」を発令した。沖縄県内でコロナ感染者が増え、病院の患者受け入れ体制が整備されず、沖縄県知事や石垣市長から観光客の来島自粛要請が出された。日本政府は、全国民に対して外出や営業に対して自粛要請を出したにもかかわらず、石垣島、宮古島において自衛隊基地の建設工事を続けた。

また日本政府は、奄美大島においても警備部隊と、航空機や巡航ミサイルを迎撃する地対空ミサイル部隊、約５６０人を配備するために、奄美駐屯地（奄美市）と瀬戸内分屯地（瀬戸内町）にミサイル基地や弾薬庫の建設を進めた。2020年2月26日、瀬戸内分屯地に建設される弾薬庫に対し、「奄美・自衛隊ミサイル基地反対債権者の会」が鹿児島地裁名瀬支部に対して建設差し止めを求める仮処分書を提出した。

2015年6月8日、宮古島市の定例会最終本会議において、自衛隊誘致が賛成多数で決議された。下地敏彦市長は、防衛問題は国の専権事項であり、自衛隊基地を争点とした住民投票は馴染まないと述べた[83]。

2019年3月、自衛隊の宮古島駐屯地が開庁した。離島警備部隊のほか、地対艦誘導弾・地対空誘導弾部隊も配備される、最終的には700〜800人規模の自衛隊基地になる予定である。また同島の保良地区には、射撃訓練場、弾薬庫も建設されることになっている。宮古島の自衛隊基地も、「尖閣防衛」を強く意識した形で、その機能強化が進められている。

中国脅威論を煽りながら、自衛隊基地が先島諸島において建設されている。しかし石垣島の人びとは、本当に中国の存在を脅威に感じているのだろうか。尖閣列島戦時遭難者遺族会の慶田城用武会長は、次のように述べている。「八重山の漁民と台湾の漁民の間でトラブルがあるけど、中国との間にはトラブルはありませんよと言っても、(記者は)いや何かあるでしょうと聞きます。台湾を中国に変えてマスコミが煽っているのです。また、尖閣あたりに八重山の漁船が漁に行かないというのは、多くは政治的な問題ではなくて、経済的な問題。ガソリン代が高いので採算が合わないらしいですよ。いま石垣市民で中国の脅威におびえて生活している人がいるでしょうか。いないと思いますよ。(中略)脅威論など迷惑な話です[84]」。

また、石垣島在住の歴史研究者、大田静男は次のように述べている。「自衛隊は『守れる』とは言っていない。つまり、敵が攻めてきたら島嶼は守れない、と。だから、奪回作戦をするのだと。住民は、守られない上に奪回作戦の戦火にも巻き込まれてしまう。島は、逃げるところがないですよ[85]」。

日本政府は、住民から湧きおこる「実態のある脅威論」ではなく、「押しつけられた脅威論」を根拠にして、軍事基地を作り、地上戦に住民を巻きこもうとしている。

日中間の、尖閣諸島の争奪に端を発した、「尖閣戦争」において、日本政府は米軍の参戦を期待している。米軍と自衛隊とが共同で、「島嶼奪回作戦」演習を行う等して、日米同盟体制を前提とした形で「島嶼防衛」を計画し、遂行している。

米国は、「日米相互安全保障条約」第5条に基づいて日本を支援し、中国をはじめとする第三国と闘う意思があるのだろうか。元米軍人であり、政治学者であるロバート・エルドリッヂは、次のような理由から、「アメリカがそうすると信じたい」と述べている。それが米国の条約上の義務と道義的責務から見てきわめて重要であり、米国のコミットメントの信頼性を維持し、日本や東アジア地域の他の同盟国・友好国のための抑止力を強化する点でも死活的に重要だからである。しかし、日本は過去5年間（実際には過去40年間）にわたり、南西諸島の防衛強化を宣言してきたが、その適切な努力を十分に払ったとはいえない。2012年までの10年間、日本は全般的な防衛努力や予算を縮小しており、自衛隊の効率性と有効性を高めるための、統合運用体制を追求しなかった。島嶼防衛のための水陸両用作戦能力を強化しなかった。米国の国民や議会は、真剣な防衛努力を払わなかった、日本の領土を防衛支援するために米軍を使用することを支持しないだろう[86]。

エルドリッヂは、米軍が「尖閣戦争」において、日本のために軍事出動するには、「島嶼防衛」に対する日本政府の真剣な取り組み、つまり、先島諸島への自衛隊基地の配備、その機能強化という、日本政府の貢献を条件として示している。米軍の参戦を確実なものにするために、日本政府は奄美諸島、沖縄諸島を含む琉球列島全体において軍事基地の建設を進めているのである。中国脅威論、尖閣防衛を理由にして、日本は軍国主義化の道を走っている。しかし、戦争の結果もたらされる多大な犠牲は、沖縄戦と同じく、島嶼の住民が一身に負うことになるだろう。

米軍関係者は、尖閣諸島を巡る有事に関して、次のように認識している。退役海軍少将で、東アジアの安全保障を専門とするマイケル・マクデビット（海軍分析センター上級研究員）は、2013年4月、米議会の諮問機関「米中経済安保調査委員会」において、「日本が自国の領土の防衛を主導し、米国は偵察や兵站などの後方支援を提供する」、「無人の島のために中国軍と直接戦闘することは極力避けるべきだ」と証言した。また2014年10月のインタビューにおいて、マクデビットは次のように語った。「もし中国が軍事力を行使して、あるいは軍事力を使わずに島を占拠して日本が反撃した場合、米国は日本を支援するだろう。しかし、中国と直接戦うことには米国は関心がないだろう。尖閣は無人で、本質的には何の役にも立たない島だ。ただし、もし中国が武力で占拠し、日本の海上保安庁や自衛隊員の血が流れる事態になれば、米国は（戦闘に）加わるだろう。条約上の義務があるからだ[87]」。

無人島である尖閣諸島の領有をめぐって、米国は中国との戦争を回避したがっている。しかし、日本は中国との戦闘を選択肢のなかに入れており、米軍をその戦闘に参加させるために、自衛隊基地を琉球列島に建設しているのである。

しかし、「国連憲章」第2条3によれば、紛争は平和的に解決しなければならず、「国連憲章」第2条4は、そのために武力を用いてはならないとしている[88]。

日本政府が琉球諸島において自衛隊基地を建設していることは、紛争を平和的に解決しなければならないとする、国際憲章違反の行為であると考える。

国際法の「友好関係原則宣言」（前文）には、次のような規定がある。「すべての国は、その国際関係において、武力による威嚇又は武力の行使を、いかなる国の領土保全又は政治的独立に対するものも、また国際連合の目的と両立しない他のいかなる方法によるものも慎まなければならない義務を有する。このような武力による威嚇又は武力の行使は、国際法と国際連合憲章に違反するものであり、国際問題を解決する手段としてはけっして使用されてはならない。（中略）すべての国は、他の国の現存する国際境界線を侵すための、又は領土紛争及び国境問題を含む国際紛争を解決する手段としての、武力による威嚇又は武力の行使を慎む義務を有する。（中略）すべての国は、他の国の領域に侵入させる目的をもって、傭兵を含む不正規軍又は武装集団を組織し、若しくは組織を奨励することを慎む義務を有する。（中略）国は、その国際紛争を、交渉、審査、仲介、調停、仲裁裁判、司法的解決、地域的機関又は地域的取極の利用、その他当事国が選ぶ平和的手段によって、速やかにかつ公正に解決することを求めなければならない[89]」。

友好関係原則宣言は、国際法として尖閣諸島に適用可能である。先島諸島への軍事基地の建設は、領土紛争を武力によって解決しようとしているとみなされても当然であり、日本政府のこのような軍事活動は同宣言に反している。先島諸島への軍事基地建設によって、尖閣諸島に対する日本の植民地支配がさらに強化されるだろう。日本政府は、尖閣諸島の住所を石垣市内に登録しているが、同市における軍事基地の建設は、尖閣諸島に対する植民地支配を軍事力で強化するものであるとみなされるであろう。

Ⅵ　琉球人遺骨問題と尖閣諸島問題との共通性

琉球人遺骨問題と尖閣諸島問題は、琉球併呑や日清戦争の後、琉球と台湾が日本の植民地になり、日本人と琉球人、そして日本人と中国人のあいだの不平等な関係性を利用して、遺骨や領土が大学の研究者、植民者、日本政府によって奪われたという共通性をもつ。尖閣諸島の命名、調査、その日本領有論の法的正当化等において日本人研究者が大きな役割を果たし、その植民地化を支えた。同様に、遺骨研究も、日本人研究者によって行われ、琉球人の遺骨を利用して、大東亜共栄圏の「指導民族」とされた日本民族の来歴を解明し、その「優秀性」を明らかにしようとした。つまり、日本帝国主義が生み出した「人種論」、「領土論」を学術的に正当化しようとしたのである。これを「学知の植民地主義」という。尖閣諸島を調査し、同諸島名を命名した黒岩恒は、琉球から動植物の標本を収奪し、それらに日本名を付与しただけでなく、百按司墓から遺骨を盗掘した。

現在も京都大学は遺骨を返還せず、自らの植民地主義に向きあわず、総括しようとしない。同じように、日本政府は尖閣諸島の国有化を行い、同諸島を「防衛」する目的で「島嶼防衛」という名の軍国主義政策を推進し、いまだに帝国の版図を死守しようとしている。

２０１８年12月４日、琉球民族遺骨返還請求訴訟が京都地裁で始まったが、その後も、京都大学は自らの植民地主義を露骨に示している。日本人類学会は、琉球人遺骨の再風葬を否定し、その研究を最優先すべきとする内容の要望書を京都大学に送付した。また、京大総長は本件に関連して、公的な場所において私に対する差別発言を行った。

奄美諸島の住民も、京都大学に保管されている遺骨返還を求める運動を展開している。また、国立台湾大学から沖縄県教育委員会に移管された、63体の琉球人遺骨の再風葬を求める住民運動も広がりを見せている。琉球人遺骨の再風葬を妨害しているのは、京都大学だけでなく、沖縄県教育委員会、今帰仁村教育委員会も同様であり、琉球人遺骨をモノとして認識し、琉球人の骨神《ふにしん》信仰、慣習よりも「研究」を優先している。本来、琉球の歴史や文化を守るという職務を、県民や村民から負託されているはずの教育委員会がなぜ、琉球人の信仰よりも研究を重視するのであろうか。琉球人遺骨問題と尖閣諸島問題は、「植民者対被植民者」という対立構造だけでなく、「同化された被植民者とそうではない被植民者」のように被植民者内部を分裂させて、植民地支配の固定化を進める点でも共通している。つまり、「分断して統治する」という植民地支配の常套手段を双方の問題において確認することができる。

現代の形質人類学者による琉球人遺骨研究の目的は、日本人の日本列島への移動史を明らかにし、その過程で琉球人を日本人に学術的にとりこむことにあると考える。琉球のグスク時代、第一尚氏時代における日本人の琉球への来島と、王国形成における日本人の役割を学術的に論証することで、琉球を日本の「固有の領土」として位置づけようとしているのではないか。日本政府の地政学的欲望が人類学者の「研究」意図から透けて見える。

1　学知の植民地主義とは何か

京都大学による組織的な、琉球人遺骨の盗掘・隠匿事件が発生した大きな原因の一つが「学知の植民地主義」である。「学知の植民地主義」を次の3点から明らかにしたい。

①　琉球に対する植民地主義

１８７９年の琉球併呑によって、約４５０年続いた琉球国が消滅した。それは、日本政府が自らの軍隊、警察を用いて行った、組織的で、計画的な国家侵略であった。日本帝国主義は、琉球併呑後、台湾、朝鮮等、その植民地の範囲を拡げた。併呑後、日本政府は植民地政府である「沖縄県」を置き、会話伝習所を設置した。琉球諸語（しまくとぅば）の教室内での使用を禁止し、日本語を強制する「言語撲滅教育」を行い、「方言札」によって子どもたちから琉球諸語を奪った。言葉は、民族の歴史や文化を次の世代に引きつぐ役割を果たす。皇民化教育を行い、民族の言葉を奪うことで、琉球人の日本人への同化を促し、徴兵、納税、労働等の各局面において琉球人を「天皇の臣民」に変えていった。戦前は、「方言論争」[1]で有名な沖縄県学務課が皇民化教育の拠点となった。

１９７２年の「復帰」の年、筆者も「方言札」の被害者となった。当時、小学3年であった私は担任の教員によって「方言札」の罰を受け、潜在意識のなかに「日本語・日本人が、琉球諸語・琉球人よりも優れている」という日琉同祖論が擦り込まれた。このような同化思想から解放され、「琉球人アイデンティティ」を獲得することができたのは、日本本土、グアム、パラオでの生活を経た後であった。

1928年、29年に金関丈夫・京都帝国大学助教授が琉球を調査した際、帝国学士院から研究補助金が提供され、金関の指導教授であった足立文太郎・京都帝国大学医学部元教授の研究上の指導があった。つまり、日本帝国の政府や大学の経済的支援、権威（差別的上下関係を生み出す力）に基づいて金関の遺骨盗掘が実施された。琉球併呑後に形成された、日本人と琉球人との不平等な関係性を利用して、遺骨が盗掘されたのである。

沖縄県庁、沖縄県警、学校等のほとんどの要職に日本人が就任し、経済活動においても「寄留商人」と呼ばれる日本人による経済的収奪が横行した。金関丈夫は、県庁や県警の日本人幹部や、同化された琉球人の研究者や教育者の許可や案内を受けて、遺骨を盗掘したが、祭祀承継者の了解を得たわけではない。また、金関が盗掘した時点においても祭祀が行われていた百按司墓《ももじゃな》（沖縄島今帰仁村にある古墓群）から遺骨が盗まれたのであり、当時の刑法に照らしても犯罪行為であった。

日本本土の村で祀られている氏神が、『古事記』や『日本書紀』等の伝承と関係し、皇室の下に系列化されている。しかし、琉球の固有信仰であるニライカナイ信仰は、天照大神を中心とする日本の神道とはまったく異なる。しかし、琉球併呑後、鳥居の設置、日本の神社体制へのとりこみ等の同化政策が強制された。百按司墓は「今帰仁上り」という琉球人の聖地巡礼地の一つであり、琉球民族独自の信仰の場でもある。また琉球人にとって遺骨は、自らの葬制においても不可欠な存在である。骨《ふに》神《しん》として信じられた、琉球人の遺骨を帝国大学の研究者が奪ったのである。清明祭、十六日祭等の年中行事として、今も亀甲墓、破風墓等において先祖と子孫によるマブイ（魂魄）の交流が日常的に行われている。墓のなかには何百年にもわたり、親族の遺骨が神として安置されている。

琉球国の国書である『中山世譜』では、百按司墓の遺骨は第一北山監守（第一尚氏の王族や貴族が就任した役職）の遺骨、同じく国書である『球陽』では尚徳王の遺臣の遺骨であると記載されている。1429年に琉球国を統一した、王族または貴族の墓が百按司墓である。日本では、天皇陵や古墳に納められた人骨調査はタブーとなっている。しかし、琉球では同じ王族の墓であっても、研究者によって遺骨がもち出せた。このような所業が可能であったのは、琉球が日本の植民地になったからであると考えられる。

金関は自らの研究を「人種学」と称しており、「人種学」の知識によって人類集団の生物学的繁栄に貢献できるとともに、優生学の根拠を提供することが可能であると認識していた。金関が唱える「人種学」とは、人類の地方的集団を自然科学的、生物学的に考察し、その集団の特質を明らかにする研究である。金関は次のように述べている。「ナチスが北欧種の純血を護ろうと云うのは當然のことと云わなければならない。且つ、之れは種族の優秀性を確保する上に必要な手段であるのみならず国家の統一の上に最も有効な方法でもある[2]」。

金関丈夫のもう一人の指導教授である、清野謙次・京都帝国大学医学部教授は以下のように論じている。「大東亜」の日本となって以来、日本人は「大東亜」に生活する幾十、幾百の「種族」の「指導者兄貴」として、共存共栄の実を結ばせなければならない。このような時勢になってみると、異人種に関する智識は国民必須の常識であり、「日本人種」の独自性に対する自覚をもたせなければならない。人類学は「閑事業」ではなく、必要な学問となった。人類学は国家勢力が弱小な時代には、大して役に立たない学問であるが、国家勢力が増大するにつれて必要になってきた。ことに政治的、経済的にあらゆる機構が、地理と「人種民族」とを結びつける共栄圏においては、なおさら必要な学問となってきた[3]。

清野は、日本帝国が支配領域を拡げるとともに、自らの調査地、弟子を通じた遺骨収集地を拡大させた。京大研究者によって盗掘された遺骨を含む「清野コレクション（約1400体分の遺骨）」に対する検証や謝罪を、京都大学は未だに行っていない。

琉球国が国であったことを示す証拠として、1850年代に琉球国がフランス、オランダ、アメリカ合衆国と締結した修好条約の原本がある。これらも琉球併呑の過程で日本政府によって奪われ、現在、外務省所管の外交史料館に保管されている。日本帝国の政府や大学は、琉球人の領土、条約原本ばかりか、その遺骨も奪い、現在に到るまでもその返還を拒否している。

1934年に金関は台北医学専門学校（1936年に台北帝国大学医学部に改組）教授に就任した際、盗掘した遺骨の一部を同大学に移動させた。国立台湾大学は、2019年3月に琉球人63体分の頭蓋骨を沖縄県教育委員会に移管した。しかし同委員会は、玉城毅、亀谷正子ら同遺骨の祭祀承継者が求めた情報の公開をほとんど行っていない。遺骨の祭祀承継者を除いて、国立台湾大学、沖縄県教育委員会、今帰仁村教育委員会は、遺骨の再風葬を退け、その再調査を決定した。その決定に大きな影響を与えたのは、金関の弟子である蔡錫圭・国立台湾大学医学院名誉教授であり、「遺骨の再調査」を沖縄県に移管する条件とした。しかし、盗掘品を約90年返還しなかった大学の研究者は、その再風葬を拒否できる権限をもっていない。

② 京大による戦争犯罪

731部隊は、1936年から45年まで中国のハルビン近郊の平房に設置された関東軍防疫給水部の本部（通称「満州第731部隊」）である。その創設者であり、長く部隊長をつとめた石井四郎・陸軍軍医中将は、1922年に京都帝国大学大学院の微生物学教室において約2年間、清野謙次・同大学医学部教授の指導を受けた。石井の主張で、1932年に陸軍防疫班が設置された。石井は国際条約で禁止対象になっていた毒ガス、生物兵器を製造する必要性を軍幹部に主張した。

731部隊によって10年間に中国人を中心として2千から3千の人びとが人体実験で殺害された。人体実験の目的は病気の原因解明、生物兵器開発等であり、25種類の病気の解明や各種のワクチン開発のために人体実験が行われた。実際に、旧ソ連や中国で生物兵器が使用された。[4]

清野は石井の求めに応じて、たとえば、石川太刀雄丸（当時京大講師、後の金沢大学教授）、岡本耕造（当時京大講師）、林一郎（当時京大助手、後の長崎医大教授）を1938年に石井の元に派遣した。[5] 京大研究者は、医学研究と軍事が有機的に結合した「軍事研究」を組織的、体制的に行った。清野は日本軍の嘱託研究員になることで、研究費や、戦争末期に入手が極めて困難になっていた研究資材、アジア各地の疫学情報、人体実験の結果等も得ることができた。[6]

1946年末、ソ連政府は、石井等の731部隊関係者を軍事裁判にかけるために、その引き渡しを求めた。しかし米政府はソ連の引き渡し要求を拒否した上で戦犯免責を与え、本国から生物兵器の専門家を派遣して、石井等から人体実験に関して情報を収集した。[7] つまり、非人道的で、国際法違反の731部隊による戦争犯罪に対して、法的な解決は未だに行われていないのである。

731部隊による戦争犯罪は、清野謙次、石井四郎を中心とする京大研究者による組織的関与によって実施された。琉球人、奄美人の遺骨盗掘も、清野謙次、足立文太郎、金関丈夫、三宅宗悦等の京大研究者による組織的犯罪行為であった。人類学者による遺骨盗掘は、日本帝国主義の拡大過程で必要になった諸民族に対する統治の根拠や方法のためのエビデンスを得ることを目的とした。その際、植民地支配下における不平等な関係性を利用して、人体実験、遺骨盗掘が行われた。実験や盗掘の対象になった当事者やその遺族、地域社会の意に反して、または同意を得ることなく、人間を研究資料として利用した。生身の人間同様、遺骨も人体の一部である。人間の尊厳を無視した非人道的な行為であり、国際法、国内法に反している。

③ 学知による人種差別主義

日本帝国による民族差別を象徴しているのが、「学術人類館事件」である。1903年に大阪の天王寺で開催された内国勧業博覧会内に学術人類館が設置され、次のような人びとが「展示」された。アイヌが7名、琉球人が2名、「生蕃タイヤル種族」が1名、「熟蕃」が2名、「台湾土人」が2名、マレー人が2名、「ジャバ人」が1名、インド人が7名、トルコ人が1名、ザンジバル島人が1名である。[8] その他、朝鮮人も展示対象となった。

学術人類館の企画、その内容の決定に関して大きな影響力を与えたのが、坪井正五郎・東京帝国大学医学部教授であった。坪井は1889年にパリ万国博覧会を見学し、柵で囲われた集落に様々な民族を生活させて展示した「植民地パビリオン」を見て、学術人類館を構想した。坪井は、「世界人種地図」を作製して出品し、東京帝国大学人類学教室所蔵の「土俗品」を貸与するなどして、積極的にその企画に係わった。中国側からの抗議を受けて、開館前に中国人の展示をとりやめるとともに、当初の名称である「人類館」から「学術人類館」に名前を変えた。[9]「学術」という文字をつけ加えて、学知による植民地主義を正当化しようとした。

坪井は展示に抗議を行った清人、朝鮮人、琉球人をその都度展示対象から外した。抗議を受けても、坪井は「生身の人間」の展示自体を反省せず、展示の規模や方法の改善によって問題が解決すると考えた。坪井が人類館における生きた人間の展示に固執したのは、「植民地の人間を研究することが課題の人類学者としては当然」と認識していたからであった。つまり坪井にとって、『陳列された人間」は「人類学研究の材料」でしかなかった。[10]

人権を否定された当事者の声に真摯に向きあうのではなく、自らの研究に対する欲望を優先している。ここから「学知の植民地主義」が生まれた。琉球人、朝鮮人、アイヌ、台湾原住民族等の陳列された民族は、帝国の威信を国民に自覚させ、日本帝国主義の拡大のための研究素材、宣伝材料として認識されていた。

学術人類館において、日本人は展示されなかった。なぜなら日本人が「人種」間序列の頂点にいることが前提とされ、その高見から「下位の人びと」を眺め、観察し、分類し、統治することができるという、帝国主義の心性を人類学者や多くの日本人が共有していたからであった。戦前、日本本土に住む琉球人の婚姻、労働過程、飲食や居住等において日常的な差別が行われており、学術人類館は琉球人差別を可視化する役割を果たした。

日本人類学会は、1884年に坪井正五郎ら10名によって結成された「じんるいがくのとも」という団体から始まった。同学会は、「学術人類館事件」に対して未だに総括、謝罪等を行っていない。また同学会は、２０１９年7月22日に京都大学に対して発出した「要望書」において、百按司墓琉球人の遺骨を、研究対象の「古人骨」として認識し、その学術調査の継続を要望した。しかし同遺骨は祭祀の対象であり、現在でもその祭祀承継者が存在するのであり、研究素材ではない。

日本人類学会の要職を務めてきた山極壽一・京大総長は、２０１９年8月6日、駒込武・京大職員組合委員長との対談のなかで「この件を訴えている方は問題のある人と承知している」と述べた[11]。これは、日本学術会議会長、京大総長という権威を利用した、琉球民族遺骨返還請求訴訟の原告団長である私に対する差別発言であると認識し、同年8月31日に抗議文を送付した。しかし、現在に至るまで回答、謝罪等を得ていない。この差別事件は、「学知の植民地主義」を象徴的に示している。

京大研究者は、琉球人、奄美人、アイヌ、中国人、朝鮮人、台湾原住民族等の遺骨を奪い、標本にし、研究者のあいだで「見せ物」にしてきた。今でも京大において「骨の学術人類館」が開かれているといえる。

百按司墓に遺骨が安置された琉球人は、琉球国の礎を作った人びとである。その人びとの遺骨を奪い、返還しないだけでなく、京大は遺骨に関する質問に対して、「個別の問合せには答えない」との姿勢を変えていない。「学知の植民地主義」とは、研究倫理上の問題であるだけでなく、国内法や国際法違反の犯罪である。戦前、研究によって日本の帝国主義、植民地主義が正当化されたが、京大においては、それが今でも続いている。

植民者により被植民者の遺骨が奪われ、琉球支配の「戦利品」として収奪され、保管され、「見せ物」にされている。これはご先祖の遺骨が琉球人のやり方で風葬、供養されていないという不正義である。米軍基地問題のように、琉球人は自らが生きているあいだ、植民地支配されるだけでなく、死してニライカナイ（琉球人のあの世）に行ってからも日本による植民地支配を受けているといえる。なぜなら琉球人による遺骨保有、先祖供養を京大が拒否できる体制下で、琉球人が生きることを強いられているからである。

琉球人は、ご先祖のご遺骨を元の墓に戻し、祭祀を行って、そのマブイに平安を与え、子孫と骨神とが交流することができるときが来るまで、京大による「学知の植民地主義」との闘いを止めないにちがいない。なぜなら研究者による遺骨の盗掘やその保管を認めたら、琉球人の葬制、精神生活、心の安らぎ、民族としての誇りを保つことができないからである。

京大は、祭祀承継者の信教上の権利を侵害してまで、研究上の利益を得る権利をもっていない。京大が自らの過ちを真摯に反省し、今でも祭祀の対象となっている墓地にご遺骨を戻すことを心底から訴えたい。

2　琉球における学知の植民地主義

金関丈夫が百按司墓から琉球人遺骨を盗掘した際、金関を案内したのが、名護尋常小学校校長の島袋源一郎であった。島袋の「郷土研究」は、1910年代に小学校教員・校長として働きながら、「郷土教育」の一環として始められ、1920年代以降は沖縄県庁にて学務業務に携わるかたわら、琉球を訪問する人びとの案内役を担うなかで形成された。1936年、島袋は首里城北殿に沖縄県教育会附設郷土博物館を開館させた。島袋は小学校児童や県外の研究者に対して、沖縄の歴史や文化を博物館の展示によって紹介した[12]。

島袋は、教員として皇民化教育を行っただけでなく、琉球における皇民化教育の拠点であった沖縄県学務課に勤務し、また郷土博物館の初代館長となった。同化を推進する指導的立場にあった琉球人の一人である島袋が、金関の遺骨盗掘を手助けしたのである。金関を案内した島袋は、琉球人遺骨をご先祖の遺骨としてではなく、博物館で展示、研究される標本として認識していた。それは現在、琉球人の遺骨を保管する京都大学や沖縄県教育委員会と同様な認識であったと考えることができる。

島袋は、1905年に百按司墓を調査し、木棺を「発見」した。1934年にその木棺を持ち出し、郷土博物館で展示した。同木棺には、尚家の家紋である「左御文」の金紋と、「弘治十三年九月、えさしきやのあし」の銘文が記されていた。島袋が作成した同墓の説明入りスケッチには、「京都大学人類学教室金関丈夫氏数十體を持参」と記載され、金関が、同墓の第1号墓、第3号墓から遺骨をもち出したことが記されている[13]。歴史的にも非常に重要な木棺であったが、沖縄戦によって焼失した首里城とともに、失われてしまった。

島袋は、次のように琉球人の「人種的」な属性が日本人であると考えていた。金澤庄三郎博士、亀田次郎等も沖縄語は日本語の一方言に過ぎないと指摘した。人種学、血清学等の方面から調査した他の学者の意見も「日本人中の一集団」説でほぼ一致していた[14]。1904年に東京帝国大学人類学教室の鳥居龍蔵が沖縄人の皮膚等について調査を行い、日本内地人のそれと大同小異だと発表した。次に1919年に来県した東京帝国大学の松村瞭は、沖縄人の頭骨を計測して、「頭形上より見たる琉球人の人種的位置については、日本人中の一集団と解するを至當とする」と結論を下した。さらに1925年に来県した血清学の専門家である、桐原眞一博士が計測した「人種計数」によると、沖縄人の祖先が「大和民族」の一分派であったことがわかる。京大人類学教室で研究していた三宅宗悦は、従来ベルツ博士などが「奄美大島人の毛深いのはアイヌの混血のためである」といった説を覆して、「それは返つて日本民族の原種に近いためである」と指摘した[15]。

言語学、形質人類学から考えて、琉球人が日本人であるとする仮説を踏まえて、島袋は「郷土研究」を行っていた。金関を百按司墓に案内して、遺骨の盗掘を認めたのも、琉球人が「人種的」に日本人であることを、形質人類学者によって証明してもらいたいと考えていたからではないか。東京帝国大学の松村瞭は、同大学の坪井正五郎とともに、大阪で開かれた学術人類館の企画運営に関わっていた。

島袋は、琉球と日本との文化的関係、琉球併呑について次のように述べている。「本県は古い日本の言語・風俗・習慣・信仰等を忠実に保存せる点に於て宛然日本の古代博物館たるの観を呈し、近頃学者、文人、書家及び観光客踵を接して来島する有様となりました。（中略）明治五年維新慶賀使の一行が上京して朝観の礼を修めまして以来廃藩の気運が歳々に募りまして明治十二年三月十一日琉球藩を廃して沖縄県を置かれ一視同仁　明治天皇様の御仁政に浴することになりました[16]」。

日本文化の古い形が琉球に残されているとする、柳田国男、伊波普猷等の日琉同祖論を踏まえて、島袋は、日琉関係の歴史を認識していたがゆえに、琉球併呑に関しても何の問題意識ももっていなかった。

島袋は、1916年に『沖縄教育』に寄稿した自らの論考において、日本帝国による戦争と教育との関係について次のように論じた。「明治二十七八年日清戦争の勝利に依りて茲に国民一大自覚を促進し、国家主義思想は更に一段の隆昌を見るに至れり。即ち此の一戦に於て国民は世界に於ける我国の地位と実力とを理解し、自負自重の精神を高むると共に一旦緩急の場合には挙団一致個人の利益を捨てゝ国難に殉じ光輝ある金瓶無血の国体を擁護せざるべからずとの忠君愛国の精神を発揮するに至れり。此の精神は三千年来国民の美風として伝はれるものなれども殊に此の大戦あるに及び国命を賭して争ひたる国家危急存亡の間に国民自ら痛切に実感したるより益々強く脳裡に浸潤し此に教育勅語の御趣旨は具体的に発揮せられたるなり[17]」。

「（日露戦争の）其結果は連戦連勝し国民は真に世界に於ける帝国の実力と位置を自覚し、我国亦一等の伍班に列せり白哲人種何ぞ少らずしも恐るゝに足らんやとの人種的自覚を喚起せしめたり。（中略）予は我国民に対し採長補短の推量を持し大国民たるの襟度と、遠大の抱負とを以て時運の趨勢を洞察し而して皇国の隆運を期せんことを祈るものなり[18]」。

島袋は、「謝花尋常高等小学校長」として上の論考を寄稿している。日清、日露戦争を「国家主義思想」から全面的に評価し、「忠君愛国」の精神を発揮するような子どもたちの教育を念頭においているといえる。また「大国民」としての「人種的自覚」が戦勝によってさらに強固になったと考えている。琉球人も「人種的」に「大国民」であることを証明するために、日本人研究者による遺骨盗掘を幇助したと推測される。

琉球併呑後の日本による琉球に対する植民地主義の展開において必要になるのが、調査活動である。調査によって琉球の経済的可能性を明らかにし、その収奪のための戦略を計画し、実行することができる。明治期における琉球調査のパイオニアというべき人物が、田代安定であった。農商務省の官吏であった田代は、1882年、84年、87年の3回、八重山諸島において調査を行った。前2回が農商務省の役人として、3回目が東京帝大の調査員としての調査活動であった[19]。

田代は、3度目の八重山調査で植物の調査を行ったが、その際、「ヤエヤマセンニンソウ」、「タシロルリミノキ」を命名した。田代は、八重山諸島の言語、宗教、民俗等の調査を通じて、同諸島の文化が「日本民族の範囲」内にあることを証明したとしている。田代は、それを証明することで、八重山諸島が日本の領土であり、同諸島の人びとの放置された状態を、一刻も早く改めて「皇化」させる必要があると主張した。田代は、1894年に帝国列強に対する「八重山防備」を喚起した「八重山島所見弁議」と題する意見書と、西表島の原生林を帝国御料林に編入することを求める意見書を宮内庁に提出した[20]。

琉球併呑後、日本人による調査の結果、島々の動植物に日本語の名称がつけられ、分類され、標本として島からもち去られ、大学や博物館等で保管された。琉球に対する植民地支配の初期において、田代は代表的な「学知の植民地主義」の担い手になった。調査の目的は、琉球が「日本固有の領土」であることを学知の視点から明らかにし、その支配を正当化することであった。このような調査に基づいて、琉球の国防策、西表島の天皇御料林化を提言することで、日本帝国による琉球支配をさらに強化しようとした。

田代安定は、1886年に政府に提出した「沖縄県下八重山群島急務意見目録」のなかで次のように述べている。八重山群島は古来、「我が版図」であることは史籍に明らかである。西村捨三・沖縄県令（県知事）の命令を受けて、全島を遍歴したが、史跡、宗教、言語風俗など内地と「同種属」であることがわかった。土質は沃饒であり、無限の富源がある。八重山群島は、「我が版図」の南門であり、敵に臨む地である。今日の急務は、兵営を設立し、防衛を強化して、外敵の予防に備えることにある。その屯営を石垣島役所の近くに設置し、観音崎原野を操練場とする。営兵は、全島あるいは西表島において演習をし、山間の適地で弾薬製造を行う。敵を防ぐ上で相応しい場所には砲台を築く。西表島の舟浮港は良港であり、その近くに石炭が多く存在している。砲台設置の適地は、外離島および「サバ」崎である。両地域は舟浮港の咽喉の位置にあり、内離島西半分とともに天険の要害である。それは、10万人の甲兵と同じ価値をもっている。舟浮港に係泊させる軍艦12艘は、中国の福州近海を巡航し、海岸測量を行う[21]。また、島に国旗を掲げて外国に対して「我が版図」であることを示す。「皇権」を拡張する[22]。

現在、日本政府は「島嶼防衛」を掲げて、石垣島、与那国島等の八重山諸島に自衛隊基地を配備しているが、その地政学的重要性は明治期の田代によっても主張されていたのである。将来、田代の意見に基づいて、石垣島、与那国島以外の八重山諸島も軍事基地として利用される可能性がある。その地ならしとして八重山地区全体にわたり、育鵬社の教科書を採択し、中国脅威論を煽り、自衛隊基地を建設しようとしているのではないか。しかし「竹富町の抵抗」もあり、田代が地政学的価値を強調した西表島を含む竹富町の島々には、2020年4月現在において自衛隊基地は建設されていない。

田代安定のような動植物の研究者であり、しかも琉球に滞在した日本人として、黒岩恒がいる。黒岩は、1900年に尖閣諸島の現地調査を行い、「尖閣列島」という名称を定めた人物として知られている。1892年に黒岩は、沖縄県立師範学校に転勤し、貴重な標本を日本本土の中央学界に提供した。八重山諸島における地学調査の際、黒岩は住民に山師とまちがえられて、食料を購入することができず、辛うじて大根数本によって餓えを凌いだ。また黒岩は、新城島においてジュゴンの頭骨を盗掘したため、同行していた人物が、その頭骨を持ち出したことによる神罰を恐れるあまり、黒岩を斧で斬りつけたことがあった[23]。

黒岩は1892年末から、琉球各地の植物を採集し始めたが、それらの植物標本を牧野富太郎、岡村全太郎らに提供した。1900年、黒岩は「尖閣列島植物目録」を発表したが、そのなかで62属135種類の植物を紹介した。尖閣諸島の植物の特殊性として、「植物帯に於ては、八重山列島とはおおいに異なる所あり」と指摘した。牧野富太郎が発表した論文である「黒岩恒氏採集琉球植物」(1894年9月号から1896年9月号まで13回にわたって報告)は、黒岩が1892年8月から1894年10月までに採集した136種類の植物(八重山諸島が58種類、宮古諸島が6種類、沖縄諸島が72種類)に関する学術的な解説論文であった[24]。

尖閣諸島において最初に植物の学術的調査を行った黒岩は、同諸島と八重山諸島の植物とのあいだに大きなちがいが存在することを確認しており、植物学的にも同諸島は日本の領土内の島々とはいえないことを明らかにした。

当時、日本本土から琉球を訪問して、動植物を採集した人はいたが、同地に居住して動植物を採集し、それらの標本を中央学界に提供した人は黒岩の外にいなかった。黒岩は、本土学界への標本提供者として重宝がられ、琉球の動植物研究のためになくてはならない重要な存在として認められていた。たとえば、1900年5月、黒岩が魚釣島で採取した植物標本を、牧野が「クロイワラン」と命名し、黒岩が『地学雑誌』第12編にそれを発表した[25]。

黒岩は、昆虫類を松村松年や名知昆虫研究所、貝類を飯島魂、昆虫類および両棲類を波江元吉、魚類を田中茂穂に対してそれぞれ送付した。その結果、中央学界における黒岩の貢献は高く評価された。黒岩の名前がついた動物として、次のようなものがある。「クロイワトカゲモドキ」、「クロイワヤモリ」、「クロイワハゼ」、「クロイワトンボ」、「クロイワカワトンボ」、「クロイワゼミ」、「クロイワアオゼミ」、「クロイワツクヅク」、「クロイワニイニイ」、「クロイワマダラ」、「クロイワマイマイ」[26]。

黒岩は、「本部半島」、「勝連半島」、「勝連湾」、「宇江城山」、「尖閣列島」、「奈良原岳」等のような自然地理名称の命名者でもあった[27]。

さらに黒岩は、石垣島の仲岳の南方にあった丘に、沖縄県師範学校長である小川鉱太郎に因んで「小川丘」と名づけた[28]。

黒岩の琉球に関する研究について地元紙で、次のように紹介された。「黒岩氏は就職以来鋭意熱心に全力を我沖縄諸島の博物に注き五十余の島嶼其の足跡の至らざる所なし氏の手に依りて以て沖縄諸島の動植物か世に紹介せられたるもの実に尠なからず[29]」。

黒岩は、琉球から日本本土に標本を提供する役割を果たしていたが、それは「学術的な収奪行為」であるといえる。琉球人の信仰を配慮せず、ジュゴンの頭骨をもち出したことにその収奪性が示されている。「クロイワ」という日本人の名前が動植物の名前につけられたことは、日本による琉球に対する植民地支配を明示的に示すことでもあった。日本人研究者が、名づけ、分類・分析し、その性質や経済的有用性等も明らかにして、帝国の資源として管理し、利用しようとした。琉球の植民地支配において、その資源の命名・分類・分析は不可欠な作業であった。

１８９６年の『東京人類学会雑誌』において、黒岩が、大田朝敷、鳥居龍蔵、小川太郎、西常央等とともに発起人になって「沖縄人類学会」を設立したことが報じられた。同学会の目的は、沖縄地方における人類学上の事物を研究し、東京人類学会の雑誌に研究成果を掲載させることにあった[30]。

さらに、同上の雑誌において、黒岩は加藤三吾とともに発起人になって、琉球における宗教、風俗、言語、文字、人類、「人種」、古跡等の学術的研究のために、「沖縄学術研究会」を設立したことが報じられた[31]。

以上のように黒岩は、琉球における学術研究の中心的な人物であったが、その研究成果は中央の学界、つまり日本帝国を知的に支える日本の研究者に向けて提供された。これは「知的な収奪」であり、琉球に対する「日本植民地主義における知的な先導者」として黒岩を位置づけることができる。

黒岩のそのような位置づけをさらに象徴的に示すのが、尖閣諸島命名の植民地主義性である。黒岩は、同諸島を「尖閣列島」と名づけるとともに、島内にも次のような名称を刻み込んだ。魚釣島内には、「奈良原岳、屏風岳、道安渓、安藤岬、北岬、閃線角、和平泊」、南小島内には、「伊沢泊、新田の立石」、北小島内には、「三尊岩」の名称を付与し、南北小島の間にある水道を「イソナの瀬戸」、南小島と魚釣島のあいだの水道を「永康礁」と名づけた[32]。黒岩が尖閣調査後にまとめた論考「尖閣列島探検記事」には、「尖閣列島は釣魚嶼、黄尾嶼、尖閣諸嶼」からなると記されている[33]。そのなかには大正島（赤尾嶼）が含まれておらず、また、「釣魚嶼、黄尾嶼、尖閣諸嶼」のように、中国語の島名を紹介していることがわかる。これは同諸島を元々、命名したのが中国側であったこと、つまり、同諸島が本来、中国側に属していたことを黒岩自身が明らかにしたと考えることができる。また黒岩は、日本政府の代理人として、同諸島を調査し、「尖閣列島」と命名したのではなく、古賀辰四郎が自らの開発事業のために派遣した、一研究者でしかない。よって黒岩による尖閣命名を、日本政府が尖閣領有のために実施した国家行為であるとみなすことはできない。

黒岩は、魚釣島で最も高い山を「奈良原岳」と名づけた。それは「沖縄県知事男爵奈良原繁氏に因む」ものであった。また同島の岬を「安藤岬」と命名したが、それは「沖縄県師範学校長安藤喜一郎氏に因む」ものであった[34]。

奈良原繁とは、1892年から1908年までの16年間、沖縄県知事を務めた旧薩摩藩出身の日本人である。沖縄の自由民権運動の指導者であった謝花昇を弾圧し、「琉球王」と呼ばれるほど、県内で絶大な権力を行使した。奈良原は琉球人を次のように認識していた。沖縄県民の民度は非常に低く、「恥辱」というものが欠如している。住民は、夏は芭蕉布、冬は綿服を着て、草履を履かず、一日の食費は平均三銭であり、朝夕芋のみ食べており、家屋は皆藁屋であり、それゆえ住民には「恥辱」が生まれる道理がない[35]。奈良原の知事在任中である1903年に「学術人類館事件」が発生したが、琉球人の「展示」に対して沖縄県として抗議しなかった背景には、このような知事自身の琉球人蔑視観があったのである。

植民者としての黒岩が、当時沖縄県知事として権勢を振るっていた奈良原の名前を、尖閣諸島最大の島である魚釣島の最高峰の名称としたのである。同諸島が、日本帝国による琉球に対する植民地支配を象徴していると認識することができる。

黒岩は、南小島の西岸に「伊沢泊」、同島の東部に屹立する岩を「新田の立石」と名づけた[36]。「伊沢泊」は、1891年、魚釣島、久場島においてアホウドリの羽毛を採取した伊澤弥喜太から、「新田の立石」は、黒岩の沖縄県師範学校の同僚である新田義尊からそれぞれ命名した。新田については後で詳述するが、琉球における皇民化教育の中心的なイデオローグであった。

金関丈夫は、今帰仁村百按司墓から琉球人遺骨を盗みだしたが、黒岩も同地から遺骨を盗掘した。黒岩は、百按司墓調査のとき、「割れ瓶」を開き、年号や骨格の太さ、長さ等を調べ、帰途には頭蓋骨を採って、「標本にする」といってもち帰った[37]。1908年3月、黒岩は、今帰仁村運天に行っているから後から来るようにと生徒にいった[38]。

1908年当時も、「今帰仁上り」が行われていたと考えられる。「今帰仁上り」とは、今帰仁城のウタキ、ノロ殿内（どぅんち）、大北墓、百按司墓等、今帰仁村内の聖地を巡礼する儀礼であり、現在も琉球人の個人、家族、門中等によって挙行されている。仲栄真腹元屋の新垣家の「道光拾壱年辛卯年六月仕立諸日記」に記録されているように、1838年には琉球の人びとが「今帰仁上り」を行っていた。また、「西方東方七年廻門中拝所日記」によると、1901年にも読谷村の長浜の住民が今帰仁上りをしたと記録されている[39]。

つまり、黒岩は、祭祀が挙行されていた墓から琉球人の遺骨を盗みだした可能性が高い。動植物の標本を採取するように、琉球人の遺骨も学術資料として墓からもち出したのである。

黒岩が遺骨を墓からもち出したのは、百按司墓だけではなかった。黒岩は、沖縄県師範学校で勤務した後、1902年から国頭農学校の校長になった。同校の実験室には、人間の頭蓋骨が二つあり、動物学や人体生理を教える時に教材として利用されていた。1909年、渡瀬庄三郎・東京帝国大学教授が、琉球へのマングース導入を目的とする調査を実施した際、同教授に同行した、波江元吉がその頭蓋骨の一つを東京にもち帰った。その頭蓋骨は、黒岩が八重山諸島の黒島にあった古墓からとってきたものであるが、そのとき、連れて行った人夫が黒岩を切りつけ、背中に少し傷を負った。波江は名護の一心館に宿泊していたが、日中、人の頭蓋骨を宿屋にもち込んだのでは追い出されるのではないかと考えて、夜間に学校で包装してもって行った。江波がもち去った頭蓋骨は、今も東京大学に保管されている可能性がある。[40]

波江は、日本初の哺乳類研究者といわれる人物であり、1876年に東京教育博物館（国立科学博物館の前身）の職員となり、1889年に帝国大学理科大学で動物学教室助手となった。金関と同じく、波江も、黒島から盗掘された遺骨のもち出しに対して罪悪感を感じ、「盗人」のように琉球人に見つからないようにして、日本本土にもち去ったのである。なお、渡瀬はハブを駆除するために、インドからマングースを琉球に導入すべきことを主張し、その提案は実際に行われた。しかし、マングースによってハブは駆除できず、他の貴重な固有小動物を補食する等、その弊害が現在、指摘されている。日本人研究者の誤った研究が琉球の生態系に大きな被害を与えているのであり、これも「学知による植民地主義」の弊害であるといえよう。

百按司墓からの盗掘は戦前だけではなかった。琉球人民俗学者の平敷令治が、1972年8月に百按司墓を調査した際に、石厨子4個、家型陶製厨子7個、骨甕37個を確認した。しかし、1973年1月に同地に行くと、そのほとんどが盗まれていたという[41]。百按司墓のような古墓だけなく、一般の亀甲墓、破風墓等からも遺骨、副葬品、甕等が盗まれてきた。

さらに、2019年6月、琉球の霊媒師が沖縄島本部町渡久地の古墓群の一角にある「大米須親方の墓」から二つの石棺を盗掘した。2020年6月3日現在、同石棺の一つは本部警察署によって発見・保管されたが、他の石棺の所在は不明のままである。なお、1930年代の半ば、同地から京都大学の研究者によって多くの琉球人遺骨が盗掘された。「清野コレクション」のリストには、「発見地名、例数、標本番号」が次のように記載されている。「本部村渡久地・トクナチ濱・1例・第1059号、本部村渡久地・古墓・38例・第1060号~第1098号[42]」。盗掘された39例の琉球人の遺骨は現在、京都大学大学院理学研究科自然人類学研究室または京都大学総合博物館に所蔵されている可能性が高い。石棺は琉球人霊媒師によって、琉球人遺骨は京都大学研究者によってそれぞれ盗掘された。双方の案件とも犯罪行為であり、窃盗物は元の墓に戻さなければならない。

2020年3月9日、玉城《たまぐしく》毅《つよし》（尚徳王の三司官を務めていた大米須親方の子孫）、亀谷正子（第一尚氏の子孫）そして私は、本件の調査のために渡久地を訪問した。3人はまず盗掘が行われたお墓に行き、現在も祭祀が挙行されていることを確認した。つまり、信仰の対象となっている墓から遺骨や石棺が盗まれたのである。次に同地の祭祀であるシヌグに参加し、遺骨と石棺の返還を願って手を合わせた。祭祀者である祝女（ヌル）から、同地における地域信仰についてお話をうかがった。そして、渡久地区の中曽根義人区長と「石棺・遺骨盗掘問題」について意見交換を行った。その際、中曽根区長に「清野コレクション」のリストを手交し、同地から約90年前に遺骨が盗掘され、今も京大に保管されていることをお伝えした。遺骨、石棺とも、祭祀承継者、地域の住民の了解を得ることなく、現在も祭祀が行われている墓から盗みだされ、返還されていない。京都大学、琉球の霊媒師という犯罪者は、遺骨や石棺の所有者である祭祀承継者、地域の人びとの信仰、慣習を蹂躙している点で共通している。

3 皇民化教育という植民地主義政策

琉球の皇民化教育における中心的な推進者は、沖縄県師範学校の教員、または同校を卒業した教員であった。皇民化教育に関する論考が掲載された雑誌が、『琉球教育』である。『琉球教育』が刊行されていた1895年から1906年にかけて、その編集権は、沖縄県師範学校教員の新田義尊をはじめとした日本人により握られていた。編集委員のほとんどが日本人であり、同誌は沖縄県教育会の機関誌であるが、同会の評議員も日本人によって占められていた[43]。

戦前期を通じて、琉球人が沖縄県師範学校の校長を務めることはなかった。沖縄県庁の学務関係の幹部である学務部長や学務課長に就任したのは、琉球人である岸本賀昌が学務課長に就いたのを例外として、他はすべて日本人であった。部長に次ぐ職位である地方事務官も日本人であった[44]。日本人は琉球の教育関係機関だけではなく、沖縄県庁、県警察においても幹部職を占有していた。

1928年、29年に、金関丈夫に対して「遺骨盗掘の許可」を与えたとされる、沖縄県庁、県警察の関係者として『琉球民俗誌』には、「学務課長、福井氏」、「産業課長、井田謙次」、「警察部長、関壮二」が登場するが、3人とも日本人である。金関が遺骨を盗掘した1928年、29年の前後における、上記関連部署の幹部名を以下に列挙する。

①学務課長記載ナシ、「産業課長、竹崎米吉」、「警察部長、小早川貞登」（1927年[45]）

②「産業課長、井田謙次」、「学務部長、福井茂一」、「警察部長、小早川貞登」（1928年[46]）

③「農林課長、井田謙次」（1930年[47]）

④「農林課長、末藤善三郎」「警察部長、島川直英」（1931年[48]）

⑤産業課長記載ナシ、学務課長記載ナシ、「警察部長、島川直英」（1931年[49]）

⑥「学務課長、平野薫」、「警察部長、網島覚左衛門」、産業課長記載ナシ（1935年[50]）

日本政府や沖縄県の『職員録』で明らかになったのは、沖縄県庁、県警察の幹部を日本人が占めていたという植民地支配状況である。

なお私は、2019年、沖縄県行政情報センター、沖縄県立図書館、沖縄県公文書館において調査を行ったが、金関が遺骨収集の「許可証」をとったとの証拠を確認することはできなかった。また金関の『琉球民俗誌』にも、「許可証」等に関する記述はない。現在、京都地方裁判所で行われている「琉球民族遺骨返還請求訴訟」において、京大は同書に基づいて遺骨収集の「許可」を得たと主張しているが、それを裏づける「許可証」のような証拠は提出されていない。なお、遺骨の所有権は旧民法においても祭祀承継者が有しているのであり、慰霊の対象となっている遺骨を沖縄県庁、県警察の

「許可」によってもち出すことは違法となる。「墳墓損壊罪」として刑法違反の事犯にも該当する。

皇民化教育のなかでも特に重点がおかれたのが、日本語教育であった。琉球併呑直後に、会話伝習所が設置され、沖縄県学務課が作成した『沖縄対話』を教科書にして、日本語教育が行われた。1880年に同伝習所は沖縄師範学校になった。1882年11月から施行された沖縄県の「小学校教則」は、「小学校教則綱領」（1881年5月4日、文部省達第12号）に準拠していた。沖縄県の「小学校教則」は、「小学校教則綱領」と比較すると、「標準語」教育のために「会話」科を特設しているという特徴があった。「標準語」教育は、日本人教師による授業を成立させるために不可欠となっていた。[51]

当時、琉球人は学校を「大和屋」と呼んでいた。琉球のなかで、学校は最も「大和化」つまり日本化が進んだ場所であった。琉球人にとって、学校は日本政府による琉球統治の象徴的な場所となった。学校設立と、琉球人に対する就学督励は、琉球人による抵抗に対する治安対策の一つとして位置づけられていた。[52]

学校、教育を通じて、日本政府による琉球の植民地支配に対する抗日運動を抑えこもうとしていた。日清戦争に勝利した日本は台湾を植民地にしたが、その後、沖縄県の「南門」としての重要性は大きく後退し、1896年に沖縄分遣隊が廃止された。1898年に沖縄県に徴兵令が施行されたが、日本軍の連隊は配備されなかった。1944年に第32軍が設置されるまで、沖縄県には徴兵事務を扱う警備隊司令部が存在しただけであった。山県有朋が構想した、琉球人のみの部隊は実現しなかった。また沖縄県私立教育会が中心になって「標準語」教育などの「徴兵当籤者教育」が実施された。1887年、全国の府県立尋常師範学校・中学校に先駆けて、沖縄県尋常師範学校に「御真影」

が配布された。1896年には、「陸軍六週間現役兵制度」が適用された。それは、教員に軍事訓練を経験させることにより、「国民精神ヲ注入」し、彼らが軍隊での経験を活かして児童の教育を行うことを求めた施策であった[53]。

「琉球人の日本人化」つまり皇民化教育は、日本語教育とともに、天皇崇拝や軍隊的思考や行動に関する教育が柱となって行われていたのである。

次に、戦前の琉球における皇民化教育の最大のイデオローグともいうべき、新田義尊の思想について考えてみたい。新田は「琉球」という名称に対して、次のように攻撃の矢を向けた。

①「琉球」という名称は、我が帝国国体上、教育上、「国粋」保存上、随分「不穏当の名称」である。この地は、我が「同胞人種」の住む所であり、それが相違ないことを示すような名称を用いるべきである。「沖縄」が「国体上からも、国粋保存上からも、特に教育上からも」、「穏当」である。沖縄に住む人びとは、「我が同胞なる日本人種」、「日本魂ある人物」、「異種別族にあらざる」人びとである。その言語の「種性」は、正しく、優美高尚の要素を有し、我が「国粋」を明らかにしている。その衣服は我が「国粋」を現存し、その物名、地名は、我が「国粋」を示しており、永く保存したい。ただ、「琉球国という一分子」が混入しており、その一分子を改良しなければならない[54]。

新田は、「琉球」という名称が、独立国という独自の歴史を有していたことを想起させるとして排除し、日本への帰属性を示す「沖縄」が、「国体上、国粋保存上、教育上」重要であり、「穏当」であるとした。

②「両属」には「不貞女子」の気質が含まれている。「沖縄」という「忠貞無二の淑女」から生み

出された男子をもって、「我が同胞の家名」を輝かすような「世嗣息子」にしたい。清淑にして、「日本男児」を生みだすべき「貞女」である。「琉球」といわれては肩身が狭く、「沖縄」といわれれば遠慮がなく、他府県人もこれを敬愛する。「琉球」といえば「琉球芋」とともに蔑視の対象となる。「沖縄」といえば、親しさと、さらに一層の「礼侍」という鄭重さが加わり、「同胞同族」であることが明らかとなる。[55]

新田は、琉球国が清朝と日本国に「両属」していたという政治状況を、「不貞女子」という封建主義的な女性蔑視の言葉を用いて批判した。男系封建主義のなかで、「沖縄」を「淑女、貞女」として位置づけている。「男性としての日本」に忠実に従う「女性としての沖縄」は、日本という「家名」を輝かすような「日本男児」を生みだす、生殖機能としての役割を期待されていた。日本に忠実である限りにおいて、蔑視の対象にならず、「同胞同族」としての親しさと鄭重さが与えられることになる。琉球人の従属性を固定化することが、皇民化教育の目的であったことがわかる。

③「日本人種」であるからこそ、「日本言語」が現存する。「日本言語」が現存するので、「日本人種」であることが明らかとなる。「聖勅」をもって「沖縄」と改称させ、これまで今日にいたるまで、「固有の日本魂」も次第に生まれ、まったく「日本人種」、すなわち「我が同胞同族」としての面目をもつようになった。日に月に「立派なる国民軍」を造りだしている。[56]日用言語が日本言語《ヤマトコトバ》であるので、「日本民族、日本人種、日本同胞、日本同祖」であることは明白である。[57]

琉球諸語が日本語であることと、琉球人が「日本人種」であることが同一視されている。琉球諸語が日本語であるかどうかは、未だに議論の対象となっているが、近年では、独立した言語として認識する研究者、ユネスコのような国際機関が増えてきた。また言語の同一性をもって、「人種」の同一性を示すことができるとする主張は、非科学的な代物でしかない。琉球人が日本人と「同胞同族」であることを証明する、人種的研究の必要性が高まっていたため、金関丈夫は「沖縄県の許可」や同化された琉球人の協力を得て、遺骨を盗掘することが可能になったと考えられる。琉球人を「同胞同族」にする目的は、琉球人を日本軍人にして、日本の南門を守らせることにあった。皇民化教育は非科学的な、政治的な言説でしかなかったことが明らかになった。また、日本語は日本民族しか話さないという、非論理的、非現実的仮説に基づいている。日本語は意思疎通の一つの手段でしかなく、それによって民族的特性が固定化されるものではない。

日琉同祖論は、現在においても有力な説として唱えられている。たとえば、日本人歴史研究者の村井章介は、次のように論じている。「人種論」、言語系統論から考えても、琉球人が「ヤマト人」から早い時期に分かれたものであることはたしかである。琉球人の直接的な先祖とされるグスク時代の人びとの骨の形質は、中世日本人の形質に東南アジア方面の人びとの要素を若干加えた様相を呈している。その背景には、「ヤマト」からのヒトの流入があったと想定されている。また、琉球諸語と「ヤマト語」とは、語彙や音韻の面ではほとんど通じないほど異なっているが、文法構造や品詞体系において同一の系統に属することは疑いない。「本土方言と琉球方言」を、日本語の二大分肢とする学説もある。[58]

特定の仮説に基づいて、琉球人と日本人の骨の類似性を強調し、言語の文法や品詞の類似性によって、日本語と琉球諸語とを同一の範疇に括ろうとしている。琉球諸語も独立した言語であるとする仮説も存在するのであり、現代の日琉同祖論も暫定的な学術上の見解でしかないのである。「人種論」によって琉球人の特性を説明しようとする研究は、これまで優生学、人種差別と結びついてきたのであり、より慎重に検討しなければならない。

④「琉球人」という言葉は、「和蘭人、南京人、朝鮮人」と同様に、「種性種気」もわからない、「外蕃人」のように聞こえる。「汚らしくかつ嫌らしく」、「チャイナめきて」聞こえる[59]。

これは、日本に忠実ではない琉球人は、差別の対象となるという暴力的な言葉である。実際、戦前、琉球人は「琉球人、リキ人」として日本人によって日常的に差別された。中国人、朝鮮人のように差別されたくなければ、帝国臣民として振るまえという「脅しの教育」が琉球の学校現場で行われていた。それは、琉球人に対する差別感情を隠しながら、「沖縄県民」として日本帝国の政策、方針に従うことを強制する教育である。黒岩恒が、新田のような典型的な帝国主義的植民者の名前を、尖閣諸島の一つの地名にした事実からも、同諸島の日本領有化が植民地主義の産物でしかないことが明らかとなる。

⑤一般に島の名を「オチナハ」または「ウチナハ」などと称えて、「沖縄」を「日本語《ヤマトコトバ》の古代訛《コダイナマ》り」で話している。「沖縄」という言葉の起源、日用言語や名詞動詞のあり方等、「唯自然に」成立したのであり、「純粋の日本人」である。それゆえ、私はこの島は「琉球」でなく、島内の人びとも、決して「琉球人」でないと主張しているのである。「琉球人」とはどのような「人種」であるかと考えると、隋唐の書史によれば、隋唐人等も蔑視している「野蛮人種」である。もしこの島の「本名」が「琉球」であるとすると、その位置は「支那」福建の泉州附近にあり、「人種」も「野蛮」であり、

その言語も自然に「支那語調」となり、名詞動詞の用い方もまた「野蛮」じみてくるだろう。[60]「沖縄」は、昔より我が同胞が「棲息」する土地であり、本来、「我が属島」である。決して隋唐と通信したことはなく、我が南海中に縄のように浮ぶ島といわれており、島内でも一般に昔より「沖縄」と称されてきたのである。[61]

琉球諸語には、日本語の古い形の単語が残っているといわれている。しかしその事実をもって琉球人が「純粋の日本人」であると主張することは、論理の大きな飛躍である。新田は、『隋書流求伝』等の中国の書物に由来する「琉球人」は、「野蛮人」であり、差別しても当然であると考えている。当時、日本人にとって差別の対象となっていた中国人の言葉、つまり中国語でさえ「野蛮」として排除された。２０１６年10月18日、沖縄島北部にある東村高江の米軍北部訓練場の中で行われていた米軍ヘリパット建設に反対する市民に対して、大阪府警の機動隊が「土人、シナ人」と怒鳴った。このように中国人差別は現在の琉球でも行われており、それが中国脅威論の土台になっている。つまり中国脅威論とは、中国、中国人に対する差別意識の現れとして認識することができる。「琉球人も中国人のように差別されたくなければ日本人になれ」という脅迫観念を、学術的な装いで正当化するのが日琉同祖論であった。それはまた、琉球が日本の「属島」であることを、明確な根拠なく主張するイデオロギーである。日本政府が、尖閣諸島を「我が国固有の領土」と非科学的に強弁するのと類似している。

皇民化教育のための雑誌である、『琉球教育』を発刊した、沖縄県私立教育会は日清戦争に際して、『征清録』を上梓した。新田義尊と黒岩恒はともに「第一章　日清開戦の発端」をまとめた。[62]「沖縄」

は「帝国南門の鎖鑰防備一日も以て怠るべからざるなり」と記された[63]。

日清戦争の頃、清朝の南洋艦隊が琉球を解放するために向かっているという噂が広まった。沖縄師範学校、沖縄県立第一中学校では軍事訓練が行われ、清朝軍の琉球来襲に備えて、寄留商人を中心に同盟義会が組織され、軍事訓練が実施された。

4　天皇制国家による琉球併呑140年——琉球から天皇制を批判する

2019年は琉球併呑140年の年であるとともに、改元の年でもあった。同年3月、私は沖縄県立図書館に行ったときに、入り口に新元号のポスターが掲示されていたのを見た。近・現代期において、天皇制国家の犠牲になった琉球の県立図書館がなぜ、新元号の決定を喜んでいるのか。大きな違和感をもった。現在、30年前の改元のときと比べて、天皇、天皇制を琉球から批判する議論、論考が少なく、危機的状況であると考えた。実際、図書館や書店の琉球関係の書籍を見ても、天皇制を琉球から批判する本が少なく、地元の新聞や雑誌でも改元にあたり、改めて天皇の戦争責任を問う記事は多くない。「同化した沖縄県立図書館」の意図に反して、私は新元号を喜ぶ状況に接して、琉球から天皇制を批判する今日的な必要性を強く感じた。

明治維新後成立した天皇制国家によって、琉球国は1879年に滅ぼされた。天皇制の下で琉球人は「天皇の赤子」として日本人に同化され、沖縄戦では天皇に命を捧げることを強制された。戦後は、「天皇メッセージ[64]」によって「ソ連の脅威」から日本、「国体」を守るために、天皇は琉球人の了解を得ることなく勝手に、専制君主のように琉球を「捨て石」としてアメリカ合衆国に提供すると述べた。

1972年に沖縄県として日本に再併呑された。その際、日本から米軍基地が琉球に移動しただけでなく、新たに自衛隊基地が建設された。かつて「天皇の軍隊」と呼ばれた日本軍による住民虐殺、集団死の強制等への謝罪や賠償もなく、再び天皇の軍隊が置かれた。現在、辺野古や高江での米軍基地建設、奄美・宮古・八重山諸島での自衛隊基地の建設等、軍国主義体制の島々への浸透が進んでいる。それと並行して、安倍政権は、天皇制国家・日本の復古的な帝国主義的策動をさらに強化している。

井上清は次のように天皇制を定義している。「〝天皇制〟とは、もともと明治維新によって成立し、1889年〝大日本帝国憲法〟において確立された、〝天皇〟を日本国家の唯一最高の統治権者・最高絶対の神的権威とする、日本独特の世襲君主制の国家体制のことであった[65]」。天皇と天皇制とは一体のものであり、天皇制国家によって琉球国は滅ぼされた。

戦後、天皇は日本国憲法によって「国民の象徴」とされ、その絶大な権力は奪われたが、その権威は維持された。叙勲制度、園遊会、学士院恩賜賞、スポーツにおける天皇杯、国体と植樹祭への天皇の積極的関与等を通じて、体制維持に天皇は現在でも大きな役割を果たしている[66]。2019年2月には「天皇皇后両陛下御即位三十周年記念お茶会」が行われ、多くの著名人、ブルジョア階級が招かれた。実質的に、天皇は国民一般ではなく、支配階級の象徴として振るまっている。権力、それと結びつくマスコミは、天皇を「人間天皇」として国民に宣伝して、天皇制を広く国民に受け入れさせようとしている。

日本史を通じて、天皇はどのような階級に属していたのだろうか。天皇は、古代、中世前期、近代の時期において、最大の搾取者であり、支配階級のトップに位置していた。中世後期の天皇は荘園領主でもあり、近世期の天皇は中位の大名と同レベルの10万石前後の所領を有していた。現代の天皇は、免税特権が与えられ、「皇室財政法」により経済的に支援され、現代日本の支配階級と同様な経済生活を享受している。天皇が支配階級の一員であることは明白である[67]。古代から現代まで、天皇を積極的に利用できたのは支配階級だけであり、一般庶民や国民が天皇を利用することはできなかった[68]。

つまり、「天皇が〝日本国民統合の象徴である〟というのは、現実的には、天皇が独占資本家階級の国民統合のための最高機関であることを意味する[69]」のである。

日本の歴史を通じて天皇は特権階級であり、それは現在でも変わらない。メディアで報じられる皇室一家の生活環境、動静、対人関係等からも明らかである。平成・令和天皇も、ブルジョアとしての階級的属性を体しており、人民を支配し、抑圧する天皇制という本質的、歴史的特徴は変わらず、日本の階級構造の頂点に君臨している。

大日本帝国憲法から日本国憲法に日本の憲法は変わったが、日本は天皇制国家から脱したといえるだろうか。国会開会は天皇が召集し、国会議員の総選挙は天皇が公示を行う。首相、最高裁判所長官は天皇が任命し、日本の大使や公使は天皇の認証状が不可欠である。外国の大使や公使は、天皇が認証する必要がある。また天皇は国民に栄典を与える[70]。

日本という国家が機能するには、天皇の法制度的な関与が欠かせない。天皇抜きには、日本の立法、行政、司法が動かないように現憲法で定められている。天皇の権威による国民間の秩序づけも、栄典によって実施されている。国体は、今も生きているのである。

戦後、天皇は「人間宣言」したが、本当に「通常の人間」になったのだろうか。「祖宗の神器」は、天照大神が邇邇芸命を日本に降下させるときに与えたという神話のなかで伝えられている、鏡、玉、剣である。邇邇芸命はそれらを神武天皇に伝え、以後の天皇に継承されたとされている。稲の収穫祭である大嘗祭は、新天皇に天照大神の霊が入り、天皇が現人神になるという神話に基づいた天皇族の祭祀である。元号制度は、古代中国の皇帝が始めたが、領土とともに時間をも皇帝が支配するとする思想に基づいている。日本において一世一元制は、明治時代に作られた制度でしかない[71]。

天皇は、自らの神としての権威を保持する道具として神器を所有し、大嘗祭を通じて現人神になるとされている。2019年4月、平成天皇は最後の地方訪問として伊勢神宮に行ったが、その際、「三種の神器」である剣と璽（勾玉）も天皇に同行した。天照大神が祀られている伊勢神宮に、「現人神」として退位を報告したのである。

「日本政府とは異なり、個人としての天皇は沖縄に寄りそってきた」という言説を聞くことがある。しかし、天皇を含む皇室は、これまで琉球の島々を訪問してきたが、辺野古や高江に足を運んだり、嘉数高台から普天間基地を見たことがない。摩文仁ヶ丘で、沖縄戦で犠牲になった人びとには頭を下げるが、チビチリガマに行って強制的集団死をした琉球人に手を合わせることはなかった。米軍基地で苦しむ、今生きている琉球人に対して天皇は自らの思いをおよぼそうとしない。琉球における戦争は、今でも続いているのである。

天皇の発言や行動が政府や法律により規制されているため、天皇が上記のことを望んだとしても行うことができないのではないかと考える向きもあろう。しかし、それは天皇が戦前と同じように現在でも、政府の意図の下に国民を支配する機関として利用されていることを示しているといえる。

今日まで天皇は琉球に対して、少なくとも次のような罪を犯してきた。
① 1879年に琉球国が日本に併呑されたが、天皇制国家の長として天皇はそれに対する謝罪を行っていない。
② 併呑後、皇民化教育が行われ、琉球諸語が奪われ、日本語が強制されただけでなく、「天皇のために命を捧げる」という教育によって多くの琉球人が沖縄戦で犠牲になった。終戦を求める「近衛上奏」[72]を昭和天皇が受け入れていたら、沖縄戦はなかった可能性が高い。
③ 昭和天皇がマッカーサーに琉球の植民地支配を求めなければ、米軍による琉球の軍事支配もあれほど過酷にならなかっただろう。天皇が提案した「米国の租借地」ではなく、サンフランシスコ平和条約第3条に基づいて琉球は信託統治領になり、他の植民地と同じく国連の監視下で新たな政治的地位を獲得するための住民投票を行い、植民地から脱却し、独立国になることができた可能性は否定できない。
これらのことは明治天皇、昭和天皇によって直接行われたが、平成天皇は祖父や父が犯した罪に関して自らの意見を述べ、謝罪を行うべきであり、それがなされない限り、「琉球に対する天皇の侵略や戦争責任」が解消されたとはいえない。天皇の琉球人に対する戦争責任は免罪されるべきではな

い。

1429年に琉球国を統一した王族または貴族の墓が百按司墓である。日本では天皇陵や古墳に納められた人骨の調査は、タブーとなっている。しかし、琉球では同じ王族の墓であっても、研究者によって遺骨がもち出せたのである。このような所業が可能であったのは、琉球が天皇制国家の植民地になったからである。

琉球と日本とは、葬制において大きなちがいがある。琉球の葬制の特徴は、洗骨葬を伴う複葬であり、風葬を採用してきたことにある。風葬とは、遺体を墓室に一定期間置いて肉を自然に削ぎ落とさせる葬制である。その後、洗骨を行い、遺骨を厨子甕に納め、墓室に安置し直す。墓の形態として、岩陰墓、亀甲墓、破風墓、掘込墓等がある。[73] 現在、洗骨儀礼は少なくなったが、火葬後、遺骨を甕に納め、埋葬せず、墓室内の棚上に安置するなど、風葬の形態を維持している。日本の葬制は、一家族の遺骨を埋葬する形式が一般的である。

しかし、琉球民族遺骨返還請求訴訟において提出された答弁書のなかで、京都大学は自らが保管している遺骨と原告との関係性を示すように求めた。つまり京大は琉球と日本との葬制が異なることを理解せず、日本の葬制を琉球に機械的に当てはめて、答弁書を提出したのである。これは琉球の歴史や文化に対する軽視、侮辱であり、現代的な差別であるといえる。

日本の村で祀られている氏神が、『古事記』や『日本書紀』の伝承と関係し、天皇家との関わりをもつものが少なくない。しかし、琉球固有信仰であるニライカナイ信仰は、天皇とまったく無縁である。[74] 天照大神を中心とする日本の神道と、琉球人の信仰はまったく異なる。また琉球の聖なる場所であるウタキは、天皇との関わりをもたない。天皇として琉球の地を踏んだのは、平成天皇が初めてであった。しかし、琉球併呑後、ウタキの前に鳥居が設置されるなどして、日本の神社体制にとり込まれた。百按司墓は「今帰仁上り」という琉球人の聖地巡礼地の一つであり、琉球民族独自の信仰の場である。琉球人にとって遺骨は、自らの葬制において不可欠な存在である。骨神として信じられた琉球人遺骨を、天皇を頂点に置く帝国大学の教員が奪ったのである。

1954年に昭和天皇夫妻、1958年に皇太子（後の平成天皇）が、北海道大学の児玉作左衛門の研究室を訪問した。児玉と天皇・皇太子が、棚に置かれたアイヌ民族の頭蓋骨、副葬品とともに撮影された。現在に至るまで、研究者によるアイヌ民族の遺骨盗掘に対して天皇から謝罪の言葉はない。

元号とは、皇帝や王が時間を支配するということ、その体制や世界観を被支配者が受け入れ、感謝し、喜ぶことを強いるための文化装置である。日本とは異なる国であった琉球では、明治時代から日本の元号が押しつけられてきた（米軍統治時代は除く）。しかし、琉球人は元号を受け入れるとの合意をしたことはない。

明治から平成にいたる日本統治時代において、琉球は日本によってどのように扱われてきたのか。「捨て石」として、天皇、日本政府、日本人の大部分が生き残るために犠牲にされ続けた。「時を支配する」とされる令和天皇は、琉球に平和をもたらしてくれるだろうか。琉球の平和は、琉球民族が主体的に、そして他の被抑圧人民と協力して実現すべきものであり、「天皇のお言葉、祈り」によるものではない。日本人には、自らの自己決定権に基づいて時代を作るのではなく、お上によって「平和な時代」が与えられるという心性が今でも根強く生きているのではないか。そのような封建主義を払拭しきれていない日本から琉球は独立すべきである。

百按司墓は、琉球国を形成した我々の王族、貴族の墓である。琉球国が、天皇一族に服さなかった国であったことがわかる。琉球国が国であったことを示す証拠として、1850年代に琉球国がフランス、オランダ、アメリカ合衆国と締結した修好条約の原本がある。これらも日本政府によって奪われた。天皇制国家・日本によって琉球人は、その領土、条約原本ばかりか、人間の骨も奪われ、現在に到るまでもその返還が拒否されている。

天皇は異族である日本人の王であり、琉球人の王ではない。天皇を神として祀る信仰体系とは異なる信仰、神話で生きてきたのが琉球人である。天照大神の孫の邇邇芸命が日本に降りてきて、その息子である神武天皇が初代天皇となるという神話に天皇制は基づいている。平成天皇、令和天皇とも、民間の一宗教施設である、橿原神宮において、天皇の退位・就任の儀礼を挙行した。琉球人にとってそれは異族の世界観、信仰、神話、制度でしかない。

遺骨返還は、天皇制国家から脱して、琉球人が自らの力で新たな時代や歴史を切り開くための自己決定権運動である。

5　琉球人差別を止めない日本人類学会との闘い

2019年8月30日に第3回目の口頭弁論が京都地裁大法廷において行われ、原告の金城實が意見陳述を行った。多くのかたが傍聴に駆けつけ、入廷できないかたもおられた。今回から口頭弁論後、裁判官、原告と被告の弁護士による進行協議が開かれ、遺骨返還のための枠組みに関する和解の提案が裁判長からなされた。しかし、京大の代理人は遺骨返還を改めて拒否した。

これまで琉球民族遺骨返還請求等事件は、法廷内で審理されてきたが、2019年7月以降、法定外でも琉球人遺骨の返還・再風葬に反対する、日本人類学会や京大当局による植民地主義的な動きが露骨になってきた。

同年7月22日に、日本人類学会から京大に対して、遺骨の再風葬に反対する要望書が提出された。それは京大と同学会の幹部が共謀して、裁判を有利にしようとした策動であると考えられる。篠田謙一会長は、私の『琉球奪われた骨――遺骨に刻まれた植民地主義』（岩波書店）でも明らかにしたように、研究者によって奪われたアイヌ遺骨の再埋葬に反対し、自らの研究によってアイヌの先住性、歴史が明らかになると述べたことがある。

同「要望書」に関して、私は琉球民族遺骨返還研究会代表として、同年8月20日に、以下のように強く抗議し、謝罪と学会としての誠意ある対応を求めた。同学会に対して、文書による回答のほかに、同学会での本件に関する公開シンポジウム開催を要求した。互いに対等な立場で議論を行い、物事の本質を明らかにするのが研究者として当然のあり方であると考えたからである。しかし、2020年5月現在まで、同学会から何らの回答を得ることができていない。

〈①「要望書」の冒頭で、琉球民族遺骨返還請求訴訟に言及し、それが人骨研究の阻害要因になるとして、貴学会が被告でないにも係わらず、琉球民族遺骨返還に反対することは極めて異例であり、一方的に被告の立場に立った「政治的」な関与であると言える。本訴訟の原告団長として強く抗議し、謝罪を求める。被告・京都大学に有利に働くことが期待されるような「要望書」となっており、中立性が求められる学術団体として相応しくない。被告の利害関係者が所属する貴学会から発出されたことを考えると、本訴訟に対して一定の影響を与えることを意図して「要望書」が発出されたと疑わざるを得ない。「要望書」発出に至る、貴学会内での協議内容の公開も合わせて求めたい。

②「古人骨の管理と継承」に関する貴学会の3つの原則は、「アイヌの人たちの骨」と「民法において定義されている祭祀承継者が存在する人骨」は含まないとしている。つまり、琉球民族遺骨請求訴訟の原告は祭祀承継者ではないと、貴学会が認識していると言えるが、その学術的な根拠を求める。百按司墓の遺骨は、第一尚氏の王族、貴族のものであり、その子孫が現在でも存在し、祭祀を実施していることは各種の歴史資料や実際の祭祀行為によって明らかである。また百按司墓は、「今帰仁上り」という巡礼地の一つとして今尚、琉球民族が祭祀を行っている聖地であり、同遺骨は「骨神」として同祭祀において不可欠のものとして考えられている。

③　百按司墓遺骨も「国民共有の文化財」と見なしているようであるが、同遺骨を文化財として保管することができるとする法的根拠を示すべきである。文化財保護法において遺骨を「文化財」として保管しうるとする規定はない。なお、篠田謙一会長の著書において、「人骨が文化財保護法において文化財として規定されていない[75]」旨の指摘がなされているが、百按司墓遺骨は信仰の対象であり、文化財ではない。

④　2017年に北海道アイヌ協会、日本人類学会、日本考古学協会によってまとめられた『これからのアイヌ人骨・副葬品に係る調査研究の在り方に関するラウンドテーブル』には、「アイヌの遺骨と副葬品を研究利用する際には、上記の基本原則に則り、当然の前提として、人の死に関わる問題である点に鑑みて、なによりもアイヌ自身の世界観、生死観、死生観を尊重することが求められる。また、アイヌの遺骨と副葬品の遺霊と返還の実現が第一義であり、研究に優先されることを十分に理解する必要がある[76]」と記載されている。アイヌ民族遺骨の遺霊と返還が研究よりも優先されるべきとの判断を示しているが、「要望書」において琉球民族遺骨に対して、同様な対応を示さない理由を明示すべきである。1996年以降、琉球民族はアイヌ民族と同じく先住民族として国連の各種委員会に参加し、脱植民地化、脱軍事基地化、独自な教育の実施等を訴え、国連も日本政府に対する幾つかの勧告の中において琉球民族を先住民族として認めてきた。琉球民族は、先住民族が有する先住権によって祖先の遺骨を返還させる権利を持っている。貴学会が琉球民族を先住民族と認めない学術的理由を明らかにしなければならない。

⑤「資料の由来地を代表する唯一の組織である地方公共団体」と明記されている。百按司墓遺骨の由来地を代表する唯一の組織は地方公共団体であると考えているようであるが、その根拠を示されたい。百按司墓の敷地、構築物は今帰仁村役場が所有権を有しているが、墓地内の遺骨は同役場が所有しておらず、民法上の祭祀承継者が所有権を有している。

⑥「当該地域を代表しない特定の団体などに人骨が移管された場合、人骨の所有権をめぐる問題の複雑化や、さらには文化財全体の所有権に係わる問題へと波及する可能性」を指摘している。まず、

京都大学が遺骨の所有権を有するとする法的根拠を示し、今尚祭祀の対象となっている遺骨を「文化財」と見なし、祭祀者から切り離すことが可能であるとする法的根拠も合わせて提示すべきである。

⑦　京都大学に保管されている琉球民族遺骨が百按司墓から盗掘された具体的な過程については、金関丈夫『琉球民俗誌』（法政大学出版部、1978年）で明らかにされ、松島泰勝『琉球　奪われた骨——遺骨に刻まれた植民地主義』（岩波書店、2018年）、松島泰勝・木村朗編『大学による盗骨——研究利用され続ける琉球人・アイヌ遺骨』（耕文社、2019年）等において、歴史的、社会的、国際的な観点から遺骨盗掘に関する検討が行われた。貴学会は、金関の遺骨盗掘過程に対する検証を行うべきであり、遺族や琉球民族による遺骨返還要求があるにも係わらず、京都大学が保管し続けている、国内法、国際法違反の状況に対して学術的に総括すべきである。そうしなければ、研究者が自らの研究を継続するために、研究資料の独占的保管を求める「研究者のエゴイズム」としてしか「要望書」は社会的に受けとめられないだろう。

⑧「国民共有の文化財」という言葉には、琉球の歴史を軽視した支配者側の「奢り」が感じられ、大変、不愉快である。1879年、琉球は日本政府によって暴力的に併合され、日本人が沖縄県の県庁、教育界、警察等の幹部を占有し、日本人「寄留商人」が経済的搾取を行い、軍事的には「捨て石作戦」の戦場とする等、日本の植民地支配体制下におかれた。そのような日本人と琉球民族との不平等な関係性を利用して、遺族の許可を得ずに金関丈夫・京都帝大助教授は遺骨を盗掘したのである。琉球民族は日本国に併合された後、日本国民になったが、1945年以後は、日本国から切り離されて米国政府が統治を行った。「日本国民の安全保障」のために、現在も広大な米軍基地が沖縄県に押

し付けられ、民意を無視して辺野古新基地が建設されている。「国民共有」と言うときの「国民」の中に、琉球民族は他の都道府県民と対等な資格、同様な歴史的背景で含まれているとは言えない。琉球民族の信教の自由を犠牲にして、祖先の遺骨を「文化財」として研究者の研究のために提供することが強いられている。基地問題と遺骨盗掘問題はともに、琉球民族に対する構造的差別の問題である。琉球民族の信教の自由を否定し、尊厳をいたく傷つけ、琉球の歴史や文化を軽視する「要望書」の提出は、琉球民族全体に対する侮蔑・差別行為であり、強く抗議し、謝罪を求める〉

この日本人類学会による「要望書提出事件」は法廷外で発生したが、要望書の冒頭で本訴訟に言及し、再風葬に反対していることからも明らかなように、本裁判と深く関係している。一学会による裁判への不当な介入という異例な事態である。同要望書のなかで本訴訟の原告を祭祀承継者と認めないという差別行為を学会が行っているのであり、これは現代的な「学知の植民地主義」と位置づけることができる。

アイヌは遺骨をとり戻すために北海道大学や札幌医科大学等を訴え、和解の結果、遺骨をコタン（アイヌの村）で再埋葬することができた。しかし琉球人には再風葬を許さないという、研究者のエゴイズムが如実に示されたのが今回の要望書であった。私、亀谷正子、玉城毅の原告のほか、琉球、奈良、大阪、関東の訴訟支援団体も抗議文を提出した。

京大所蔵の遺骨を、元々安置された場所である百按司墓ではなく、沖縄県教育委員会、今帰仁村教育委員会に移動して、琉球において大学や博物館等の形質人類学者が遺骨の共同研究を行うための道筋を作ろうとしているのではないかという疑念が、同要望書からうかがえる。つまり同要望書の提出側と受取側は、同一の形質人類学者を中心とする学者によって構成される人びとである。本訴訟の被告側に一方的に利益を与えることが期待される内容であり、学会の中立性を損なう行為であった。同要望書は、関東での訴訟を支える会結成に向けた大きな契機になったほど、人びとの怒りを巻きおこした。本訴訟の原告だけでなく、人間としての尊厳を求める琉球人全体に対する侮辱行為を日本人類学会は冒したのであり、歴史に残る蛮行であるといえる。

6　京大総長による「琉球人差別発言事件」の背景

次に、京大総長による琉球人差別発言から、「学知の植民地主義」を明らかにしたい。京大の『職員組合ニュース』において、「この件を訴えている方は問題のある人と承知している[77]」と山極壽一・京大総長が駒込武・京大職員組合委員長に対して発言した。その発言の後、総長は「琉球大学からもそうした話が来ている」と駒込委員長に述べたそうである。二人の対談はレコーダーで録音され、同ニュースが学内で広く配布され、公開されることを前提にした、公開の場での発言であった。「問題のある人物」が原告の誰であるかを示していないが、私であることは明らかである。2018年3月、沖縄県立博物館・美術館で開催された「日本オセアニア学会創立40周年記念公開シンポジウム」において、私は「琉球人の過去は誰のものか――学知の植民地主義批判」というテーマで報告を行い、京大の植民地主義を批判した。その会場には多くの琉球大学所属の研究者がいた。総長のこの言葉は私の名誉を毀損する差別発言であると、私は受けとめ、琉球民族遺骨返還研究会代表として、２０１９年８月31日付で山極総長に対して、次のような抗議文を送付した。

〈『職員組合ニュース』２０１９年度第２号に掲載された、駒込武・京大職員組合委員長との対談のなかで、総長は「この件を訴えている方は問題のある人と承知している」と述べています。私は、これを琉球人に対する差別発言であると受け止め、強い憤りを覚えています。

どのような理由で私が「問題のある人」であるのか、その根拠を具体的に示して下さい。百按司墓琉球人の子孫への遺骨返還を求める行為自体が問題なのか、私自身のこれまでの活動、研究内容、人格が問題なのか、明らかにすべきです。

京都大学の総長が、「琉球民族遺骨返還請求事件」の原告団長に対して、差別発言を公の場で行なったことは、琉球人として決して許されることではありません。「京大総長による琉球人差別」として歴史に記されるでしょう。

２０１９年８月30日に第３回の口頭弁論が行われましたが、貴殿はこれまで被告席に座ることはありませんでした。原告である、80歳の金城實さん、75歳の亀谷正子さん、69歳の玉城毅さんは不自由な身体であるにも係わらず、毎回、琉球から京都地裁に足を運んでいます。琉球人遺骨の現在の管理者として、遺骨返還を訴える琉球人に真摯に向き会うのが人としての道であり、教育者として当然の姿ではないでしょうか。

貴殿の発言には私を不当に貶めようとする悪意が感じられ、非常に不愉快です。このような名誉毀損の発言に対して心底から強く抗議し、謝罪を求めます〉

2020年6月4日現在、山極総長から謝罪を含む返答を得ていない。黙殺しようとしているのである。この差別発言の背景について検討してみたい。現在、山極・京大総長は、日本学術会議の会長でもある。同会議は、首相所轄の下、政府から独立して職務を行う「特別の機関」であり、日本の人文・社会科学、生命科学、理学・工学の全分野における約87万人の科学者を内外に代表する機関である。また国家予算から科学研究費等を通じて科学者の研究を促進し、研究者を「権威づけ、序列化し、評価」する国家機関である。その長が、一研究者を「問題のある人」であると発言した背景には、琉球人遺骨問題を「問題のある人」という特定の個人の問題として矮小化し、遺骨の再風葬を封じこめようとする権力の意図が見え隠れしている。公権力を使って、遺骨返還運動を妨害しようとしていると考えられる。

山極総長は、何を理由にして私を「問題のある人」と考えたのであろうか。その一つとして考えられるのが、2018年、杉田水脈・衆議院議員（自民党）によってなされた私に対するヘイトスピーチである。杉田議員は、「LGBTは生産性がない」と差別発言しただけでなく、徴用工、「従軍慰安婦」の研究をしている研究者が科研費を得ていることを問題視し、研究者を弾圧してきた。同時に杉田議員は新聞、ネット番組において私に対してヘイトスピーチを繰り返した。杉田議員は、『八重山日報』（2018年5月16日朝刊）において「税金で『琉球独立』主張」と題する、次のようなコラムを書いた。

〈(琉球民族独立総合研究学会の)中心人物である松岡氏(「松島」のまちがい:著者注)は、「沖縄県の振興開発と内発的発展に関する総合的研究」という研究名で、2011年〜2014年度の期間に科研費を442万円受け取っています。研究名だけを見れば、地域活性化に関する研究かと推測されますが、成果物とされる論文のタイトルを見れば、◎自治と基地をめぐる課題2014、◎琉球の独立と平和2014、◎琉球にとって国家とは何か2014、◎なぜ、琉球独立なのか—琉球と日本との新たな関係性を考える2013、◎尖閣諸島は「日本固有の領土」なのか2013、◎日本は本当に「独立」しているのか——琉球と日本・アメリカ・中国との関係軸から問う、など地域活性化とはほど遠い印象を受けます。中には「尋求自己国家独立的琉球2014」といった中国語の論文も見受けられます。(中略)松島教授は以前にも「八重山諸島における社会開発と文化に関する総合研究」という研究名で360万円の科研費を獲得し、その成果物として『琉球の「自治」』という書物を藤原書店から出版しています。(中略)科学技術立国である日本において、「科研費」はとても重要なものです。しかし、我々の税金から捻出されるその貴重な財源を使って「琉球独立」を主張するのはいかがなものか?(中略)今後は科研費の審査や決定の過程、その成果の評価がどのようになされているかについてもしっかり調査していきたいと思います〉78

杉田議員は、「沖縄県の振興開発と内発的発展に関する総合的研究」の研究成果報告書の内容を意図的に紹介せず、研究期間に出された私の琉球独立関連の論文を示すことにより、国家予算により琉球独立の研究が行われていることを問題視している。自らの政治思想に反する研究テーマは、その研究の内容に係わらず、国家権力を用いて封殺しようとしている。学問の独立への侵害であり、研究に国家が介入した「戦前への回帰」を志向する動きである。琉球民族独立総合研究学会はこのヘイトスピーチに対して抗議文を送付したが、未だに杉田議員から謝罪や発言の撤回はない。

現役の国会議員が研究者の利益を侵害し、琉球人の自己決定権回復を目指した研究を抑圧しようとしている。杉田議員は、国会議員として文科省、日本学術会議に対して本件に関する政治的働きかけをしたと考えられる。これを受けて、山極会長は私を「問題のある人と承知した」のではないか。日本の研究者を統括する国家機関のトップによる、公権力を使った琉球人研究者の名誉毀損という琉球人差別と、国会議員による琉球独立研究への弾圧は、琉球の自己決定権への攻撃という問題の本質を共有している。

２０２０年2月27日に第5回目の口頭弁論が終了したが、被告である山極総長はこれまで一度も被告席に座らなかった。金城實、亀谷正子、玉城毅は、琉球から毎回、法廷に足を運んで、ご先祖の遺骨返還を強く訴えている。照屋寛徳・衆議院議員（社民党）も、多忙な国会活動にもかかわらず原告に加わり、京都地裁において意見陳述をして下さった。また照屋議員は、本件に関して日本政府に質問主意書を提出し、山極総長に対して公開質問状を2回送付するとともに、各種の集会においてご自身のご経験を踏まえて遺骨返還を強く訴えて下さった。しかし山極総長は、真摯に琉球人の声を聞こうとしていない。そのような、琉球民族の自己決定権を軽視する姿勢が私に対する差別発言につながったと考えられる。京大総長であり、日本学術会議会長でもある、日本の学術界の頂点に立つ人物が、ヘイトスピートを行っており、現在の日本の学術をめぐる状況は大変暗いと暗澹たる気持ちになる。

山極総長は、膨大な遺骨から構成される「清野コレクション」を収蔵する京大大学院理学研究科の出身である。同研究科を修了された、ある研究者によると、収蔵庫から取り出された「人骨」を使った授業が行われていたそうである。山極総長も自ら、そのような授業を受け、また講義を行う教員として「清野コレクション」の遺骨に接し、その盗掘の歴史的背景、研究状況、保管体制等についても把握していると考えられる。山極総長は、ゴリラを主たる研究対象として人類の起源を探る人類学者であり、日本人類学会の要職を務めてきた。アイヌ民族、琉球民族、奄美諸島の人びとの遺骨を盗掘し、調査した、足立文太郎、清野謙次、金関丈夫、三宅宗悦等の京大「形質人類学者」による植民地主義を当事者としてどのように考えるのかを、法廷において発言する道義的、社会的、法的責任がある。

訴状にも記されたように、琉球人遺骨に関する問い合せ、実見を拒否された私は研究者としての利益が損なわれ、それを不法行為として訴えた。今回の山極総長による差別発言は、不法行為をさらに積み重ねる犯罪的行為である。

本訴訟の第一の目標は、百按司墓琉球人遺骨の琉球にある、今でも祭祀が行われている墓への返還、再風葬である。それとともに、裁判の本質として、弁護団は次のように指摘している。「明治以降から現在に至る日本国家・社会の琉球・沖縄に対する植民地支配、植民地主義という歴史の清算の問題であり、歴史的・構造的に形成された差別を強要し、植民地主義政策を推し進める日本国家・社会に対して、琉球民衆の『民族的、文化的、宗教的アイデンティティの確立』と『自己決定権の確立』に向けた闘いである」。

人の生死を重視する琉球人にとって、墓のなかに遺骨が存在することは当然のことである。それを奪うことは、琉球人の歴史、文化、アイデンティティを奪うことにつながる。つまり琉球に対する現代的植民地主義との闘いが、本訴訟の思想的土台になっているのである。

7　どのように琉球人遺骨を墓に戻すのか

現在まで今帰仁村教育委員会、沖縄県教育委員会は百按司墓琉球人遺骨の再風葬を認めず、学術的な価値が高いとして同遺骨を調査研究の対象として認識している。日本人類学会が「要望書」のなかで論及している「由来地に係わる地方公共団体」とは本件の場合、今帰仁村、沖縄県の両教育委員会となる。両教育委員会が現在のような認識をもち続けるなら、京大から遺骨が琉球に移管されても百按司墓に戻り、琉球人の信仰の対象になることはない。

奪われた琉球人遺骨を元の墓に戻し、再風葬・祭祀を行うためにはどうしたらいいのだろうか。その際、参考になるのが、アイヌ民族の団体である「コタンの会」による、遺骨の再埋葬・祭祀の経験である。「コタン」とはアイヌ民族の伝統的な村を意味する。同会の活動目的は次の通りである。「①北海道大学および全国の大学その他から返還されるアイヌ遺骨を、それぞれの地元に受け入れます。また受け入れたアイヌ遺骨の再埋葬地を管理します。②再埋葬した遺骨に対して、アイヌプリ（アイヌの流儀）による慰霊を定期的に行ないます。アイヌの心を表現し真摯なる畏敬の念を表す慰霊、自然界をはじめとするあらゆる神様への祈りであるカムイノミと先祖供養の祈りであるイチャルパを行ないます。③アイヌが古来もっている権利＝『先住権』について学び合いの場をもうけます。とりわけ日高地方各地でコタンを復活／再生させ、先住権の回復に努めます」[79]。

コタンの会は、遺骨の再埋葬とともに、遺骨に対する祭祀、先住権の回復運動等を実施するための団体である。同会は、北海道大学との訴訟和解の結果、２０１６年の浦河町杵臼、２０１７年の浦幌等において、コタンに返還された遺骨を受け入れてきた。私は浦幌町で行われた遺骨の再埋葬式に参加させていただいた。その際、アイヌ民族の清水裕二エカシとお会いし、再埋葬実施において同会の役割の重要性を認識することができた。

琉球民族はアイヌ民族と同じく、先住民族として自らの先祖の遺骨を返還させることができる。アイヌ民族の場合、２００８年に日本政府はアイヌ民族を先住民族であると認めた。しかし、国連の各種委員会が琉球民族を先住民族として認めるよう勧告を何回か発出しているにも係わらず、日本政府は琉球民族が先住民族であることを否定してきた。日本政府が認知しないと先住民族になれないのではなく、ＩＬＯ１６９号条約に記された、植民地支配下で生きる人びとのアイデンティティが先住民族として存在する上で大きな意味をもつという考えを、世界の多くの先住民族が受け入れてきた。つまり、他律的に先住民族の存在が決定されるのではなく自己認識、国連での活動、脱植民地化運動等の実践を通じて自ら「先住民族」になるのである。１９９６年以来、琉球民族は国連の各種委員会に参加し、琉球における植民地主義、基地問題、人権問題を世界に訴え、他の先住民族との連繫を強化してきた。

原告のうち亀谷正子、玉城毅は第一尚氏の王族、尚徳王の遺臣の子孫である。お二人は自らの家譜によって、祭祀承継者であることを裁判の過程で主張、立証していく。金城實、照屋寛徳そして私は、先住権を有する琉球先住民族として原告に加わった。琉球の聖地巡礼である「今帰仁上り」のなかに百按司墓が位置づけられており、同地は琉球の門中、家族、個人によって祭祀が行われてきた。つまり、百按司墓は琉球先住民族全体にとっても信仰の対象であり、同民族全体が祭祀承継者であるといえる。

２０１９年11月23日、琉球でも遺骨の返還、再風葬・祭祀のための団体である、「ニライカナイぬ会」が設立された。同会の顧問は、衆議院議員の照屋寛徳、屋良朝博、参議院議員の伊波洋一、高良鉄美であり、共同代表は、亀谷正子、玉城毅、当真嗣清そして私である。当真は、琉球人を先住民族として国連の諸会議に派遣してきた国連ＮＧＯ「琉球弧の先住民族会」の主要メンバーであり、先住民族の国際機関である「アジア先住民族連合」の理事をされてきた。同会の活動内容は次の通りである。

①　沖縄県教育委員会、京都大学をはじめとする日本国内の大学や博物館、また諸外国の大学や博物館等から、研究者によって奪われた琉球民族のご遺骨を一日も早くとり戻し、または、移管されたご遺骨を受け入れ、琉球民族の儀礼に従って再風葬を行うことを本会の目的とする。

②　研究用に琉球から盗掘された琉球民族のご遺骨に関する情報公開請求を、沖縄県教育委員会、今帰仁村教育委員会、京都大学をはじめとする日本国内の大学や博物館、また諸外国の大学や博物館等に対して求め、ご遺骨の管理、研究調査、移管の手続き、法的根拠等を明らかにする。

③　返還されたご遺骨は、本会の主催する慰霊祭等において「骨神」として定期的に祭祀を挙行する。同祭祀は、慰霊の気持ちを有する全ての方に開かれたものとする。

④　本会の顧問、共同代表、事務局の構成員は、先祖に対して敬慕の念をもって祭祀を挙行し、全ての琉球民族の信仰の自由、自己決定権に配慮して、ご遺骨を引き受け、琉球の伝統的儀礼に基づいて責任をもって墓地の管理を行う体制を構築する。

⑤　本会は、ご遺骨の返還において、アイヌ民族のコタンの会、京都大収蔵の遺骨返還を求める奄美三島連絡協議会と連携を取る。

現在、「ニライカナイぬ会」は、国立台湾大学から移管された琉球人遺骨63体の再風葬を求める署名活動、沖縄県教育委員会に対する同遺骨に関する情報公開請求活動、金関丈夫が中城村において、三宅宗悦が本部町渡久地においてそれぞれ盗掘した遺骨に関する調査、自治会や地域機関への協力要請、慰霊祭挙行等を行ってきた。

本訴訟は、次の法律に基づいて京大の不法行為を主張している。憲法13条（自己決定権、民族的・文化的・宗教的アイデンティティの権利）、憲法20条（信教の自由）、民法897条1項（系譜、祭具及び墳墓の所有権は、慣習に従って祖先の祭祀を主宰すべきものがこれを承継する）、自由権規約27条（民族的マイノリティの権利）、先住民族の権利に関する国連宣言、自由権規約委員会の勧告（2008年10月30日）、人種差別撤廃委員会の勧告（2018年8月28日）。私は、そのほかに以下の法律も適用可能であると考える。

①　刑法188条「礼拝所及び墳墓に関する罪」（神祠、仏堂、墓所その他の礼拝所に対し、公然と不敬な行為をする罪）。京大は琉球人遺骨を返還しないことで、百按司墓に関して不敬行為を働いていると

認識することができる。

②　刑法189条「墳墓発掘罪」（現に祭祀礼拝の対象となっているもの。すでにその対象となっていないものは古墳となり、本罪の「墳墓」にあたらない）。百按司墓は古墳ではなく、盗掘時も現在も祭祀・礼拝の対象となっているものであり、「墳墓発掘」は刑法違反となる。1929年に行われた金関による盗掘は、時効になるだろう。しかし、旧刑法第265条には「墳墓ヲ発掘シテ棺槨又ハ死屍ヲ見ハシタル者ハ2月以上2年以下ノ重禁錮ニ処シ3円以上30円以下ノ罰金ヲ附加ス」と規定されており、旧刑法違反の犯罪者の窃盗物を京大が現在も保管していることの研究倫理上の問題があると考える。

③　刑法190条「死体損壊等罪」（死体、遺骨、遺髪、棺に納めてある物を損壊し、遺棄し、領得する罪）。金関は、百按司墓の琉球人遺骨を祭祀承継者の了解を得ることなく、領得したのであり、現代であればこの罪に該当する。当時の沖縄県庁、警察の許可を得たという理由で、京大は遺骨の返還要求を拒否できない。

④　刑法191条「墳墓発掘死体損壊等罪」（墳墓発掘罪を犯した者が、死体、遺骨、遺髪、棺に納めている物を損壊し、遺棄し、領得する罪）。琉球人遺骨盗掘は金関という一個人の問題ではなく、京都帝大の複数の研究者が奄美諸島、沖縄島、瀬長島等から遺骨を盗掘したという組織的犯罪であった。京都帝大は「墳墓発掘罪を犯した者」であり、その領得した遺骨の返還を京大は拒否し続けているのである。

⑤「文化財保護法」第1条（この法律の目的）「この法律は、文化財を保存し、且つ、その活用を図り、もって国民の文化的向上に資するとともに、世界文化の進歩に貢献することを目的とする」、第

2条（文化財の定義）「この法律で『文化財』とは、次に掲げるものをいう。㈠建造物、絵画、彫刻、工芸品、書跡、典籍、古文書その他の有形の文化的所産で我が国にとって歴史上又は芸術上価値の高いもの（これらのものと一体をなしてその価値を形成している土地その他の物件を含む。）並びに考古資料及びその他の学術上価値の高い歴史資料（以下「有形文化財」という。）㈡演劇、音楽、工芸技術その他の無形の文化的所産で我が国にとって歴史上又は芸術上価値の高いもの（以下「無形文化財」という。）㈢衣食住、生業、信仰、年中行事等に関する風俗慣習、民俗芸能及びこれらに用いられる衣服、器具、家屋その他の物件で我が国民の生活の推移の理解のため欠くことのできないもの（以下「民俗文化財」という。）㈣貝づか、古墳、都城跡、城跡、旧宅その他の遺跡で我が国にとって歴史上又は学術上価値の高いもの、庭園、橋梁、峡谷、海浜、山岳その他の名勝地で我が国にとって芸術上又は観賞上価値の高いもの並びに動物（生息地、繁殖地及び渡来地を含む。）、植物（自生地を含む。）及び地質鉱物（特異な自然の現象の生じている土地を含む。）で我が国にとって学術上価値の高いもの（以下「記念物」という。）㈤地域における人々の生活又は生業及び当該地域の風土により形成された景観地で我が国民の生活又は生業の理解のため欠くことのできないもの（以下「文化的景観」という。）㈥周囲の環境と一体をなして歴史的風致を形成している伝統的な建造物群で価値の高いもの（以下「伝統的建造物群」という。）[80]」（傍点は著者）

百按司墓の土地、構築物は今帰仁村の所有物であるが、現在も信仰の対象となっている遺骨は文化財ではない。

百按司墓は、第一尚氏や尚徳王の遺臣等の子孫の墓であるとともに、「今帰仁上り」という琉球の聖地巡礼地の一つであり、文化財保護法でいう「貝づか」、「古墳」、「遺跡」ではない。国立大学法人としての京都大学は、文化財保護法ではなく、どのような法律に基づいて琉球人の遺骨を保管し続けているのかを国民に明確に説明する法的、社会的責任がある。しかし2017年5月以降、私は京都大学に対して琉球人遺骨に関する説明、遺骨返還を何回か求めてきたが、「個別の問い合せには応じない」として「対話」そのものを拒絶されてきた。

ご先祖のご遺骨を墓に戻し、祭祀を行いたいという琉球人の信仰、慣習は人間として当然の権利である。この権利は国内法、国際法で保障されている。なぜそれが認められないのだろうか。日本による琉球に対する植民地主義が未だに京大において清算されていないからである。琉球人の人権を蔑ろにしても、自らの研究、研究資源の蓄積による権威の増大等をしても構わないというエゴイスティクな態度が、2018年12月の提訴後も微動もしていないことは、日本人類学会の要望書、京大総長による琉球人差別発言からも明らかである。

このような現代の植民地主義に対して徹底的に闘わなければ、米軍基地問題と同様に琉球民族はこれからも「下級国民」、「下級民族」として扱われるであろう。日本の政府や大学による琉球への植民地主義を止めさせることは、日本人自らの脱植民地化にとっても不可欠な課題である。また百按司墓遺骨盗掘問題は、大学による差別と人権無視という、琉球民族全体に突きつけられた問題である。国内外の法律で保障された、琉球民族の自己決定権によって遺骨を返還・再風葬することができる。多くのかたがたが琉球の脱植民地化の闘いに参加してほしい。ともに学知の植民地主義と闘い、琉球人の人間としての当然の権利を回復しようではないか。

Ⅶ　琉球独立と尖閣諸島問題

琉球人を日本人に同化し、統合し、「第二の沖縄戦」を準備する上で、日本による尖閣諸島に対する実効的支配が大きな影響を与えている。尖閣諸島は「日本固有の領土」であるとの、根拠のない、日本政府による主張を打破しないと、琉球の具体的な自立、独立、平和もありえない。

尖閣諸島の日本領有化を認めると、日米安保体制の容認につながり、琉球から米軍基地、自衛隊基地の撤去を求めることが困難になるだろう。中国脅威論に煽られる形で、尖閣諸島の国有化、島嶼防衛政策の実施、自衛隊基地建設、八重山諸島での「愛国心」を煽る教科書の採択等が進められてきた。琉球人が尖閣諸島の日本領有化を主張するかどうかが、「日本人」であることの試金石になり、歯向かえば差別の対象になるような社会状況になってきた。「日本固有の領土」といわないと非国民扱いされ、ヘイトスピーチを浴びるという、全体主義的な状況が広がっている。

２０１８年、杉田水脈・衆議院議員、それに賛同するネット右翼から「琉球独立を科研費で研究した」として私は新聞、放送を通じてヘイトスピーチを受けた。２０１２年に『琉球独立への道』（法律文化社）を出版して以降、私は「琉球独立」を研究しただけで、様々な形で嫌がらせを受け、「学問の自由」が脅かされてきた。日本において「学問、研究の独立」が揺らぎはじめているのを自ら体験している。琉球はかつて国であり、琉球独立とは現代的な「復国」の要求でもあるが、琉球独立を日本の主権侵害として曲解し、尖閣、琉球の領有問題と結びつけて、独立論を攻撃する人が増えてきた。それは、琉球が独立せざるを得ないような状況に日本がなったことを反映している。

琉球人の人権を侵害し、経済自立を妨害してきた米軍基地の琉球への強制を永続化するための「装置」として機能しているのが、尖閣諸島である。また琉球と中国との歴史的、文化的、外交的、親族的な関係に分断をもたらす楔として、尖閣諸島が利用されている。

琉球独立を議論する際、日本による琉球に対する植民地支配の歴史において、尖閣諸島がはたした役割を検討する必要がある。これまで、尖閣諸島を真正面から論じた琉球独立論はない。

1　琉球人と尖閣諸島問題との関係

最初に琉球史研究者、高良倉吉が、尖閣諸島をどのように認識しているのかについて検討してみたい。高良は、琉球と日本との文化的関係について次のように述べている。「沖縄の文化は、古い日本文化を源流とする。その最も象徴的な事実は、琉球語（沖縄の方言）と日本語（日本本土の方言）が、『日本祖語』と呼ばれる共通の言語から分離したことである」[1]。

「日本祖語」から琉球語と日本語が分離したというのは、一つの仮説であり、「事実」として断定すべきものではない。

そして高良は、次のような日琉同祖論を主張した。沖縄県設置後の19世紀に入ると、沖縄出身の知識人たちは、「日本の一部としての沖縄」を受け入れるという、次の3つの論点からなる主張が積極的に提起されはじめた。①「沖縄県体制」は、日本の侵略による「植民地状態」ではなく、「日本社会の一員」としての「沖縄の正当な状態」のことである。②「沖縄文化のルーツは日本文化」であり、沖縄は日本という「文化的共同体」に属すべき「運命」だった。つまり、日本という近代国民国家に沖縄が属することは「必然的な事態」である。③「日本の一員」であることを前提にするが、沖縄は日本の他の諸地域に比べて強い歴史的・文化的な個性を内包し、それを担保しながら歩み続けることが大事だ。以上の認識を主張した代表的な知識人が伊波普猷であり、彼の言説はその後の沖縄社会に大きな影響をおよぼした。尖閣列島は、琉球の船乗りにとって不可欠な航海知識であり、地理的認識の対象だった。東アジア地域に居住する人びとのなかで、尖閣列島を最もよく知るのは琉球人だった。[2]

なぜ「沖縄県体制」が日本の「植民地状態」ではなく、「沖縄の正当な状態」、「必然的な事態」であるのかが論理的に説明されておらず、体制順応的な研究者の仮説を紹介し、「沖縄学の権威」を使って、高良は自らの日琉同祖論を説明しようとしている。「沖縄文化のルーツは日本文化」であるというのは一つの考え方であり、琉球が沖縄県になったことを、運命論、必然論で処理している。琉球の歴史的、文化的独自性は、あくまで琉球が日本の一部分であることが前提とされている。「日本人をルーツとする琉球人」が、尖閣諸島を歴史的、地理的によく知っているがゆえに、同諸島は「日本固有の領土」であるという結論に導こうとしている。「日本人としての琉球人」が、尖閣日本領有論のための根拠として利用されている。その意味で、琉球人の同化が、尖閣日本領有論にとっても重要になる。琉球人が「日本の一員」であることを自らで証明するために、尖閣日本領有論を強調するように仕向けられるのだろう。

そして、高良は、琉球併呑後の「新生沖縄県」が、資源の開発を目的に行った無人島政策とその成果に注目する必要があると指摘する。[3]

1895年まで西村捨三知事はじめとする沖縄県の各知事は、大東諸島、尖閣諸島の無人島を領有化するための政策を行ってきた。しかし、沖縄県は、琉球併呑後、日本政府によって樹立された植民地政府でしかない。高良は琉球史の研究者であるにもかかわらず、琉球併呑という琉球の植民地化過程を不当に無視し、琉球が日本の一部であることを運命的に受け入れようとしている。「琉球が日本の一部である」ことを示す、日琉同祖論の一つのバリエーションとして、尖閣日本領有論が唱えられていると考えることができる。

高良は最後に次のように述べている。沖縄の住民たちは、琉球王国だった島々が、現在は日本の一部であるという現実を受け入れた。太平洋戦争に敗れた日本が、沖縄を分離して米政府統治下に差しだしたが、日本という「祖国」への「復帰」を求めて運動した。現在の各種の世論調査でも、沖縄住民の圧倒的多数は、沖縄が日本に属することに同意し続けている。日本の一部であることを前提に、独自性をもつ地域としての沖縄を保持したいというのが沖縄の多数意見である。それは、誰かの誘導や強制によってではなく、「沖縄住民が主体的に選び取った」ものである。[4]

琉球が法制度的に日本の一部であることにより、有無をいわせず米軍基地を押しつけられ、辺野古新基地建設も強行されている。そのような現代的植民地主義の現実を認識しながら、高良は琉球が「日本の一部」であることに固執し続ける。世論調査の結果によって植民地支配という現状を固定化しようとしている。「多くの人が同様な考えをしているから正しいに違いないという」事大主義に堕しかねない。ある時点の世論調査で多数意見であっても、それは時代状況の変化に従って大きく変わる可能性がある。また、琉球の政治的地位を決定した「復帰」に関して国連監視下の住民投票が行われておらず、「沖縄住民が主体的に選び取った」とはいえない。国際法に基づいた脱植民地化、つまり国連監視下での新たな政治的地位を選択する「住民投票」が、琉球ではまだ行われていないのである。140年以上も続く、世界でも長く植民地支配が行われているのが琉球である。

高良の琉球に関する歴史観における一番の問題点は、日本の帝国主義、植民地主義に抵抗する琉球人の歴史をきり捨てていることである。日本、日本人に同化し、「日本の一員」として、その一部に留まり続け、あらゆる犠牲を受け続けることは、日本政府にとって都合のいい歴史観である。しかし、被害者である琉球人にとっては、それは「奴隷根性」を助長するものでしかない。

高良は、前近代において尖閣諸島は琉球のものではなく、航海者にとって道標の意味をもつ地点であり、「無主地」に過ぎなかったと述べている。[5] なお、沖縄平和協力センター（OPAC）は2015年度、内閣官房領土・主権対策企画調整室の委託に基づき「尖閣諸島に関する資料の調査事業」を実施したが、高良は同事業の座長であった。[6]

高良の日琉同祖論、それに基づく、尖閣日本領有論は、日本政府の琉球に対する植民地支配を、琉球内部から学術的に補強する、「学知の植民地主義」であるといえる。

現代沖縄史研究者、社会運動家である新崎盛暉は、尖閣諸島を国民国家の所有物としてではなく、琉球住民の「生活圏」という視点から同諸島について論じている。このような「尖閣生活圏」論に関して、琉球史研究者の西里喜行は次のように述べている。

①　尖閣諸島は1895年1月の時点で、国内的な領有手続きを経て、合法的に「新たな領土」として日本国の領土に組みいれられた。尖閣周辺の海底油田開発の可能性が公表される前に、中国や台湾の公的機関が尖閣諸島について明確な「領有意思」を表明し、具体的な「領有実績」を積み重ねたという事実はない。日本の実効支配（領有）に異議を唱えたこともなく、1970年代以降に、海底油田開発の可能性を踏まえて「領有権」を主張しはじめた。中国や台湾側の「固有の領土」論は説得力をもち得ない。明清時代以来、那覇と福州のあいだを往来する船舶の航路標識として、もっとも頻繁に尖閣諸島を利用し、常時関わっていたのは琉球（沖縄）である。ついで中国、ついで日本と台湾（近代以後）、その次にアメリカ合衆国（第二次世界大戦後）という順位になる。「領有権問題」とは別に、歴史的にもっとも密接に関わってきた沖縄側も、「尖閣問題」について発言権をもっている。「生活圏域」に関わる問題として位置づけた上で、独自の立場からその平和的解決策を積極的に提示すべきである[7]。

西里は、尖閣諸島を「生活圏」にしてきた住民であるという立場から、発言すべきだとしている。それは、1895年に日本政府が「合法的」に尖閣諸島を領有したことが前提とされている。よって中国や台湾による領有権の主張に関しては、日本政府と同様な根拠をもって退けられた。しかし、これまで本書で検討したように、国内的な領有手続きも不備であり、「無主地先占」という植民地主義に基づく国際法による領有化を「合法的」と認識することは、被植民者としての琉球人の立場と矛盾を来すのではなかろうか。琉球も尖閣諸島と同じく、日本の植民地になったのである。日本政府による領有意思や領有実績は、植民地化のための意思であり、実績でしかない。「尖閣生活圏」論は、日本政府にとって都合のよい議論となる。なぜなら、琉球国時代以来、琉球人が同諸島を「生活圏」として最も利用してきたということは、日本の同諸島に対する実効支配の根拠となるからである。現在、琉球は「沖縄県」として日本国の一部であり、その住民の大半は「日本国民」として、国内法で位置づけられている。近代以降は日本や台湾、戦後はアメリカ合衆国が同諸島を利用したと述べているが、日本人植民者という私人による経済植民地主義的な開発であり、日本政府が利用したとはいえない。また戦後、米軍はその一部の島々において一定期間だけ射爆撃訓練を行っただけであり、ほとんど放置していた。戦前、戦後にかけて、「生活者」として同諸島周辺において漁業活動を継続的に行っていたのは、台湾人であり、琉球人ではない。

② アルザス・ロレーヌの歴史的経験に学び、尖閣諸島海域の豊富な資源（漁場、石油）を「共同管理」の下に置くことによって、中琉間の歴史的な友好・互恵の道標を「復活」させ、日中の「戦略的互恵関係」を促進し、さらに「東アジア共同体」の形成を展望することも可能になる。[8]

「尖閣生活圏」論から提示される「尖閣共同管理」論の前提になるのが、琉球が日本国の一部であり、琉球を通じて日本が同諸島に対する実効支配を続けてきたことである。中国政府はこれまで同諸島の共同開発を提案してきたが、日本政府が頑にこれを拒んできた。日本政府の今日まで続く、同諸島に対する植民地支配を止めることによって、尖閣の「共同管理」や開発を行い、「戦略的互恵関係」を築き、「東アジア共同体」を実現することが可能になるだろう。

新崎盛暉は、「尖閣生活圏」論について次のように述べている。尖閣諸島の領有権問題は、ナショナリズム、排外主義高揚の手段として利用され、武力衝突の危険性をはらんでいる。そうなれば、その被害は、沖縄全域におよぶだろう。日米戦争の戦場になった沖縄の地で、日中の武力衝突を再現させないために、沖縄に何ができるのか。「国家固有の領土という観念」を相対化させる試みとして、提起されたのが国境地域に住む「生活者」の「歴史的文化的生活圏」という概念である。[9]

「日中の武力衝突を再現させない」ためにも日本政府が主張している「無主地先占」論を批判する必要がある。「国家固有の領土という観念」を相対化し、日本政府による「国民国家の領土権」を乗りこえる上で欠かせないのが、琉球併呑に対する批判である。尖閣や琉球は日本によって割譲、併呑されたのである。さらに新崎は、「尖閣生活圏」論について次のように論じているが、それぞれについて検討してみたい。

① 沖縄大学土曜教養講座「国境を超えた共生圏を創る」を始めようと考えたきっかけは、2010年の尖閣近海における中国漁船による衝突事件である。尖閣近海は沖縄にとって極めて近く、尖閣諸島は当然「沖縄のもの」であり、「沖縄に属している」と考えてきた。長いあいだ、歴史的、文化的に「生活圏」として活用してきた人間たちが、きちんと事実を踏まえて発言する必要がある。問題の核心を、国家間の衝突という状態から、この地域に生活している人たちが、「安心して従来と同じように活用出来るような状態」に戻さなければならない。[10]戦前戦後の漁場開拓を含む、歴史的文化的営みのすべてを包括する、地域としての「生活圏」というものを考えたとき、「尖閣は沖縄の一部である」といえる。その沖縄がたまたま日本という国家に属しているから、日本の領土であるに過ぎない。人間の「生活」を抜きにして、領土問題を論じていいのか。どの地域の「生活者」と一

番近い関係にあるかを考えてほしい[11]。

これまでの「平和の海」であった尖閣近海の秩序を乱した原因として、中国漁船による海上保安庁船への衝突事件が挙げられている。琉球の住民が「安心して従来と同じように活用出来る」ようにするために、琉球住民による同諸島の利用の歴史を明らかにして、尖閣日本領有論を琉球側から補強しようとする意図がみえる。「生活者」には国籍があり、無国籍の「生活者」はいない。現在、日本国籍をもつ琉球住民による同諸島に対する「実効支配の歴史」を強調すれば、結果として日本政府の領有論のための根拠を補強する役割を果たすことになるだろう。沖縄県民であることは、法制度上、日本国に属することになる。よって、「尖閣生活圏」論は、結果的に国民国家間の領有権をめぐる紛争に巻きこまれることになる。「生活者」の国籍を問わないところに、「尖閣生活圏」論の陥穽があるのではなかろうか。また「生活者」として本当に琉球住民が尖閣諸島と最も緊密な関係を有してきたといえるのだろうか。「尖閣生活圏」論に関する論考がまとめられた書籍である、『尖閣諸島と沖縄』（芙蓉書房出版）には、台湾住民と同諸島との関係についてほとんど検証されておらず、琉球住民との関係史が詳細に論じられている。

新崎は、尖閣諸島が琉球の一部であると主張するのなら、あわせて琉球独立を明確に宣言すべきであったろう。新崎は、国民国家論の批判の上に立って、「生活者」が有する、尖閣に関する発言権を強調している。琉球住民が日本国の帰属から脱し、日本国民としてではなく、琉球国民として「生活圏」を主張すれば、中国、台湾、そして日本の政府や人びとも、琉球住民の意見に耳を傾けるだろう。日本国に属したままで、同諸島の琉球所属を主張しても、尖閣日本領有論の一つのバリエーションとしてしか、理解されないだろう。

また、「生活者」という概念も曖昧であり、どのような階級、民族なのかをも問われなければならない。尖閣諸島において植民地主義的な経済開発活動を行った主要な人物は、日本人資本家の古賀辰四郎であった。また児童を含む、多くの日本人移住者も同諸島で働いていた。漁業者などの、琉球人労働者は古賀の事業において周辺的役割を果たしただけであった。

② 沖縄のほとんどすべての人たちが、この島々は沖縄と「一体のもの」であると考えている。ただそれは、日中両国家がいうような「固有の領土」というよりは、むしろ「自分たちの生き死に直接関わる『生活圏』」として捉えている。「生活圏」という言葉には、経済的、歴史的、文化的意味が含まれている。国家間の駆け引きや思惑をよそに、糸満、石垣、宮古などの漁民による、周辺海域での漁業活動は活発化していく。最初にこの周辺海域を漁場として開拓・活用したのは、沖縄の海人（ウミンチュ）＝漁民たちだった。そこで日清戦争前の1893年、沖縄県は漁業取り締まりのための国標設置を再度、政府に要請したのだ[12]。

しかし、琉球と尖閣諸島が「一体のもの」であるとして考えるようになったのは、日本政府、保革を問わない日本の政党、研究者、マスコミが主張してきた、尖閣日本領有論の結果ではないか。直接、この島々に行ったこともない、大半の琉球人は本当に「自分たちの生き死に直接係わる『生活圏』」として認識しているのであろうか、疑問である。また同諸島から経済的利益を得てきたのは、古賀辰四郎のような日本人の資本家や労働者、一部の琉球人漁民に限定されていた。

③ 米軍政下においても、1950年代には沖縄の漁民たちが、これらの島々に数か月滞在しなが

ら、鰹節の半製品の製造を繰り返していた。冬場には、尖閣周辺海域で、カジキ漁、ダツの追いこみ漁、マチ類の底釣りなどが行われ、食料の乏しい戦後初期の住民のタンパク源を補っていた。琉球立法院による1970年8月の決議も、観念的なナショナリズムに立脚せず、自らの「生活圏」の確保を願う意思の表明だった。「国家固有の領土」とちがって、「地域住民の生活圏」は、排他性を持つものではない。沖縄漁民の「生活圏」は、台湾漁民の「生活圏」と重なりあうことを排除するものではない。台湾漁民に、鰹節製造のためのカツオ漁の漁場として同諸島周辺海域がよく知られるようになるのは、1915年ごろからと考えられている。カツオ漁は夏場が最盛期であり、やがて冬場のカジキ漁も発展していった。一方、台湾の農民は、石垣島にパインや水牛をもち込み、根づかせた。ここに国境がなかった頃、この地域には、共通の「生活圏」が形成されていた。1945年、ここに国境線が引かれ、沖縄が米軍支配下に置かれた後は、戦火で船を失った沖縄漁民たちが台湾に渡り、台湾漁船に乗りこんで出漁した。このような歴史的事実は、国境を越えた「生活圏」の可能性を示唆している。[13]

しかし1950年代以降、久場島、大正島が米軍の射爆撃訓練場として利用されてからは、琉球漁民の出漁はほとんどなくなった。1955年には中華民国旗を掲げたジャンク船によって琉球人漁民が殺害されるという、第三清徳丸襲撃事件が発生した。また2013年、日台漁業取り決めが日台両政府間で締結され、台湾漁船の操業可能な海域が広がったが、琉球人漁民側から反発の声があがった。つまり、台湾漁民も、中華民国の国民として領有権を主張し、漁業活動を行っているのである。国民国家を超越した「生活圏」という理念的世界のなかで、琉球や台湾の「生活者」は生きていたのではなかった。

１８９５年から１９４５年までのあいだ、台湾と琉球とのあいだの国境線が消えたのは、双方とも日本の植民地になったからである。共通の「生活圏」における交流も、必ずしも対等な立場に基づくものではなかった。日本の植民地統治時代前において、台湾原住民族が同諸島海域を利用した可能性も否定できず、琉球人が尖閣諸島と最も関係が深いとは、断言できないだろう。

１９７０年８月31日に採択された、琉球政府立法院の決議文のなかに、「県民はおどろいている」、「同島の領土権について疑問の余地はない」との文言があった[14]。同立法院は、その領有権を琉球ではなく、日本が有していると主張したのである。同決議に関連して、地元紙の『琉球新報』は次のように報じた。尖閣列島が「沖縄県」に属する、「日本領土」であるということは、国際法的見地からも疑えない事実であり、「沖縄県民」も含めた一般国民の常識であった。百年前までは「沖縄は人種的にも言語的にも日本人が住んでいながら独立王国であった[15]」。

琉球政府立法院の決議は、住民の「生活圏」の確保を願ったのではなく、日本政府の代弁として同諸島の日本領有を唱えたものでしかなかった。「復帰」前でありながら、「沖縄県」、「沖縄県民」という言葉を使っていたことからもわかるように、琉球側から主張された尖閣日本領有論の背景に、日琉同祖論が強固に存在していたと考えることができる。

2　琉球の脱植民地化に向けた思想的闘い

日本の歴史教科書では、１８７９年の日本政府による琉球国の暴力的併合（併呑）が「琉球処分」

として記述されてきたが、近年の歴史研究において、それを「琉球併合」として位置づける動きが顕著になってきた。しかし「日本復帰」前に歴史研究者の井上清が、明治の「琉球処分」は、本土の廃藩置県と本質的には同質の「民族の国家的統一」ではなく、「天皇制の琉球侵略、併合」であると主張すると、沖縄の人からはげしく反対されたという。井上の説は、沖縄の「祖国復帰」運動の邪魔になるともいわれた。「一つの国、一つの民族」であったのが分断されていたのであるから、もと通り「一つの国、一つの民族」に一体化するのが当然であるとの声もあった。さらに、井上の説に対して、復帰運動の歴史的基礎を破壊するという反発もあがった。これに対して井上は、次のように考えた。

「民族」という歴史的社会的概念、「人種」という自然的概念、「国民」という政治的概念とを混同すべきではない。「民族」とは、言語、生活領域、経済、民族心理（民族文化）の共通性によって強固に結ばれた人間集団である。このなかに「人種」という自然的要素は加えられておらず、これらの共通性は歴史的に形成される。その基本は、経済の共通性、つまり一定地域に住む、同一のことばを話す人びとが、生産と交通において相互に不可分の依存関係をもっていることである。[16]

　琉球人は、独自な民族であり、その民族が形成し、運営してきた琉球国が１８７９年に明治政府によって暴力的に消滅させられた事態は、「琉球併合」以外の何ものでもない。琉球国側に罪を押しつけるような「処分」という名称は、琉球併合を実際に進めた、松田道之・琉球処分官の官職名に由来する。併合の過程で明治政府が琉球国に対して、清朝への朝貢停止等、様々な命令を一方的に出すが、それに従わないことを罪として、処分を下すという、帝国主義の論理に基づいて「琉球処分」という名称がつけられた。日本では、このような問題のある歴史用語が今でも教科書で使われている。

しかし、「祖国復帰」運動の主導者（その多くは教員であった）は、「一つの国、一つの民族」という、事実に基づかない日琉同祖論を運動の精神的土台にしていたため、井上の「琉球併合」論が激しく非難されたのであろう。

井上は、琉球における民族の形成について次のように述べている。資本主義の芽生えと成長、国内市場の形成と発展が、「経済の共通性」を成長させる。それを基礎にして、言語、文化の共通性が発展し、民族が形成される。琉球でも、「沖縄本島社会」は「民族体」の段階に達していたと考えるが、沖縄と本土が経済的に不可分の国内市場を形成しておらず、沖縄人と「本土人」の生活領域が、共通一体の日本という地域を形成していたとはいえない。琉球を「処分」した天皇制官僚としての立場でなく、「処分」された琉球人（王やその家来の支配階級、一般人民）の立場に身を置いて考えてみれば、「琉球処分」なるものが、天皇制の侵略であったということは容易に理解される。[17]

皇民化教育によって、琉球人は侵略者の立場に立って自らの歴史を考え、語ってきたことが、井上の「琉球併合論」に対する琉球人の反発から、明らかになる。そのような歴史認識から脱することも、琉球の自己決定権の行使となる。琉球併呑まで、琉球国は日本とは異なる経済圏域を形成していたのであり、史的唯物論から見ても琉球人は日本人とは別の民族体を形成していたと認識することができる。

琉球併呑後の「琉球差別」について、井上は次のように指摘している。１８９２年から１９０８年までの16年間、沖縄人がもっとも恐れる、「ヤマトンチュ＝薩摩人」の奈良原繁が知事として専制支配を行った。その下で、沖縄県政が末端まで本土と同じように官僚支配され、沖縄に移住した商人も

「鹿児島人」が圧倒的に多く、商業等で支配権を掌握した。彼らは県庁と一体になり、昔の薩摩藩士が琉球人に接したのと変わらない、圧政と収奪をほしいままにした。「人類館事件」のとき、抗議したのは沖縄の県民であって、県知事以下の役人は、ただの一度も抗議しなかった。彼らは、人類館の経営者と同じ立場、感覚であったであろう。市町村制と県政の「特例」が廃止され、制度上、本土とまったく同じになったのが1920年である。しかし、徴兵制のみは1898年から行われた。薩摩藩支配時代の「貢糖制」（農民は年貢としての砂糖を完納した後でなければ、それを販売できない制度）は存続し、それが廃止されたのは1903年である。「琉球処分」は、商品生産の自由、本土と沖縄を一つに結ぶ国内市場の形成、すなわち「民族的融合の経済的基礎の成長」を促すものではなく、「植民地属領」を収奪するためのものであった[18]。

併呑後、琉球国は沖縄県として、日本国の一部になったが、統治の実態は植民地支配そのものであった。琉球差別を象徴するのが「学術人類館事件」であり、日本人幹部が支配する沖縄県庁は、それを県として批判しなかった。琉球人を差別する日本人が沖縄県庁の主導権を握っていたからである。近代琉球の植民地支配を考えると、琉球そのものが「学術人類館」のように扱われ、差別、収奪の対象になった。

現在の琉球に対する差別に関して、井上は以下のように指摘した。「沖縄差別」とは、昭和天皇制の植民地支配からひきつづく、日本帝国主義の「半植民地的支配の遺制」である。沖縄人は、「日本民族の一部分となった」後も、政治的、経済的には、日本天皇制と帝国主義によって「半植民地的」に圧制され、収奪されつづけた。その社会的あらわれが、「差別」であった。その遺制が今なお、現代日本独占資本の政策と結びつけられ、存続させられている。このような「沖縄差別」は、同一日本民族内の封建的身分差別の遺制が、日本独占資本の人民分断支配・収奪の構造に組みこまれ、存続させられている部落差別と、同様の政治的、経済的、社会的な役割を担わされている。「植民地民族差別」と同じ種類の差別として現れ、支配者にも民衆にもそれが意識されている。「本土人」は、帝国主義日本の人民であるという存在そのものによって、沖縄に対する抑圧者であり、したがって差別者であった[19]。

井上は、琉球を日本の「半植民地」であると規定しているが、私は「植民地」であると考える。植民地に半分も全体もない。「沖縄県」として琉球が日本に併呑されたが故に、井上は、他の日本の植民地とは異なると認識して「半植民地」としたと考える。しかし、独立国を暴力的に併呑し、沖縄県による統治の実態、寄留商人による搾取、皇民化教育、「捨て石作戦」の沖縄戦等を考えても、琉球は日本の植民地である。琉球併呑後、琉球と日本本土は同一市場を共有し、琉球国の領土が奪われ、皇民化教育によって琉球諸語が奪われ、琉球人という独自の民族は制度的に否定され、日本人への同化が推し進められた。しかし、米軍統治下において、日本とは異なる領域、経済圏のなかで琉球が存在するようになった。復帰運動の過程で、再び日琉同祖論が唱えられて、琉球人が井上の「琉球併合」論を否定したのである。「琉球併合」、沖縄戦等の植民地支配に対して謝罪、賠償を行わず、現在も広大な米軍基地を強制している日本政府は、帝国主義の本質を保持しつづけている。そのような国のマジョリティを構成する日本人は、琉球人の抑圧者であり、差別者であるという井上の指摘は、50年後の現在でも当てはまる。

琉球人考古学者の安里進は、日琉同祖論を次のように批判している。

① 日琉同祖論は、科学的立場や、「琉球人民」の立場に立って学術研究を深化させた学説ではない。その前提になったのが、日本による「琉球植民地支配」という、支配者の政治的意図であった。日琉同祖論は、琉球の側に「日本なしでは生きられない」という諦観を生みだした。「日本の支配の下でいかにうまい具合に生きるか」、という志向が琉球の側において、日琉同祖論を信仰的に信じさせる要因になった。いかに、その信仰性を隠し、科学的に偽装するかという、日琉同祖論研究を生みだした最たる人物が、羽地朝秀（向象賢）であり、伊波普猷である。明治政府は、琉球の歴史、文化、言語、風俗等を否定、歪曲し、日本的風俗、日本語を強制し、同化しながら、政治的、経済的、そして社会的に差別することを忘れなかった。「琉球人民」は、琉球においては「日本人＝皇民」だとして、琉球的なものを捨てることを強制された。また、経済的破壊によって下層労働者として日本＝ヤマトに叩きだされると、「琉球人」として差別された[20]。

日琉同祖論は、体制順応型の琉球人を生みだした。日本政府、日本企業、日本人に如何にとり入るかという「従属の政治」をめぐる競争を琉球人のあいだに生みだし、琉球内の格差も広がった。日琉同祖論とは、文化的な仮説だけをその特徴とするのではなく、琉球の政治経済のあり方を規定する理念的枠組みであった。日琉同祖論を提唱した、伊波普猷は日本人研究者の琉球への案内役を務め、「学知の植民地主義」を現地側で補強した。現在の琉球にも第二、第三の「伊波普猷」がおり、京大による琉球人遺骨保管を当然視し、遺骨を「祭祀の対象」としてではなく、「研究の対象」として扱うことを認めることによって、植民地支配の「共犯者」となっている人びとが少なくない。

②　明治政府の差別的同化政策に対し、多くの「琉球人民」は、「琉球人民」としての誇りをもって、それと闘ったのではなかった。「琉球人民」としての誇りをかなぐりすてて、名前を日本風に変え、「琉球」という言葉さえも嫌った。明治政府が与えた「沖縄県」という言葉を使うことで「他府県人」＝日本人になり、差別から逃れようとした。その結果、「日本排外民族主義」にからめとられ、「アジア諸民族人民」を、日本人と一緒になって差別し、彼らに対する「侵略の先兵」に転落させられた。日琉同祖論は、「琉球人民」の解放とはまったく無縁であり、それどころか「琉球人民」をして植民地支配下の「奴隷」にし、かつ「侵略の先兵」に転落させる、恐るべきイデオロギーである[21]。

琉球併呑後、沖縄県を設立したのは明治政府であった。沖縄県は、知事をはじめその要職を日本人が占有した、植民地統治機関であった。琉球国との政治的、歴史的連続性はなく、むしろ琉球国と琉球人を切断するために沖縄県という機関がおかれた。「琉球、琉球人」は差別用語に貶められた。差別的同化政策と闘うのではなく、植民地支配に順応することで、自らに対する差別を回避しようとしたことが、1903年の「学術人類館事件」に対する琉球側の反応から明らかとなった。『琉球新報』は、「陳列」された沖縄県民が「生蕃アイヌ視」されたことに対して批判を行った。また日本の植民地になった台湾に多くの琉球人の教師や巡査が移住し、台湾原住民族による抵抗の鎮圧、皇民化教育等に関わり、「侵略の先兵」となった。

③　戦前、琉球王朝の、しかも「海洋国家」として栄えていた時代を反映するような文化遺産に限った、「褒賞的な国宝乱指定」によって、琉球王朝の海外発展の時代を「琉球史の黄金時代」とし

て価値づける方向に歪められた。日本政府が一度に20件もの国宝を沖縄県にあたえ、郷土博物館を設置して、琉球王朝の海外発展を評価した背景には、日本政府が物的・人的資源を求めて、大陸から東南アジアへと侵略を拡大する過程があった。またその背景には、ソテツ地獄という経済破綻のなかで、アジア、とくに東南アジアに「雄飛した勇敢な過去の歴史」を宣伝し、鼓舞し、琉球内で飢餓、貧困に追い込まれた「琉球人民」を「アジア侵略の先兵」に仕立て、侵略地に移住させる、日本帝国主義の意図があった。1941年、「大東亜共栄圏建設＝アジア侵略」に向けて「琉球人民」を鼓舞し、尖兵化させるために『日本南方発展史（沖縄海洋発展史）』（安里延）、『黎明期の海外交通史』（東恩納寛惇）が書かれた。文化映画『海の民』が1942年に製作され、琉球王朝の海外発展を、「琉球人民」の「アジア侵略尖兵化」に結びつける策動が進められた。同年、琉球人歴史研究者たちは「大東亜文化研究会」（代表・新屋敷幸繁）を結成したが、彼らは積極的に、「琉球人民」の「アジア侵略先兵化」に加担した[22]。

琉球史の一時期が切りとられ、日本政府の帝国主義的政策を推進させる目的に沿って、歴史叙述やその解釈が行われるという、歴史修正主義に、安里延、東恩納寛惇、新屋敷幸繁等の琉球人の歴史研究者が動員された。『琉球の時代――大いなる歴史像を求めて』（筑摩書房1980年、ちくま学芸文庫2012年）を出版した高良倉吉も、「琉球の大交易時代」に光を当てて「琉球人の雄飛」を描いた。その後、高良は、米軍基地の安全保障上の役割を認め、辺野古新基地建設を推進する知事の下で副知事となり、尖閣諸島の日本領有論を補強するための研究会の座長となるなど、日本政府の意向に従う形で、琉球に関する歴史認識を示し、政治的活動を行った。在沖米軍基地は、現代におけるアジア・

インド洋地域に対する日米両軍による侵略の拠点として機能している。琉球での米軍基地の存在を認め、評価することは、琉球が再び「侵略の先兵」になることを意味する。

1925年に首里城正殿は「沖縄神社拝殿」として国宝に指定されたが、祭神は源為朝と歴代国王とされた。『保元物語』で記述された実在の人物である源為朝は、戦いに敗れて沖縄島本部半島の運天に流れ着き、島の女性と結ばれて、舜天を生み、それが国王の先祖になるという伝説がある。源為朝が琉球に着いて、国王の先祖を生んだというのは架空の話である。1922年、島袋源一郎を中心とする国頭郡教育部会が「源為朝公上陸之趾碑」を建立した。その石碑文は、日露戦争を勝利に導いた日本軍人である、東郷平八郎が揮毫した。島袋は、金関丈夫を百按司墓に案内して、その遺骨盗掘を手助けした。沖縄神社と「源為朝公上陸之趾碑」は、日琉同祖論を教室以外で広く琉球人に浸透させるための装置として機能した。

④「首里城跡戦災文化財復元要請書」には、海洋民族国家として海外に雄飛した琉球工朝の歴史と文化が、戦前、「琉球人民」の「アジア侵略先兵化」に利用され、かつ効力を発揮したことに対する反省の言葉がない。沖縄国際海洋博覧会が意図しているものは、「琉球人民」に対して海への関心をもたせ、琉球王朝の歴史を黄金時代として認識させ、海洋民族として自覚させることにある。海洋博―首里城復元という一連の「復帰記念事業」は、「琉球併合」の承認を「琉球人民」におしつけ、琉球を植民地的に再編するだけでなく、「アジア再侵略」に向けた「尖兵化」のための文化策謀である。日琉同祖論という、日本の「琉球植民地的支配イデオロギー」に立脚した思想は、表面上、いかに「琉球人民」の主体性回復、歴史と文化の独自性を主張しても、結局は琉球の歴史と文化を歪曲し、

「琉球人民」の主体的な解放への道を閉ざし、「日本民族というアジアの抑圧民族」へと転落させる。

「琉球人民」の解放は、「ヤマトの人民」がやってくれるものではなく、自らの解放は自らの手でかちとるほかはない[23]。

首里城復元、海洋博開催のように、現在においても、日琉同祖論のための国家的政策が行われているのである。琉球に米軍基地が押しつけられることで、琉球人は「アジア侵略の先兵」になることが強制されている。琉球人が「先兵」の役割から抜けでるには、琉球から米軍基地、自衛隊基地を撤廃して、アジア・インド洋地域を侵略する米軍、自衛隊の「共犯者」という役割から自己を解放しなければならない。「無主地先占」という植民地主義の国際法に基づいて日本は、尖閣諸島を侵略した。日本政府は、同諸島の「実効的支配」を維持するための「島嶼防衛」政策に基づいて、琉球列島において自衛隊基地を増強している。同諸島を石垣市に行政的に帰属させ、軍事基地を設置することで、琉球は「アジア侵略の先兵」としての役目を日本政府によって強いられている。日琉同祖論は、「琉球植民地的支配イデオロギー」であり、琉球人を「日本民族というアジアの抑圧民族」に転落させるものでしかない。日琉同祖論からの脱却は、琉球独立の過程で可能になるのであり、そのときの解放の主体は「琉球人民、琉球民族」になろう。

宮良長起も、次のように日琉同祖論を批判した。日本民族論者としての「復帰主義者」は、「沖縄の祖先と日本の祖先は同一民族であったので今も同一民族だ」という論理をもち続けている。その誤りは二つにまとめられる。①仮に日本人と朝鮮人が同一の祖先をもつとしても、現在も日本人と朝鮮人は同一民族とはいえない。それと同じく、いつの昔かも明らかでない昔において、同一民族であったとしても、現在も同一民族であるというのは誤りである。それは猿と人間は同一の祖先から出たので、人間は猿であるという誤りと同じである。②もともと「同一民族」であったというときの民族概念に誤りがみられる。民族とは、資本主義の発生と発展の過程で国家とともに形成されてきた概念である。封建制生産社会において、「フォルク」として、「潜在的民族共同体」としての民族はいたとしても、それは「資本主義国家形成」下における「同一民族」としての「ナチヨン」とは本質的に概念を異にする。琉球は、日本とは区別された一つの国を形成していた。沖縄人は歴史的に、自己の国家を体験してきたのであり、独自の民族形成と資本主義の発展を促す可能性をもっていた。[24]

たとえ日琉は同祖であったとしても、それと現在の民族意識とは関係がない。「琉球人の民族意識」は、琉球併呑後の資本主義社会形成の過程でつくられてきた。そのような「琉球人の民族意識」を押さえこむために、激しい皇民化教育が行われ、あわせて生活の各局面において様々な差別の対象になったのである。その民族意識の内容は時代状況に応じて変容したが、現在は、特に日本政府による、住民の民意を無視した新米軍基地建設の強制を契機にして、「琉球人アイデンティティ」が強化され、日本の植民地主義に抵抗する精神的土台になってきた。

3　尖閣帰属論から琉球独立論へ

日本政府が尖閣諸島を国有化し、同諸島をめぐる日中間の対立が深刻化した2013年に、中国共産党の機関紙『人民日報』は、張海鵬・李国強の「馬関条約と釣魚島問題を論じる」と題する、次のような論考を掲載した。これは中国政府が認めた歴史認識であり、尖閣や琉球に対する今後の方針を示したものと考えられるが、その内容について検討してみたい。

①（日清両国互換条款交渉の際）日本政府が派遣した交渉使は、清政府総理衙門大臣が述べた、台湾の「蕃地」は「政教の及ばざる所」という意図を、「政権の及ばざる地」へとすり替えた。「台湾征伐」と「琉球侵略」は同時に進行した。清政府は「琉球併呑」に抗議し、中日間で「琉球交渉」が行われた。日本は宮古諸島、八重山諸島を中国に帰属させ、沖縄島以北の諸島を日本に帰属させる「分島改約案」を示し、「琉球併呑」を清政府に承認させようとしたが、「中日修好条規」（日清修好条規）の改定をその前提条件とした。日本政府は、日本人が中国内で欧米人と同等の通商権を享受することを、「修好条規」に追加しようとし、それを清政府に認めさせようとした。清政府は、奄美諸島を日本に帰属させるが、沖縄諸島を琉球に返還したうえで、琉球国王の王位を復活させ、宮古諸島、八重山諸島は中国帰属とするが、琉球王国復興後、琉球に与えるという「琉球三分案」を提出した。1880年、イリ問題をめぐるロシアとの紛争を処理していた清政府は、「分島改約案」が琉球王国復興の助けにならず、中国が権利を喪失すると認識し、調印には至らなかった。1882年から83年の間、中日間において、この問題について交渉が続いた。「中日修好条規」改定を討論する際、清政府は琉球問題に再び言及したが、日本政府の外相は貿易条項の改定と琉球問題を切り離す考えを表明した。しかし、清政府の交渉代表はこれに反対した。1887年、曽紀沢・総理衙門大臣が、日本の塩田三郎・駐清大使に対して、琉球問題が未解決であることを提起した。しかし、清政府の姿勢はまったく顧みられなかった。釣魚島列島の沖縄県編入は、日本が「琉球強奪」を完了し、さらに台湾

に目をつけることと一体化していた[25]。

琉球併呑は、1872年の明治政府による「琉球藩」の押しつけから始まり、1879年の首里城の窃取と、国王の王位簒奪に終わる過程である。1874年に日本軍の台湾侵略が行われ、その終戦交渉のなかで「遭難した琉球人が日本国臣民である」との認識を日本政府がもち、琉球併呑を正当化することができたと、一方的に考えた。琉球併呑後の「分島改約」における日本側の「分島改約案」と、清側の「琉球三分案」では大きく異なり、後者は、琉球国の復活が念頭に置かれていた。少なくとも1887年まで、琉球併呑に関して清政府は、日本政府に抗議し、「復国」のための外交交渉が続いていた。琉球をめぐる領土紛争が続いていたため、1885年の沖縄県を通じた日本政府による尖閣調査、領有化の試みは、失敗に終わったのである。

今日、「中国が尖閣に侵略した後、次に略取するのは沖縄だ」という言説がまことしやかに、ネット上で「炎上」している。しかし、琉球や尖閣を実際に侵略し、今も植民地支配しているのは、中国ではなく、日本なのである。「琉球三分案」でも明らかなように、中国は一貫して、主権を有する国として琉球国を認めてきたのである。中国はこれまで一度も琉球を侵略したことはないが、日本は1609年、1879年に琉球を侵略した。将来の不確かな「中国侵略」に恐れるよりも、琉球併呑後の日本による琉球の植民地支配、日米両軍による軍事的脅威や被害という過酷な現実を除去することのほうが、琉球人にとっては喫緊の課題となる。

② 馬関条約（下関条約）が締結され、清政府には琉球に再び言及する力がなく、台湾およびその附属諸島（釣魚諸島を含む）、澎湖諸島、琉球が日本に奪われた。だが1941年、中国政府は対日宣

戦し、馬関条約を破棄した。その後、日本の天皇は、カイロ宣言、ポツダム宣言等、日本の戦後処理に関する規定を受諾した。これらの規定に基づき、台湾およびその附属諸島、澎湖諸島が中国に復帰するだけでなく、歴史上、懸案のまま、未解決であった琉球問題も再議できるときが到来した。[26]

1941年の対日戦争は、日本に対する中国の脱植民地化のための解放戦争であると位置づけることができる。琉球の政治的地位をめぐる問題が未解決であるという認識を、現在の中国がもったことは、大変重要である。中国は、政治経済的に大きな力を有し、アメリカ合衆国とも競争的関係をもち、対等な立場で、琉球の新たな政治的地位について主張を展開できるようになった。中国と琉球は、500年以上朝貢冊封関係にあり、その歴史的、文化的関係を土台にして、「日本の植民地」という琉球の政治的地位を変更させるための活動を中国政府が進める姿勢を示したのである。琉球の政治的地位の変更に関しては、かつて琉球国と国同士の関係を有し、近代以降、日本帝国の支配下におかれ、現在、脱植民地化を遂げた朝鮮半島の二つの国（韓国、朝鮮民主主義人民共和国）、東南アジアの国々も、琉球の脱植民地化つまり独立を支援するだろう。

『人民日報』が提案した「琉球問題の再議」について、華春穂螢・報道官は次のように述べた。「沖縄と琉球の歴史」は、学術界が長年注目してきた問題である。この問題が最近再び大きくとりあげられた背景には、日本が「釣魚島問題」において挑発行動を繰り返し、中国の領土主権を侵害していることがある。学者の署名記事は、釣魚島、関連する歴史問題に対する、中国の民衆と学術界の関心および研究を反映したものである。（『人民日報』が琉球の領有権帰属に疑問を呈する記事を掲載したことに対して、菅義偉官房長官が中国側に抗議したことに関する記者の質問に関して）中国は日本側のいわゆる「抗議」を受け入れない[27]。

朝鮮王朝（現在の韓国、朝鮮民主主義人民共和国）、安南国（現在のベトナム）、シャム国（現在のタイ）等も明朝、清朝との間で朝貢冊封関係を結び、主権を有する国であったのであり、現在、独立国として存在している。そのような国は「藩属国」と呼ばれていた。琉球国と同じく、尖閣諸島も清朝政府と相談せずに日本政府は領有化したのであり、これを侵略という。1880年の分島改約で明らかになったことは、日本政府が自らの経済的利益のために琉球の一部を切り捨てても、何ら問題にしなかったことである。宮古・八重山諸島が清朝領になるということは、日本政府にとっては、尖閣諸島も清朝領になることを意味した。清朝内での日本人の通商権を得るために、宮古・八重山諸島や尖閣諸島を捨てても構わないと考えた日本政府は、今になって、石油資源の獲得という利益のために、尖閣諸島の領有を主張するようになったのである。琉球や尖閣は、日本の「国益」によって、その処分が行われる「捨て石」でしかなかった。

琉球征服の過程も、清朝には伝えず、内密に進められたが、尖閣の領有化も同様なやり方で行われた。明治政府が尖閣諸島に国旗を掲揚しなかったのは、同諸島が日本に所属していないと認識していたからであった。「無主地先占」の法理は、尖閣諸島領有化の前に、1874年の「台湾侵略」において、台湾に対しても、日本政府によって流用された。「琉球人が日本国属民」であると日本政府が曲解して、後年の琉球征服を正当化しようとした。

1885年において日本政府が尖閣の領有化を実現できなかった歴史的背景として、琉球の領有をめぐる日清政府間の対立と交渉があった。日清戦争の勝利によって台湾のみならず、尖閣諸島、琉球の日本への編入を確定しようとした。尖閣諸島の日本領有化は、日本人植民者である古賀辰四郎の経済的植民地化を動因として実施された。その意味でも、同諸島の日本への編入は、日本帝国による植民地支配の一環であったと位置づけることができる。

『人民日報』系列の新聞として、海外ニュースを中心に報じている『環球時報』は、「琉球の地位を再議する」との『人民日報』における論考を受けて、次のような社説を掲載した。琉球は釣魚島（尖閣諸島）とは異なる。歴史上、琉球国は中国と「藩属関係」にあったが、決して中国の版図の一部ではなかった。中国は琉球の「奪回」を考えていないが、琉球の現状を否定することはできる。東欧における版図の変化を見ると、大国間の角逐が琉球諸島に何をもたらしたのかが明らかになる。（尖閣諸島問題に関して）日本が最終的に中国と敵対する道を選んだならば、中国は現在の政府の立場を変更し、「琉球問題」を「歴史上未解決の問題」として再提起することを検討すべきである。中国の台湾問題と西蔵（チベット）問題に対して、西側諸国の政府は曖昧な姿勢をとり、そのなかの一部エリート勢力は、「台湾独立」と「西蔵独立」を支持している。「琉球問題」に対して、中国もこうした手法を、将来の対日政策の1つの選択肢にすることができる。中国は次の3つのステップに従って「琉球再議」を行うことができる。第1ステップ：琉球の歴史問題を追及し、琉球国の復活を支持する民間組織の設立を許可し、「琉球問題」に関する民間の研究・議論を推進し、日本が琉球を不法占拠した歴史を世界に周知させる。中国政府は、この活動に参加せず、反対もしない。第2ステップ：日本の対中姿勢をみたうえで、中国政府として正式に立場を変更し、「琉球問題」を国際的場で提起するか否かを決定する。一国の政府が、重大な地政学的問題において立場を調整するのは、国際的に珍しいことではない。その必要が確実にあるのなら、中国政府はこのカードを切るべきである。第3ステップ：日本が中国の台頭を破壊する急先鋒となった場合、中国は実際の力を投じて、沖縄地区に「琉球国復活」勢力を育成すべきである。あと20～30年後に中国の実力が十分強大になりさえすれば、これは決して幻想ではない。日本がアメリカ合衆国と結束して中国の将来を脅かすのなら、中国は琉球を日本から離脱させ、その現実的脅威になる必要がある。「琉球問題」をリセットすることで、中国分裂活動を支援する理由を外国に与えることを中国は心配する必要はない。中国において、「転換的な経済・社会衰退」が起きない限り、分離独立主義の脅威は過去のものとなりつつある。辺境地域の過激な事件にも事実上、次第に質的変化が生じつつある。この問題に対する外国の影響力はどんどん小さくなる。日本が自らの衰退の恨みを中国に向けているように、中国の発展が国際的な圧迫を受けた場合、われわれは戦略の突破口として必ず日本を選ぶだろう。「琉球問題」は開かれており、様々な可能性があり得る。[28]

東欧諸国が旧ソ連から独立した過程と比較しながら、琉球独立の可能性を展望している。また将来、国際的な中国包囲網が形成された際に、「琉球所属問題」を契機にしてその打開を図る外交政策として、琉球独立への支援策が提議された。日本と中国との最大の懸案は尖閣諸島をめぐる領有問題である。日本が同諸島を中国に返還しない限り、「琉球独立支援」が中国側の重要な外交カードとして位置づけられるようになったのである。その意味で、尖閣問題と琉球独立問題は一体化していると考えることができる。日本が台湾独立、香港独立を支援するのと同じく、中国は琉球独立を支援することができる。以上のような認識を一研究者ではなく、中国共産党系列の新聞社が提起したことを、重く受けとめる必要がある。

現在、日本政府は琉球諸島に自衛隊基地を建設しているが、それは『環球時報』で示された「第3ステップ」の段階に入ったことを意味する。琉球と中国とを対立させ、琉球独立を阻止し、有事において琉球や琉球人を人質として、戦術的に利用するために、自衛隊基地を配備していると認識することができる。琉球独立運動支援が対日本の外交政策における重要な選択肢の一つになろうとしている。上記の記事において「沖縄」ではなく「琉球」という言葉を意識的に使っているところからも、中国側の対日本、対琉球に関する、これまでの歴史認識の変化を示している。日本側は、中国の大国化を牽制するために、香港、台湾、チベット、ウイグルの独立運動を利用してきた。今後、これらの地域における日本による独立支援活動が激しくなると、それと並行して国際的な琉球独立運動がひろく展開されるようになる可能性がある。中国の大新聞に、「琉球独立支援」の記事が掲載されるのは初めてである。一方でそれは、政治経済的に衰退する傾向にある日本が、琉球を植民地支配することができる国力を急速に失っていることを明らかにしている。その焦りが、島々における自衛隊基地の急激な建設となって現れているのである。それに追い討ちをかけたのが2020年3月以降、世界的に猛威をふるった新型コロナウイルスである。このパンデミックに対して日米両政府は初動の対応が遅れ、その後の対策も失敗が続き、経済的に大きな後退を余儀なくされた。「ポスト・コロナ」において国際的な力関係は大きく変容することが予測されているが、そのなかで琉球独立をめぐる政治経済的、国際的環境もこれまでにない形で展開するだろう。

4　尖閣諸島は琉球のものなのか

琉球が独立する際、その領域のなかに尖閣諸島が含まれるのかどうかは、東アジアの平和を考える上でも非常に重要な問題である。

尖閣諸島が琉球に帰属するかどうかについて、浅見真規は次のように論じている。仮に琉球国が尖閣諸島を、中国側よりも先に「発見」していたとしても、国際法上の「発見」は中国に帰属する。なぜなら、国際法上の島の「発見」は、「文明国の公船による発見」が必要であるからである。また、民間船による「発見」を国家が追認するだけでは不十分であり、記録されなければならない。「文明国の公船による発見」に関する、現存する最古の記録は、1534年の陳侃による『使琉球録』である。たとえ琉球国が派遣した船員が冊封船を操船していたとしても、中国の公文書に記録されれば、国家として「発見」したのは中国ということになる。スペイン王家の支援を受けて中南米に到達したコロンブスは、ジェノヴァ共和国籍であったが、中南米の多くの土地はスペインに帰属する植民地になった。国家として「発見、先占」したのはスペインであった。公船や軍艦は動く領土である。中国の公船であり軍艦でもある冊封船の使節団が作成した航海記録である冊封使録は、明朝、清朝の公文書として皇帝に提出された。それが現存している以上、尖閣諸島は中国の領土となる。[29]

琉球国の国書である『中山世鑑』には、尖閣諸島の名称として、「釣魚嶼」、「黄毛嶼」、「赤嶼」という中国名が登場する。18世紀の琉球国の学者、程順則が記述した航海書である『指南広義』においても、「釣魚台」、「黄尾嶼」、「赤尾嶼」等の中国名が記載され、さらに久米山（久米島）が「琉球西南界上之鎮山」であることが明記されている。別の国書である『中山世譜』でも、「琉球三十六島」のなかには尖閣諸島が含まれていない。新井白石の『南島志』でも、琉球国の範囲である「琉球三十六島」のなかに尖閣諸島は入っていない[30]。

琉球国時代の琉球人、18世紀の日本を代表する学者であり、幕府要人であった新井白石も、尖閣諸島を琉球の国の領域とは認識していなかったのである。

琉球国時代、八重山諸島には三つの間切（行政区域）があり、それに属する村が定められていた。与那国島は遠隔地にあったため、蔵元（首里王府の八重山諸島における行政庁）が直轄した。尖閣諸島は、八重山諸島のどの間切にも属せず、蔵元直轄でもなかった。つまり、八重山諸島の行政区域内に尖閣諸島はなかったのである。八重山諸島の人たちも、約170キロ離れた尖閣諸島は、「生活圏」外にあり、その存在をほとんど知らなかった。たとえ知っていたとしても、そんな遠隔地に行く必要性はまったくなかった。そこに行かなくても生活はできたからである[31]。

以下の地図においても、尖閣諸島は琉球国や沖縄県のなかに含まれていなかった。『琉球三省三十六島之図』（林子平『三国通覧図説』の付図[32]）、『琉球国之図』（1737年～50年にかけて首里王府による乾隆検地の結果に基づいて作成された「琉球国之図」（1796年製作）など、王府による国土俯瞰図の一つ[33]）、『銅刻　琉球諸島全図　全』（1873年に国語学者の大槻文彦が作成した地図[34]）、『沖縄県全図』（1918年、雄文館から出版された地図[35]）。

八重山諸島の人びとは尖閣諸島を「イーグンクバジマ」と呼んできたと伝えられている。「イーグン」とは、「魚をつく銛」、「クバ」は「ビロウの木」を意味する。尖閣の日本領有を主張する、南方同胞援護会によって編集された雑誌、『季刊沖縄』に掲載された「尖閣列島年表」の第一番目の歴史事項として、この「イーグンクバジマ」が、「年代は詳かでない」、「西暦?」の説明とともに記載されていた。その次の歴史事項として、1534年の陳侃の『使琉球録』、その他の册封使録に「釣魚台、赤尾嶼、黄尾嶼等の島名が出てくる」と記載されていた[36]。

「イーグンクバジマ」の呼称がいつの時代に、八重山諸島のどの島の誰によって使われるようになったのかが明確でない。そのような島の呼称を年表の一番初めに置くことで、中国側よりも早く、尖閣諸島を琉球人が発見し、命名したことを訴えたかったのであろう。しかし、それは尖閣日本領有論自体の公平性、客観性を疑わせる結果にしかならない。

「イーグンクバジマ」と同様に、琉球人が命名したとされる島名である「ヨコンコバジマ」の使用が、最初に確認された文書は次のものである。『向姓具志川家家譜十二世諱鴻基』という琉球人の家譜（家系図）に、1819年、那覇から薩摩藩に赴く薩摩船が、硫黄鳥島から暴風雨で流されて、「魚根久場島」に到達したと記述されている。同島に漂着した向鴻基（今帰仁朝英）は琉球王族である[37]。

尖閣諸島の「琉球名」は19世紀に入ってから初めて記録されたのであり、前の「尖閣列島年表」は書き換える必要があるだろう。

現在、八重山郡漁協傘下の船舶のなかで、尖閣諸島近海に出漁する船舶はほとんどない。一部の漁船が、マグロ延縄漁に赴くくらいである。かつては鰹漁が盛んだったが、今ではそれもなくなり、漁船自体も小型化し、尖閣近海まで船足を延ばすこともない。また、太平洋戦争中、石垣島の人びとが遭難した魚釣島において無人島生活を余儀なくされた。日本軍の軍曹を中心とする数人の兵隊が、遭難者の食料をとりあげ、住民は飢餓の極限状況に追いやられた。このため50人が餓死し、石垣島に帰還できたのは130人ほどでしかなかった。[38]

現在の八重山諸島の漁民が、尖閣諸島近海を漁場として利用することはほとんどなく、もはや「生活圏」としての役割を果たしていない。また本書の第5章で論じたように、八重山諸島の人びとにとって、魚釣島は、沖縄戦における「日本軍による住民虐待、虐殺」に連なる悲劇が生じた島として記憶されているのである。

尖閣諸島に「行政標識」を初めて設置したのは、日本政府や米政府ではなく、石垣市であった。次のような過程を経て、「行政標識」が建立された。石垣市では、中国や台湾の漁民の相次ぐ「不法上陸」に手を焼き、1969年5月、尖閣諸島に「行政標識」を建てた。当時、石垣市役所の第一助役をしていた牧野清が、石垣喜興市長にそれを提言して実現させた。牧野は1925年に八重山島庁に給仕として採用され、その後、市役所の職員となった。牧野が給仕であった頃、島のある古老が「沖縄県庁はイーグン・クバシマに国標を建てるといいながら、なかなか実行しないねー」という会話を何度か耳にしていた。牧野が、石垣市の助役に就任したとき、「沖縄県がやらないなら石垣市が行政標識を建てましょう」と市長に提案した。[39]

石垣市は日本政府からの命令を受けることなく、市職員の発意によって標識を設置した。石垣市による標識設置は、日本政府の尖閣領有化のための国家行為ではない。標識を設置しない状態を放置していた日本政府は、1895年から1969年まで尖閣に対する領有意思がなかったといえる。日本政府は、国として現在まで標識を設置しておらず、尖閣領有化過程は未完であり、不法占拠をしていると考えられる。

歴史的に尖閣諸島は琉球国の範囲内には含まれず、冊封船・朝貢船等の航海士は華人（中国人）が圧倒的に多かった。また同諸島の琉球諸語の名称も古いものではなく、八重山諸島の人びとも同諸島を「生活圏」として利用していないことが明らかになった。それでも、尖閣諸島は琉球人のものであると主張することは、尖閣日本領有論の根拠として利用される結果に終わるであろう。現在、琉球は日本の植民地であり、日本国民である琉球人が「尖閣琉球領有」を主張することは、結果的には「尖閣日本領有」論を補強する役割しか果たさないのである。

石垣市役所は、尖閣諸島に対して以下のような取り組みを提案している。①島々の自然環境の保全。島々および周辺海域の自然環境の実態把握、希少野生生物の保護、航行目標保安林の指定、自然環境保全に向けた法的枠組みの設定のための調査研究の推進、自然環境保全拠点施設の建設に関する検討。②漁業資源の管理。周辺海域での安全・安心な漁場活動の推進を目的とした環境・インフラ整備、漁業資源に関する調査、漁業権設定および漁業権管理の主体となる八重山漁業協同組合を通じた適正かつ合理的な漁場計画策定のための提案、漁業資源管理、海洋資源および海洋再生エネルギーの研究・開発。③海洋保護区の設定。世界自然遺産への指定を視野に入れた調査研究の実施および海洋保護区の設定。以上を受けて石垣市は、気象・海象観測施設、灯台、無線施設、漁港、尖閣資料館の建設が必要と考えている[40]。

尖閣諸島の地籍は石垣市内に登記されているものの、日本政府は石垣市による行政的、経済的活動を一切認めていない。調査のための島への上陸も禁止されている。上に掲げられた石垣市による施策計画は実施されず、計画倒れに終わっている。これは実効的支配とはいえない事態である。中国や台湾との同諸島をめぐる領有権問題が解決しない限り、石垣市の人びとは同諸島に上陸することさえできないだろう。このように歴史的に考えても、現状においても尖閣諸島は琉球のものとはいえないのである。

5 「日本復帰体制」から「琉球独立体制」へ

「沖縄返還」を実現するための日本政府の機関として、南方同胞援護会があった。同会は「返還」作業の一環として、尖閣諸島の日本領有化のための研究、調査を行った。同会の会長である大浜信泉（石垣島出身、早稲田大学元総長）は次のように述べている。尖閣列島が日本の領土であり、その所有権の帰属は疑いをさしはさむ余地のないほど歴然としている。尖閣列島近海の海底資源の問題は、領土権の問題と関連し、大陸棚理論とからみ、将来、国際的論議を招くだろう。南方同胞援護会は、これを憂慮し、日本の立場を有利にするために、一日も早く調査を進め、実績を積み上げておく必要を痛感した。このことを政府に進言した。その結果、日本政府の事業として、巨額の資金を投じて科学的調査が継続的に実施されるようになった。それと同時に援護会は、尖閣列島の領土権の裏づけとなる資料を可能な限り収集するとともに、大陸棚理論その他の関連問題について専門家に研究を委託し、研究会を組織して、討議により問題の究明につとめてきた[41]。

琉球が日本の一部であることが前提となって、尖閣の日本領有化のための作業が、南方同胞援護会において進められてきた。同会は日本政府の機関として、琉球と尖閣の「再併呑」を実現しようとしたのであり、「復帰」を梃にして尖閣の日本領有化を確定しようとしたと考えられる。「復帰」後、大浜は沖縄国際海洋博覧会協会長、沖縄協会長に就任する等、日本と琉球との一体化を強化するための活動を行い、１９７２年に勲一等旭日大綬章、没後、勲一等旭日桐花大綬章が与えられた。石垣島にある八重山高校には、大浜の次のような言葉が刻まれた石碑と銅像がある。「人の価値は生まれた場所によって決まるものではない。いかに努力し自分を磨くかによって決まる」。出身地を卑下して、中央に同化することによって、琉球人が日本社会のなかで立身出世を達成する際のロールモデルとして、大浜が位置づけられていると認識することができよう。それは日本政府の政策や計画を琉球において実現するための、帝国主義の「先兵」としての役割を自ら進んで引き受けていく、現地のコラボレーターに堕する危険性を常に帯びている。

琉球の米軍統治時代において、中華人民共和国政府は、「沖縄は日本の一部である」という立場をとっており、日本への琉球の「返還」を支持していた。中国とソ連が、日本への「沖縄返還」を支持したのは、在沖米軍基地撤廃の可能性、日本との友好関係の確立を理由としていた。琉球からの米軍基地撤廃は、台湾の「解放」、日本やアジア隣国への共産主義の影響力を拡大するために、中ソが求めていたことであった。これらの地域が共産主義圏に入るのであれば、琉球の帰属先は大した問題ではなかった。この時点において、米国を琉球から追い出すことが、島の主権問題より重要だったのである。[42]

その後、日本は共産主義圏に入らず、「沖縄返還」が実現しても、米軍基地は撤廃されなかった。

その意味で、現在、中国は、日本の「沖縄返還」を支持する理由はなくなったといえる。
事実、中国政府は、沖縄返還協定が米国による琉球の恒久的占領を合法化するものであり、それは「汚い取引」であり「卑劣なペテン」であると非難した。[43]
尖閣諸島をめぐる係争が表面化した後は、琉球や尖閣諸島の日本編入の経緯が、台湾と同様に、カイロ宣言の領土不拡大原則に反し、「暴力と貪欲」によって琉球人から、また中国から奪ったものかどうかということが、法的および史的論争のポイントになってきた。[44]
日本と中国との領土問題は琉球をめぐるものであったが、1970年代にその施政権が日本に「返還」される頃から、係争の焦点は尖閣諸島に移行した。東アジアには冷戦以前から抗日ナショナリズムが根強く残っているが、これが新しい対立構造の形成材料にならない保証はない。1996年に日本の右翼団体が尖閣列島の小島に灯台を建設したのをきっかけにして、香港、マカオ、台湾を含む多くの中国人が、「抗日」で団結した。将来、こうした問題が国内政治の不安を外にそらす目的で、中国、朝鮮半島の政府が意図的に使う可能性も考えられる。日本とのあいだに北方領土・竹島・尖閣諸島という領土問題を抱える隣国同士が、「抗日」で結束したらどうなるであろうか。[45]
琉球併呑後も日清間における領土問題として琉球が交渉の対象となってきたが、日清戦争後、その日本領有は確定された。しかし、2012年の日本政府による尖閣諸島の国有化を契機として、未解決の琉球主権つまり琉球独立の問題が、日中間の元来の領土問題として顕在化するようになった。他方、琉球にとっても尖閣諸島問題は、自らの生命と安全に係わる問題として意識されるようになった。この諸島を起点として日中間の緊張が高まり、琉球諸島における自衛隊基地が増強され戦争の危機が高まってきた。国家主義的な教科書採択等を通じて「日本ナショナリズム」が島々に影響力をおよぼしはじめた。日本政府が、米軍基地や自衛隊基地の建設を強行すればするほど、琉球も東アジア諸国における「抗日ナショナリズム」と連動して、日本の軍国主義に抵抗する、「抗日」の動きがさらに活発になるだろう。

2012年9月18日、中国政策科学研究会国家安全政策委員会は、「9・18宣言」を発表した。そのなかで、尖閣諸島について次のように主張している。「国恥を忘れる勿れ、史を以て鑑と為す、平和を擁護し、中華を振興する」。今日は、「九・一八事変八一周年」である。1931年9月18日は、日本の関東軍が瀋陽を襲撃した「九・一八事変」と称する、日本帝国主義による中国侵略戦争開始の日である。戦争において、中国の死亡人数は数千万に達し、財産の損失は計り知れず、日本の中国に与えた損害は推定できない。「九・一八事変」、「国恥日」が近づくなか、日本政府は中国からの強い反対を無視して、釣魚島、その附属の「南小島、北小島」を「購買」し、「国有化」を実施し、「再度中国の領土主権に対する重大な侵犯を行った」。日本政府のこの「購島」行為は、不法・無効なものであり、第二次世界大戦、反ファッショ戦争の成果を否定し、人類社会の正義への挑戦である。[46] 釣魚島は琉球に属さず、琉球は日本に属さない。日本が琉球を窃取したことには法的根拠はなく、完全に不法である。日本は無条件に、「カイロ宣言」、「ポツダム公告」(ポツダム宣言)等の国際法を執行し、ただちに琉球に対する「武装占領」と「植民統治」を止めよ。我々は琉球人民が「独立自主」を求め、日本の「植民地統治」から離脱する正義の闘争を、断乎として支持する。[47]

2012年9月10日、日本政府は魚釣島、南小島、北小島の国有化を閣議決定し、翌11日に購入し、所有権移転登記をした。それは、中国に対する侵略戦争が本格化した満州事変の勃発日である、9月18日に近いというタイミングで実施された。日本政府による尖閣国有化が、過去の日本帝国による中国侵略を想起させ、「中国に対する再侵略」として受けとめられたとしても不思議ではない。

中国政策科学研究会とは、1994年に中国共産党中央政策研究室、国務院研究室等による、中国政府の共同研究会である。現在の中国政府は、日本による琉球統治を植民地支配であると認識し、米軍、自衛隊の基地が配備されている状況を「武装占領」として見なしていることがわかる。その上で、琉球独立運動、脱植民地化運動への支持を表明している。2013年5月に掲載された『人民日報』の論考、『環球時報』社説の8か月前に、中国政府は、尖閣諸島の領有問題と琉球独立問題とが強く結びついているとの認識を示していたのである。

日本政府が、尖閣諸島をめぐる領土紛争が存在しないと主張して、現状を否定する理由は、「主権問題」として同諸島を議論の俎上に置きたくないからである。つまり同諸島に対する植民地支配を批判されたくないからである。同諸島が日本の植民地であることは、「無主地先占」という植民地主義を正当化する国際法に基づいて日本が領有したことから明白な事実である。

しかし、中国にとっては、尖閣問題は「主権問題」そのものである。島々の国有化等によって、尖閣に対する日本の植民地支配が強化されることは、中国政府の正統性の否定につながりかねない。中華人民共和国を樹立した中国共産党は、日本帝国主義との闘いに勝利し、独立することで政府の正統性を獲得することができたのである。尖閣と琉球に関する主権問題は、日本帝国主義との「未完の闘い」であると中国政府によって理解されていると考えられる。また日本政府の琉球併呑、その植民地支配の強化も、中国政府の正統性を揺るがすことになる。

日本政府は、日米同盟体制強化のために尖閣と琉球を利用している。つまり、自らの植民地として両地域を扱っているのである。尖閣を中国、台湾に返還し、琉球の独立を実現することが、琉球、中国、台湾における脱植民地化の目標になるであろう。

東アジアにおける尖閣諸島をめぐる抗日運動は、次のような展開を見せた。1971年の北米、台湾、香港における尖閣をめぐる抗日運動は、学生が主体だった。1996年における台湾での抗日運動の主体は、金介寿ら戦後生まれの新党所属議員とその支持者だった。中華民国政府による伝統的な中華民族主義教育において、抗日戦争の勝利が自らの栄誉であるとして位置づけられてきた。尖閣を介して日本と対峙する構図が、彼らの敵愾心と自尊心を刺激した。親日的と目される李登輝との対決姿勢をうち出す上でも、尖閣問題は好都合だった[48]。

台湾人、香港人という「島人（しまんちゅ）」が、尖閣をめぐる抗日運動の先頭に立っていた。現在、琉球人も島人として、米軍基地反対、自衛隊基地反対、遺骨返還運動等、抗日運動を展開している。将来、琉球人も、東アジアにおける尖閣をめぐる抗日運動に参加する可能性がある。

尖閣諸島の奪回を目指す「保釣」運動への参加者のなかで、反帝国主義の意識が台頭し、「保釣」が日中戦争下の大陸と、日本植民地下の台湾における、それぞれの「抗日」の要素を自然と浮上させてきた[49]。

保釣運動は、抗日運動つまり脱植民地化運動としての性格を有している。日本は「尖閣諸島防衛」を理由にして、琉球列島における軍事力強化、琉球人の同化を進め、植民地支配を強化している。それに対する琉球人の抵抗は、独立運動へと転換し、アジアにおける抗日運動に結びつくだろう。戦前、戦後を通じたアジアにおける抗日運動が独立運動と一体化したのと同じ過程を、琉球も辿っているのである。

琉球国と朝鮮王朝は、前近代の朝貢冊封体制において、外交・交易活動を通じて国家間関係を形成していた。豊臣秀吉が日本を統一したとき、琉球国王は彼に祝賀の言葉を送った。しかし、豊臣秀吉は朝鮮侵略に参加するよう、島津氏を通じて琉球国に命じたが、琉球国王はそれに従わなかった。島津氏は日本の統一者に琉球国が従わなかったことを利用して、１６０９年に琉球を侵略した。[50]日本の朝鮮侵略と連動する形で琉球侵略が行われた。17世紀初頭前後の朝鮮と琉球に対する日本の侵略を起点として、近代期に両国は日本に併呑されたのである。このような「侵略と抗日」という歴史的な共通性を通じて、朝鮮と琉球は「抗日」を軸にして連帯することができよう。

6　どのように民族自決権に基づいて独立するのか

これまで、琉球人の人権に関して、以下のような国連勧告が日本政府に対して発出されてきた。

①　２００１年９月24日、国連社会権規約委員会「部落の人々、沖縄の人々、先住性のあるアイヌの人々を含む日本社会におけるすべての少数者集団に対する、法律上および事実上の差別、特に雇用、住宅および教育の分野における差別をなくすために、引き続き必要な措置をとること」。

②　2008年10月30日、国連自由権規約委員会「国内法によりアイヌの人々および琉球・沖縄の人々を先住民族として明確に認め、彼らの文化遺産および伝統的生活様式を保護し、保存し、促進し、彼らの土地の権利を認めるべきだ。通常の教育課程にアイヌの人々および琉球・沖縄の人々の文化や歴史を含めるべきだ」。

③　2010年4月6日、国連人種差別撤廃委員会「委員会は、沖縄における軍事基地の不均衡な集中は、住民の経済的、社会的および文化的権利の享受に否定的な影響があるという現代的形式の差別に関する特別報告者の分析をあらためて表明する」。

④　2014年8月20日、国連自由権規約委員会「締約国（日本）は法制を改正し、アイヌ、琉球および沖縄のコミュニティの伝統的な土地および天然資源に対する権利を十分保障するためのさらなる措置をとるべきである」。

⑤　2014年9月26日、国連人種差別撤廃委員会「締約国が、琉球の権利の促進および保護に関連する問題について、琉球の代表との協議を強化することを勧告する」。

⑥　2018年8月30日、国連人種差別撤廃委員会「琉球の人々を先住民族と認め、その権利を守るための措置を強化する立場を再確認することを勧告する。米軍基地に起因する米軍機事故や女性に対する暴力は、『沖縄の人々が直面している課題』であるとして懸念を示す。その上で『女性を含む沖縄の人々の安全を守る対策を取り、加害者が適切に告発、訴追されることを保障する』ことを求める」。

以上のように、国連は、琉球人を先住民族という法的主体として認めるだけでなく、基地の押しつけを人種差別とし、通常の教育課程での琉球の歴史や文化の教育、伝統的な土地や天然資源に対する権利、琉球の代表との権利促進に関する協議、米軍基地に起因する米軍機事故や女性に対する暴力等に関する勧告を何度も行ってきた。これらの勧告を、日本政府が無視すること自体が琉球差別であるといえる。1879年から現在まで続く、琉球に対する植民地支配をまったく反省していない。日本政府は、アイヌ民族は先住民族として認めるが、琉球民族に対しては無視をするという国家による差別を行っている。その理由は、琉球人が有する先住権によって、軍事基地を撤去されたくないからであろう。つまり、琉球人は先住民族として島から米軍基地、自衛隊基地を廃絶させることができる、天賦の権利を国際法（2007年国連総会で採択された「先住民族の権利に関する国連宣言」第30条「軍事活動の禁止」）によって保障されているのである。

国家による琉球差別として、現在最も注目されているのが、辺野古新基地建設問題である。2019年2月24日、辺野古新基地建設の是非を問う「県民投票」が行われた。県民投票前に菅義偉官房長官は、投票結果に関係なく辺野古埋め立てを行うと述べた。これは沖縄県民の意見や思いを無視してもかまわない、県民を日本国民として扱わないといったに等しい。民主主義を国是とする日本の体制そのものを否定した発言である。投票前、「法的拘束力がない」、「投票率が低いのではないか」「どちらでもないが多いのではないか」、「どうせ工事は止まらない」、「最高裁判決も出ているのに意味があるのか」等のような、本土大手マスコミの報道が目立った。これは、日本国民の大部分は県民投票に関心をもっていないことを表していた。

これまで移設反対を訴える沖縄県知事や国会議員が当選し、工事差し止め等の訴訟が行われた。民意はすでに何度も出されているが、日本の政府や国民の大部分は県民の意思を無視してきた。なぜなら新基地建設を他人事として考え、危険な米軍基地を永久に琉球に押しつけたいという差別意識をもっているからである。辺野古の問題が、日本の安全保障という国民全体の課題であるという当事者意識が欠如している。

県民の民意を無視する日本政府を支持し、傍観者のように県民投票を眺めている多くの日本国民がいる。地域の人びとの意見に構うことなく、日本政府が思うままにどこでも軍事基地を建設することができるという体制を許すと、日本の他の場所でも琉球と同じようなことが発生するだろう。他人事なのではなく、日本人自身の人権、生命、生活に関わる問題なのである。専制的な政府の政策によって地域の人びとの権利や生活が被害を受けても抵抗しない、従順な国民が増えてきている。

県民投票は、沖縄県の全市町村で行われ、有効票数60万1888票のうち、72・15％の県民が辺野古基地建設に反対の意思を表明した。しかし、日本政府は「県民投票」には法的拘束力がないとして、事前の通告とおり、琉球人の自己決定権を再び無視した。1995年に発生した少女暴行事件後の基地反対運動を沈静化するために、数千億円規模の「振興予算」を投下する「アメとムチ」政策が実施された。しかし、この政策によって経済自立は実現せず、多くの経済的利益が日本独占資本に還流した。県民投票後、日本政府はこのような「アメとムチ」政策を行うこともなく、機動隊、海上保安庁、民間警備会社等によって基地反対運動に対する弾圧を強めながら、基地建設を続行した。

県民投票後も基地建設を強行する政府に対して、琉球は民族自決権[51]（レーニン）をもちいて、どのような手を打つべきなのだろうか。

① 玉城デニー知事は、日米両政府だけでなく、ロシア、中国、韓国、北朝鮮、東南アジア諸国等にも投票の結果を伝え、建設中止の声を挙げてもらうための外交活動を行う。外交活動は市民や自治体も行っており、国の専権事項ではない。ロシアを除いてこれらの国々はかつて琉球が国であったときに、外交・貿易相手国であり、友好交流国であった。日本とアジア諸国とのあいだでみられた侵略・被侵略の関係ではなかった。本書で論じたように、中国やインドネシア独立運動に参加した琉球人もいた。ロシアのプーチン大統領は、「北方四島」の日本領有化後の在日米軍の同諸島への進駐を懸念するなど、在日米軍基地の配備や運用に関心を寄せている。２０２０年4月23日、プーチン大統領は「第二次世界大戦終結日」を「対日戦勝記念日」の9月3日とする法案に署名した。同日は中国でも「抗日戦争勝利記念日」と定められており、中ロ両国において日本帝国との戦争勝利を強調する歴史認識が共有されたことになる。ロシアは、「民族自決権」を主張したレーニンらによって建国されたのであり、琉球の脱植民地化過程において連帯することができる国の一つであるといえる。

日本帝国の被害を受け続けている琉球は、国連安保理常任理事国のロシア、中国の支援を受けて、日本政府の植民地支配に圧力をかけることができよう。

そして、翁長雄志前知事のように、玉城知事は国連の人権理事会等の会議に出席し、世界に向かって日米両政府の不正義を訴える。国連が認める先住民族の土地において、強制的に軍事基地の建設を行うことは国際法違反である。県民投票の結果を無視する日本政府は琉球人の人権を侵害していると、国連の人権理事会、人種差別撤廃委員会、脱植民地化特別委員会等において告発する。国際的な琉球を支える連帯の輪を広げ、日本政府に大きな圧力をかけて新基地建設を中止させる。

②　国連監視下での住民投票を実施する。県民投票とは琉球における脱植民地化の具体的なプロセスであった。１８７９年の琉球併呑後、琉球は日本の植民地になった。現在も日本の植民地である証拠の一つが、辺野古での米軍基地建設の強行である。それは遺族の同意なしに日本人研究者が百按司墓琉球人遺骨をもち出し、それを現在も大学が返却しないことと共通する、植民地主義の問題である。琉球人の意思、信仰を無視して、日本の政府や大学が琉球人の土地や骨を奪い、人権を侵している。国連も米軍基地の琉球への集中を「現代的な人種差別」と指摘し、日本政府に勧告を下してきた。

国際法で保障された民族（人民）の自己決定権には、内的自己決定権と外的自己決定権がある。前者は沖縄県の自治や民主主義を認めさせる権利である。県民投票は、内的自己決定権の行使であった。その結果を日本政府が無視し、自治を認めないのなら、外的自己決定権、つまり独立する権利を行使することができる。沖縄県はかつて琉球国であり、日本からの分離独立ではなく、「復国」となる。かつての国王や天皇を頂点にすえる「王国」ではなく、立憲、人民民主の「共和国」として琉球は独立すべきであると私は考える。独立後、安全保障権を日本政府から奪回し、基地建設を止めさせ、日米の軍事基地を島々から一掃させることができる。これまで多くの植民地が、国連監視下での住民投票を実施して、平和的に独立を勝ちとってきた。

これまで国連から発出された琉球に関する勧告には、法的拘束力がなく、従う必要はないと日本政府は主張してきた。しかし、それは日本の国際的な孤立化を深める結果にしかならないだろう。かつて、国連が組織したリットン調査団による、満州事変に関する勧告を無視し、日本政府は国連から脱退した。その後、アジア太平洋地域に自らの植民地を拡大させ、太平洋戦争に突入し、日本帝国は体制として滅亡した。現在、国連の勧告を無視し、それらを撤回させようとしている日本政府は、近年、国際的に、特に東アジアにおいて他国との対立の度合いが深くなっている。これは、戦後、他国との友好関係を基盤にした「貿易立国」を国是として経済発展をとげてきた日本国の「国家的危機」である。

沖縄県は自らの歴史的な資源としての「復国」の可能性も見据えて、辺野古基地建設阻止のために、あらゆる方法を駆使する必要がある。

また、京都大学から琉球人の先祖の遺骨を奪回することは、「民族自決権」に基づいた闘争であり、闘いのための連帯を国内外にさらに拡大させる必要がある。琉球民族遺骨返還運動は、琉球における反基地運動、反植民地運動と連なる、民族自決権の闘いである。日本政府が琉球人の民意を認めない今日における民族自決権の闘いの目標は、琉球独立となる。

「中国は尖閣を盗った後は、沖縄に侵略する」、「琉球独立運動は中国の琉球侵略を準備している」という言説が中国脅威論のなかにみられる。しかし実際は、日本が琉球、尖閣を侵略して、現在も植民地支配を続けているのである。琉球独立運動は脱植民地化を目指しており、日本の植民地支配からの脱却を主張し、中国を含む大国の支配下におかれることを目的としていない。

尖閣諸島やその周辺海域を「生活圏」として琉球人が最も利用してきたのであり、日本、中国、台湾、琉球による油田の共同開発をすべきであるとする見解が存在する。しかし琉球が日本の植民地である限りにおいて、尖閣諸島の琉球領有論は、尖閣日本領有論の主張を補強する結果にしかならない。なぜなら、日本政府の同諸島領有論は、琉球が日本の一部であることを前提にしているからである。また、琉球国王府、戦後の琉球政府、そして現在の沖縄県は、主権を有した琉球として同諸島の領有を主張したことがなかった。琉球国王府も、自らが作成した地図等において国家の領域内に尖閣諸島を含んでいなかった。

戦後のサンフランシスコ平和条約体制から抜け出て、つまり、東アジアにおけるアメリカ合衆国や日本の支配体制から離脱し、琉球人の自己決定権を土台にして、アジアの国々、人民とともに地域の在り方を決めていくという体制への移行が進んでいる。そのような時代状況において琉球独立論が唱えられており、「政治的地位未確定地」として琉球を認識し、琉球の人びとによる自己決定権に基づく独立を認めようとする状況が生まれてきた。特に「ポストコロナ」後において、このような動きは加速化するであろう。

琉球、尖閣諸島が日本の施政権下におかれている現状は、日本帝国主義がいまなお延命していることを示している。日本の領土から琉球、尖閣諸島をきり離し、元の状態にすること、つまり、琉球独立、尖閣諸島の中国または台湾への返還が、日本の帝国主義を清算し、日本が東アジア諸国と平和な関係を築くことができる試金石になろう。その際、日本軍「従軍慰安婦」問題、徴用工問題、南京大虐殺等と同じく、日本が東アジア諸国から突きつけられている歴史認識問題として尖閣問題を理解することが不可欠となる。

現在、日本政府は、尖閣諸島を紛争の起点にして、日中間の対立を煽り、軍国主義の道を進めている。そうではなく、尖閣諸島を東アジア共同体における平和創造の舞台にする。琉球は、日本政府によって「第二の沖縄戦」の場所とされ、強制的集団死、日本軍による虐殺等の犠牲にならないためにも、日本から独立しなければならない。

注

I　日本政府はどのように琉球、尖閣諸島を奪ったのか

1　井上清『「尖閣」列島――釣魚諸島の史的解明』第三書館、2012年、54頁
2　同上書、54頁
3　同上書、56頁
4　浅見真規「釣魚嶼（魚釣島）の軍事的価値の変遷」（『浅見真規 のLivedoor-blog』2016年12月15日、http://blog.livedoor.jp/masanori_asami-board/）2020年3月12日確認
5　村井章介『古琉球――海洋アジアの輝ける王国』KADOKAWA、2019年、251頁
6　井上前掲書、110頁
7　同上書、126頁
8　同上書、127頁
9　同上書、145頁
10　太壽堂鼎『領土帰属の国際法』東信堂、1998年、9〜10頁
11　「『併合』は侵略隠ぺいの造語、倉知鉄吉回顧録公開」（『Wow!Korea』http://www.wowkorea.jp/news/Korea/2010/0817/10073839.html）2020年3月12日確認。本件については大崎雄二氏のご教示を頂いた。
12　太壽堂前掲書、10頁
13　同上書、11頁
14　同上書、12頁
15　同上書、19頁
16　同上書、75頁
17　同上書、205頁
18　緑間栄『尖閣列島』ひるぎ社、1998年、143頁
19　松井芳郎『国際法学者がよむ尖閣問題――紛争解決への展望を拓く』日本評論社、2014年、109頁
20　緑間前掲書、89頁
21　同上書、94〜95頁
22　同上書、101〜103頁
23　参謀本部『尖閣群島』参謀本部、1934年（「二十万

分一帝国図第三十四行第三十九段」沖縄県立博物館所蔵）
24 奥原敏雄・高井晉「尖閣列島研究の背景と原点（対談）」『島嶼研究ジャーナル』創刊号、2012年、78頁
25 松井前掲書、103頁
26 緑間前掲書、109頁
27 松井前掲書、13頁
28 同上書、141〜142頁
29 同上書、146頁
30 同上書、147〜148頁
31 緑間前掲書、112頁
32 同上書、149頁
33 同上書、123頁
34 同上書、143〜144頁
35 同上書、47頁
36 同上書、48頁
37 太壽堂前掲書、210頁
38 松井前掲書、29頁
39 同上書、69頁
40 松井芳郎編集代表『ベーシック条約集2010』東信堂、2010年、34頁
41 名嘉憲夫『領土問題から「国境画定問題」へ――紛争解決論の視点から考える尖閣・竹島・北方四島』明石書店、2013年、176〜177頁
42 同上書、178頁
43 同上書、179頁
44 同上書、180頁
45 同上書、180〜181頁
46 同上書、238〜239頁
47 上村英明「尖閣諸島問題と先住民族の権利――先住民族の視点から領土問題を考える」『恵泉女学園大学紀要』第26号、2014年、140頁
48 阿部浩己『国際人権を生きる』信山社、2014年、247頁
49 同上書、248頁
50 同上書、254〜255頁
51 同上書、257頁
52 岡田充『尖閣諸島問題――領土ナショナリズムの魔力』蒼蒼社、2012年、3頁
53 同上書、77〜78頁
54 濱川今日子「尖閣諸島の領有をめぐる論点―日中両国の見解を中心に」『調査と情報』（国立国会図書館）第565号、2007年、5頁

55　国吉まこも「琉球処分と尖閣諸島」『島嶼研究ジャーナル』第5巻2号、2016年、86頁
56　井上清「沖縄」『日本歴史16近代［3］』岩波書店、1962年、326頁
57　尾崎重義「尖閣諸島の法的地位――日本領土への編入経緯とその法的権原について（上）」『島嶼研究ジャーナル』第3巻2号、2014年、7～8頁
58　同上論文、9頁
59　尾崎重義「尖閣諸島の帰属について（下の一）」『レファレンス』第22巻第11号（通巻第262号）、1972年、60～61頁
60　同上論文、66～67頁
61　村井前掲書、203～204頁
62　太壽堂前掲書、Kanae Taijudo "Japan's Early Practice of International Law in Fixing Its Territorial Limits" 229頁
63　尾崎重義「尖閣諸島の帰属について（下の二）」『レファレンス』第22巻第12号（通巻第263号）、1972年、164～165頁
64　同上論文、166～167頁
65　同上論文、168頁
66　同上論文、169頁
67　同上論文、170頁
68　纐纈厚『領土問題と歴史認識――なぜ、日中韓は手をつなげないのか』スペース伽耶、2012年、101～102頁
69　井上前掲書、87頁
70　張啓雄「〈以不治治之論〉対〈實効管轄領有論〉――1874年北京交渉会議から見た日中間国際秩序原理の衝突」『社会システム研究』第32号、2016年、141頁
71　同上論文、143頁
72　同上論文、146頁
73　同上論文、153～154頁
74　同上論文、156～157頁
75　同上論文、158頁
76　同上論文、159～160頁
77　纐纈前掲書、114～115頁
78　張前掲論文、161頁
79　高橋庄五郎「いわゆる尖閣列島は日本のものか」『朝日アジアレビュー』10夏季号（通巻第10号）、1972年、13～14頁
80　纐纈前掲書、118～119頁
81　同上書、124頁
82　同上書、171頁

83　同上書、149頁
84　同上書、176頁
85　張海鵬・李国強「馬関条約と釣魚島問題を論じる―釣魚島問題を整理し明らかにするその1」『人民日報』2013年5月8日（『人民網　日本語版』http://j.people.com.cn/94474/8237288.html、2013年5月9日）2020年3月12日確認
86　浅見真規「水野遵・公使の台湾附属島嶼の目録拒否」（『浅見真規のLivedoor-Blog』2017年1月18日、http://blog.livedoor.jp/masanori_asami-board/archives/16304180.html）2020年3月12日確認
87　西里喜行「中琉日関係史から見た尖閣諸島」沖縄大学地域研究所編『尖閣諸島と沖縄―時代に翻弄される島の歴史と自然』芙蓉書房出版、2013年、18頁
88　同上論文、27〜29頁
89　西里喜行「『尖閣問題』の歴史的前提―中琉日関係史から考える」沖縄大学地域研究所編『尖閣諸島と沖縄―時代に翻弄される島の歴史と自然』芙蓉書房出版、2013年、62〜63頁
90　同上論文、66〜67頁
91　同上論文、74頁
92　同上論文、81頁

Ⅱ　日本帝国のなかの尖閣諸島

1　高橋庄五郎『尖閣列島ノート』青年出版社、1979年、51〜52頁
2　同上書、115頁
3　尾崎重義「尖閣諸島の国際法上の地位――主としてその歴史的側面について」（『島嶼研究ジャーナル』第8巻2号、2019年3月、56頁
4　浅見真規「陸軍作成地図も海軍作成水路誌も割譲を示す」（『浅見真規のLivedoor-blog』2018年5月6日、http://blog.livedoor.jp/masanori_asami-board/archives/31450860.html）2020年3月12日確認
5　高橋前掲書、73〜74頁
6　同上書、112〜114頁
7　石垣市「尖閣群島標柱建立報告書」1969年5月15日、南方同胞援護会『沖縄八重山郡石垣市管内尖

閣列島の法的地位に関する文献リスト(その１)』、沖縄県立図書館所蔵、２０１１年、７~８頁

8 尾崎重義「尖閣諸島と日本の領有権(緒論)(その１)」『島嶼研究ジャーナル』創刊号、２０１２年、13頁

9 「久米赤島外二島取調ノ儀ニ付上申」南方同胞援護会『沖縄八重山郡石垣市管内尖閣列島の法的地位に関する文献リスト(その１)』沖縄県立図書館所蔵、２０１１年、１~２頁

10 村田忠禧『史料徹底検証尖閣領有』花伝社、２０１５年、56頁

11 「沖縄県ト清国トノ間ニ散在スル無人島ニ国標建設ハ延期スル方然ルヘキ旨回答ノ件」南方同胞援護会『沖縄八重山郡石垣市管内尖閣列島の法的地位に関する文献リスト(その１)』沖縄県立図書館所蔵、２０１１年、３頁

12 高橋前掲論文、15~16頁

13 高橋前掲書、112~113頁

14 Tadayoshi Murata, *The Origins of Japanese-Chinese Territorial Dispute-Using Historical Records to Study the Diaoyu/Senkaku Islands Issue*, World Scientific, 2016, p.311

15 沖縄県内務部第一課『沖縄旧慣地方制度』沖縄県内務部第一課、１８９３年(１９６３年の星印刷所による復刻版)、29~30頁

16 岡田充『尖閣諸島問題——領土ナショナリズムの魔力』蒼蒼社、２０１２年、79頁

17 奥原敏雄「尖閣列島の領土編入経緯」『島嶼研究ジャーナル』第5巻2号、２０１６年、32~33頁

18 尾崎重義「尖閣諸島と日本の領有権(緒論)(その１)」前掲論文、14頁

19 同上論文、15~16頁

20 松井芳郎『国際法学者がよむ尖閣問題——紛争解決への展望を拓く』日本評論社、２０１４年、21~22頁

21 太壽堂鼎『領土帰属の国際法』東信堂、１９９８年、136~137頁

22 同上書、142頁

23 同上書、203頁

24 同上書、144~146頁

25 同上書、201頁

26 姜克實「１８８５年日本政府による無人島調査についての一考察——〝固有領土〟の意味を考える」『岡山大学文学部紀要』第59巻、２０１３年、65頁

27 平岡昭利『アホウドリと「帝国」日本の拡大――南洋の島々への進出から侵略へ』明石書店、2012年、158～159頁
28 同上書、191～192頁
29 同上書、198～199頁
30 同上書、201頁
31 姜前掲論文、71頁
32 同上論文、72～73頁
33 同上論文、74頁
34 「鈴木経勳略年譜」250頁、森久男「解説」263頁、鈴木経勳『南洋探検実記』平凡社、1980年
35 森同上論文、269～270頁
36 井上清『日本の歴史　中』岩波書店、1965年、84頁
37 同上書、141～142頁
38 平岡前掲書、18～19頁
39 太壽堂前掲書、145頁
40 上村英明「『北海道』・『沖縄』の植民地化とその国際法の論理――アジアにおける『先住民族』形成の一事例」『プライム』明治学院大学国際平和研究所、第12号、2000年、63頁
41 三木健『八重山近代民衆史』三一書房、1980年、46～47頁
42 『大臣伯爵山県有朋沖縄諸島及五島対馬等巡回復命書進達ノ件』（1886年、作成部局は内閣、国立公文書館所蔵）2～3頁
43 同上書、6頁
44 同上書、4～6頁
45 同上書、7頁
46 同上書、8～9頁
47 三木前掲書、51頁
48 山県有朋「軍事意見書」大山梓編『山縣有朋意見書』原書房、1966年、179頁
49 三木前掲書、53頁
50 同上書、55～56頁
51 同上書、59頁

Ⅲ　尖閣諸島における経済的植民地主義

1 平岡昭利「明治期における尖閣諸島への日本人――の進出と古賀辰四郎」『人文地理』第57巻第5号、

2005年、47頁
2 浦野起央『尖閣諸島・琉球・中国―日中国際関係史』三和書籍、2002年、128頁
3 同上書、136～137頁
4 同上書、145頁
5 『古賀辰四郎へ藍綬褒章下賜の件』国立公文書館所蔵、公文雑纂明治42年・内閣四、1909年、33頁（歴史的遣いを現代仮名遣いに、旧漢字を新漢字に改めて引用した、以下同じ）
6 同上書、10頁
7 同上書、15頁
8 同上書、19頁
9 同上書、22頁
10 同上書、44頁
11 同上書、46～47頁
12 同上書、10～11頁
13 同上書、40頁
14 同上書、48頁
15 平岡前掲論文、53頁
16 同上論文、56～57頁
17 宮島幹之助「黄尾嶋（完結）」『地学雑誌』第13輯第146巻、1901年、91～92頁
18 平岡前掲論文、59頁
19 『古賀辰四郎へ藍綬褒章下賜の件』前掲書、60～61頁
20 国吉まこも「沖縄近代漁業史から見た尖閣諸島」沖縄大学地域研究所編『尖閣諸島と沖縄――時代に翻弄される島の歴史と自然』芙蓉書房出版、2013年、104頁
21 同上論文、108～110頁
22 尖閣諸島文献史料編纂会編『尖閣研究　尖閣諸島海域の漁業に関する調査報告――沖縄県における戦前～日本復帰（1972年）の動き』尖閣諸島文献史料編纂会、2010年、48頁
23 同上書、29頁
24 『古賀辰四郎へ藍綬褒章下賜の件』前掲書、68～69頁
25 国吉前掲論文、122頁
26 尖閣諸島文献史料編纂会編前掲書、50頁
27 同上書、55～57頁
28 琉球のような周辺資本主義構成体における不均等発展については次の文献を参照されたい。サミール・アミン『周辺資本主義構成体論』柘植書房、1979年、サミール・アミン『不均等発展』東洋

29 経済新報社、1983年

30 『古賀辰四郎へ藍綬褒章下賜の件』前掲書、54頁

31 同上書、90頁

32 宮島前掲論文、93頁

33 国吉まこも「戦後の尖閣諸島における漁業」沖縄大学地域研究所編『尖閣諸島と沖縄——時代に翻弄される島の歴史と自然』芙蓉書房出版、2013年、173頁

34 同上論文、175頁

35 同上論文、187頁

36 長谷川博・花井正光「尖閣諸島のアホウドリ」沖縄大学地域研究所編『尖閣諸島と沖縄——時代に翻弄される島の歴史と自然』芙蓉書房出版、2013年、199〜200頁

37 同上論文、203頁

38 同上論部、205頁

39 平岡昭利『アホウドリと「帝国」日本の拡大——南洋の島々への進出から侵略へ』明石書店、2012年、134〜135頁

40 金城宏「寄留商人に関する一考察——その特質と存立基盤」『商経論集』沖縄国際大学商経学部、第5巻第2号、1977年、46頁

41 西里喜行『近代沖縄の寄留商人』ひるぎ社、1982年、126頁

42 同上書、129頁

43 同上書、205頁

44 同上書、206〜207頁

45 金城前掲論文、49頁、61頁

46 西里喜行『沖縄近代史研究——旧慣温存期の諸問題』沖縄時事出版、1981年、147〜149頁

47 同上書、149〜150頁

48 同上書、150頁

49 同上書、152頁

50 西里『近代沖縄の寄留商人』前掲書、207頁

51 同上書、208頁

52 同上書、208〜209頁

53 同上書、210〜211頁

54 同上書、211頁

55 緑間栄『尖閣列島』1998年、98頁

56 国吉「沖縄近代漁業史から見た尖閣諸島」前掲論文、96〜97頁

57 同上論文、98〜99頁

58 同上論文、114頁

59 同上論文、119〜120頁

59 緑間前掲書、74〜75頁
60 同上書、75〜76頁
61 高橋庄五郎『尖閣列島ノート』青年出版社、1979年、145頁
62 奥原敏雄「尖閣列島の領有権問題——台湾の主張とその批判」『季刊沖縄』第56号、1971年、85〜86頁
63 奥原敏雄・高井晋「尖閣列島研究の背景と原点（対談）」『島嶼研究ジャーナル』創刊号、2012年、77頁
64 緑間前掲書、9頁、浦野起央『尖閣諸島・琉球・中国——日中国際関係史』三和書籍、2002年、1頁
65 赤嶺守「尖閣列島領有権問題」琉球大学公開講座委員会編『復帰20年、沖縄はどう変ったか』琉球大学学生部学生課、1993年、167頁
66 同上論文、153〜154頁
67 同上論文、158頁
68 同上論文、158〜159頁
69 岡田充『尖閣諸島問題——領土ナショナリズムの魔力』蒼蒼社、2012年、108頁
70 同上書、112頁
71 吉田嗣延『小さな闘いの日々—沖縄復帰のうらばなし』文教商事、1976年、220頁
72 同上書、220頁
73 秋山道宏『基地社会・沖縄と「島ぐるみ」の運動——B52撤去運動から県益擁護運動へ』八朔社、2019年、169〜170頁。筆者が東海大学海洋学部の教員であったころ、「海洋実習」、「海外研修航海」の授業等において、「東海大学二世号」の後継船舶である「望星丸」に乗船し、学生とともに日本近海や太平洋での海洋調査を行った経験がある。
74 高岡大輔「尖閣列島周辺海域の学術調査に参加して」『季刊沖縄』第56号、1971年、57〜58頁
75 桃原用永『戦後の八重山歴史』宮里師伴、1986年、498頁、501頁
76 同上書、503頁
77 同上書、505頁
78 同上書、506頁
79 同上書、508頁
80 同上書、509〜510頁
81 「尖閣諸島周辺海域埋蔵資源開発に関する拠点基地形成推進を求める要請決議」『石垣市議会報』No・85、2006年
82 桃原前掲書、514〜515頁

83 同上書、516〜517頁
84 同上書、519頁
85 同上書、522頁
86 同上書、523〜524頁
87 同上書、525頁
88 同上書、525〜526頁
89 同上書、526頁
90 高橋庄五郎「いわゆる尖閣列島は日本のものか」『朝日アジアレビュー』10夏季号、通巻第10号、1972年、11頁
91 桃原前掲書、527〜528頁
92 宮地英敏「占領期沖縄における尖閣諸島沖の海底油田問題」『エネルギー史研究――石炭を中心として』九州大学記録資料館産業経済資料部門(32)、2017年、118頁
93 秋山前掲書、171〜172頁
94 大見謝恒寿『尖閣油田の開発と真相――その二つの側面』大見謝恒寿(沖縄県立図書館所蔵)、1970年、4頁
95 同上書、5頁
96 同上書、10〜11頁
97 同上書、11〜12頁
98 同上書、12〜14頁
99 同上書、16〜17頁
100 金城睦「尖閣列島問題の周辺」『法律時報』1970年10月号、126頁
101 秋山前掲書、177頁
102 新里景一『尖閣列島の油田開発について』新里景、(沖縄県公文書館所蔵)、1970年、2〜4頁
103 同上書、5〜6頁
104 宮地英敏「沖縄石油資源開発株式会社の構想と挫折――尖閣諸島沖での油田開発が最も実現に近づいた時」『経済学研究』九州大学経済学会、第84巻第1号、2017年44〜45頁
105 『琉球新報』1969年2月19日
106 秋山前掲書、174〜175頁
107 同上書、180〜181頁
108 宮地「沖縄石油資源開発株式会社の構想と挫折」前掲論文、47頁
109 『沖縄時報』1969年7月28日
110 秋山前掲書、184〜185頁
111 『沖縄時報』1969年7月28日
112 稲嶺一郎『世界を舞台に』沖縄タイムス社、1988年、560頁

113 同上書、564頁

114 「沖縄近海及び尖閣列島海域石油資源開発推進委員会設立趣意書」、「沖縄近海及び尖閣列島海域石油資源開発推進委員会会則（案）」（1980年10月、沖縄県公文書館所蔵）

115 「稲嶺一郎メモ」（1980年6月18日付、沖縄県公文書館所蔵）

116 パラオ共和国における石油貯蔵基地建設計画に対する外国独占資本の介入、住民による建設反対運動等に関しては、松島泰勝『ミクロネシア――小さな島々の自立への挑戦』早稲田大学出版部、2008年を参照されたい。

117 栗原弘行『尖閣諸島売ります』廣済堂出版、2012年、131頁

118 「尖閣沖は原油や天然ガスの『宝庫』でも、試掘権の申請は40年近く棚上げ」（『J-Castニュース』2012/9/16,(https://www.j-cast.com/2012/09/16146285.html?p=all) 2020年3月12日確認

119 亀田晃尚「尖閣諸島の石油資源と21世紀初頭の中国の行動に関する一考察――石油埋蔵量に関する記述を中心に」『公共政策志林』第6巻、法政大学公共政策研究科、2018年、134～135頁

120 同上論文、138～139頁

121 同上論文、141頁

122 同上論文、142頁

123 入江啓四郎「尖閣列島海域開発の法的基盤」『季刊沖縄』第56号、1971年、20頁

124 島田征夫「領海と接続水域」島田征夫・林司宣編『海洋法テキストブック』有信堂高文社、2005年、38頁

125 奥原敏雄・高井晉「尖閣列島研究の背景と原点（対談）」『島嶼研究ジャーナル』創刊号、2012年、81頁

126 宮地「沖縄石油資源開発株式会社の構想と挫折」前掲論文、35頁

Ⅳ サンフランシスコ平和条約体制下の琉球と尖閣諸島

1 原貴美恵『サンフランシスコ平和条約の盲点――アジア太平洋地域の冷戦と「戦後未解決の諸問題」』

淡水社、2005年、65頁
2 同上書、146頁
3 同上書、147頁
4 同上書、237頁
5 同上書、244頁
6 同上書、251頁
7 同上書、270頁
8 大浜信泉「序」南方同胞援護会編『沖縄復帰の記録』南方同胞援護会、1972年、2頁
9 尖閣列島研究会「尖閣列島と日本の領有権」『季刊沖縄』第56号、1971年、12頁
10 大島隆『アメリカは尖閣を守るか――激変する日米中のパワーバランス』朝日新聞出版、2017年、183頁
11 同上書、184頁
12 南風原村史編集委員会『南風原村史』南風原村役所、1971年、523頁。新垣弓太郎や、インドネシアにおける琉球人の独立運動に関する資料収集に関して、南風原文化センターの平良次子氏よりご教示をいただいた。2000年に南風原町において町民劇「弓太郎幻想――琉球の男・新垣弓太郎物語」が上演されるなど、新垣は町の「偉人」として認識されている。
13 同上書524頁、『沖縄朝日新聞』1950年7月24日、『琉球新報』1964年3月21日
14 赤嶺親助「自由、民権運動の志士　新垣弓太郎翁」赤嶺親助編『近代』第1巻第3号、1954年3月号、6頁
15 『沖縄朝日新聞』1950年7月24日
16 『琉球新報』1964年3月21日
17 赤嶺前掲論文、6頁
18 南風原村史編集委員会前掲書、527頁、『琉球新報』1916年12月6日
19 『琉球新報』1964年3月21日
20 南風原村史編集委員会前掲書、525頁
21 喜友名嗣正「新垣弓太郎翁の事績」『沖縄タイムス』1984年12月24日、南風原文化センター『弓太郎幻想―琉球の男・新垣弓太郎物語』南風原文化センター、2000年、17頁
22 『琉球新報』1964年3月21日
23 『琉球新報』1985年1月19日
24 新垣弓太郎「来たりて謝罪すべし」『月刊沖縄』創刊号、1961年、20～21頁
25 『沖縄朝日新聞』1950年7月24日

26 『沖縄日報』1954年10月14日
27 「平良定三さん日本語のガイド独立戦争にも参加」琉球新報社編『世界のウチナーンチュ1』ひるぎ社、1986年、192頁
28 同上書、190頁~191頁
29 「徳山清教 わが心のインドネシア」沖縄インドネシア友好協会編『Sahabat 沖縄インドネシア友好協会記念誌』沖縄インドネシア友好協会、南風原文化センター所蔵、1999年(頁数記載なし)
30 稲嶺一郎『世界を舞台に――稲嶺一郎回顧録』沖縄タイムス社、1988年、209~226頁
31 「宮城仁四郎 私とインドネシア」沖縄インドネシア友好協会同上書
32 「『ミスターアセアンの原点』――稲嶺一郎氏とインドネシア」沖縄インドネシア友好協会同上書、稲嶺前掲書
33 石井明「中国の琉球・沖縄政策――琉球・沖縄の帰属問題を中心に」『境界研究』No・1、2010年、71頁
34 西里喜行『清末中琉日関係史の研究』京都大学出版会、2005年、512~513頁
35 石井前掲論文、75頁、77~78頁
36 同上論文、79頁
37 赤嶺守「戦後中華民国における対琉球政策――1945年~1972年の琉球帰属問題を中心に」『日本東洋文化論集――琉球大学法文学部紀要』第19号、2013年、30頁
38 同上論文、35頁
39 石井前掲論文、85頁
40 赤嶺前掲論文、48~49頁
41 同上論文、42~43頁
42 同上論文、43~44頁、蔡璋『琉球問題解決點の「再吟味」』琉球獨立協會、1957年、20~21頁
43 赤嶺同上論文、49~50頁
44 同上論文、51頁
45 'Ryukyu Residents Association in Taiwan' in 1955/2/12,Asian People's Anti-Communist League(T'sai Chang,RG260:USCAR文書、第二次世界大戦米占領司令部文書、沖縄県公文書館所蔵)
46 赤嶺前掲論文、39~40頁
47 同上論文46頁
48 蔡璋編著『琉球亡国史潭』正中書局、1951年、16頁、54頁、引用文は松島訳
49 'Requesting an Appointment with HiCom to Discuss

Ryukyuan Politics' in 1961/3/11, Asian People's Anti-Communist League(T'sai Chang op.cit. 沖縄県公文書館所蔵）

50 'The Statement of the Ryukyuan Revolutionary Association in Formosa in Regard to the Revised Japanese Peace Treaty Plan introduced into Okinawa' in 1951/8/29, Asian People's Anti-Communist League（T'sai Chang Ibid. 沖縄県公文書館所蔵）引用文は松島訳

51 高賢来「１９５０年代の韓国・沖縄関係――反帝国主義、独立、そして米軍基地」『琉球・沖縄研究』第４号、早稲田大学琉球・沖縄研究所、２０１３年、114頁

52 同上論文、106～107頁

53 'T'sai Chang' Asian People's Anti-Communist League（T'sai Chang op.cit. 沖縄県公文書館所蔵）引用要約文は松島訳

54 高前掲論文、114頁

55 同上論文、104頁

56 'The Letter from William G. Jones in American Embassy,Seoul,Korea to Ronald A.Gaiduk in American Consular Unit,Naha,Okinawa' in 1959/7/6, Asian People's Anti-Communist League（T'sai Chang op.cit. 沖縄県公文書館所蔵）引用文は松島訳

57 井上清『「尖閣」列島――釣魚諸島の史的解明』第三書館、２０１２年、18頁

58 外務省「尖閣諸島に関するQ＆A」（『日本の領土をめぐる情勢』外務省、https://www.mofa.go.jp/mofaj/area/senkaku/qa_1010.html）２０２０年２月19日確認

59 同上ホームページ

60 東京都『東京都尖閣諸島現地調査　調査報告書』東京都、２０１２年、３頁

61 石垣市『尖閣諸島自然環境基礎調査事業報告書』石垣市、２０１５年、Ⅲ―２頁

62 外務省前掲ホームページ

63 浦野起央『尖閣諸島・琉球・中国――日中国際関係史』三和書籍、２００２年、５～７頁

64 芹田健太郎『日本の領土』中央公論新社、２００２年、38～39頁

65 ガバン・マコーマック「小さな島の大きな問題―尖閣・釣魚諸島における歴史と地理の重み」『創作と批評』春号、通巻151号、２０１１年、（https://apjjf.org/data/McCormack3464JapaneseT.pdf. ２頁）２０２０年２月19日確認

66 同上論文、７頁

67　同上論文、4～5頁
68　同上論文、6頁
69　松井芳郎『国際法学者がよむ尖閣問題―紛争解決への展望を拓く』日本評論社、2014年、45頁
70　マコーマック前掲論文、10頁
71　中華人民共和国国務院報道弁公室「釣魚島は中国固有の領土である」（中華人民共和国駐日本国大使館ホームページ、2012年、http://www.china-embassy.or.jp/jpn/zrgxs /zywj/t973306.htm）2020年2月19日確認
72　董永裁「釣魚島紛争――中日共に新たな現実を直視する必要がある」（『環球時報』「人民網日本語版」ホームページ、2013年5月7日、http://j.people.com.cn/94474/204188/8231524.html）2020年2月19日確認
73　浦野前掲書、70～71頁
74　同上書、24頁
75　浅見真規「沖縄県下の遺跡からの中国銭出土は中国民間交易船による釣魚嶼の発見を示唆する」（『浅見真規 のLivedoor-blog』2016年9月30日、http://blog.livedoor. jp/masanori_asami-board/archives/2016-09.html）2020年2月19日確認
76　鐘厳「釣魚島の主権について」（『人民日報』1996年10月18日、「人民網日本語版」掲載http://j.people.com.cn/cehua/20040407/01.htm2004年4月7日）2020年2月19日確認
77　松井前掲書、150頁
78　同上書、165頁
79　同上書、167～169頁
80　浦野前掲書、13頁
81　「中華民国政府外交部声明」『季刊沖縄』63号、1972年、180頁
82　陶竜生「釣魚台主権と大陸棚画定問題」『季刊沖縄』63号、1972年、206～207頁
83　同上論文、211頁
84　同上論文、213頁
85　同上論文、217頁
86　ロバート・D・エルドリッヂ『尖閣問題の起源』名古屋大学出版会、2015年、43頁
87　矢吹晋『尖閣問題の核心――日中関係はどうなる』花伝社、2013年、170～171頁
88　緑間栄『尖閣列島』ひるぎ社、1998年、114～115頁
89　本田善彦『台湾と尖閣ナショナリズム――中華民族

主義の実像』岩波書店、２０１６年、19頁
90　エルドリッチ前掲書、46～47頁
91　同上書、48頁
92　西川潤『第三世界の構造と動態』中央公論社、１９７７年、309～310頁
93　松井芳郎編集代表『ベーシック条約集２０１０』東信堂、２０１０年、137頁
94　同上書、139頁
95　「国連海底委における安致遠中華人民共和国代表の発言」（１９７２年3月3日）『季刊沖縄』63号、１９７２年、177～179頁。「平和共存五原則」とは、中国の周恩来首相とインドのネルー首相が１９５４年に合意した次の5つの原則である。「領土・主権の相互尊重」、「相互不可侵」、「相互内政不干渉」、「平等互恵」、「平和共存」

V　日本の軍国主義化の拠点としての尖閣諸島と琉球

1　纐纈厚『領土問題と歴史認識——なぜ、日中韓は手をつなげないのか』スペース伽耶、２０１２年、114～115頁
2　同上書、118～119頁
3　同上書、149頁
4　三木健「幻の『尖閣群島測候所』——『軍事極秘』文書に見る建設構想とその挫折」『環』Vol・54、２０１３年、56頁
5　同上論文、58頁
6　同上論文、59頁
7　同上論文、60頁
8　同上論文、61～62頁
9　同上論文、64頁
10　同上論文、67頁
11　秋元一峰「島嶼の戦略的価値——防衛・安全保障の視点から」『島嶼研究ジャーナル』創刊号、２０１２年、54～56頁
12　同上論文、60頁
13　同上論文、64頁
14　千葉明「尖閣問題の原点としての沖縄返還——蒋介石が東アジアに遺した禍根」『島嶼研究ジャーナル』第7巻1号、２０１７年、69頁

15　小川聡・大木聖馬『領土喪失の悪夢——尖閣・沖縄を売り渡すのは誰か』新潮社、2014年、127頁
16　同上書、178頁
17　同上書、179～180頁
18　沖縄タイムス「尖閣」取材班編『波よ鎮まれ——尖閣への視座』沖縄タイムス社、2014年、2～3頁
19　大田静男「軍部の未必の故意——戒厳令下の出航」尖閣列島戦時遭難死没者慰霊之碑建立事業期成会編『沈黙の叫び——尖閣列島戦時遭難事件』南山舎、2006年、156頁
20　同上論文、164～165頁
21　同上論文、175頁
22　同上論文、171頁
23　牧野清「尖閣列島小史」『季刊沖縄』第56号、1971年、73頁
24　慶田城用武「座談会『尖閣戦時遭難事件と尖閣問題』」『やいま』2015年11月号、23～24頁
25　牧野前掲論文、75頁
26　慶田城前掲論文、25頁
27　大田前掲論文、176頁
28　同上論文、177頁
29　牧野前掲論文、76～78頁
30　大田前掲論文、196頁
31　はいの晄「八重山教科書問題の問題点」古川純編『八重山の社会と文化』南山舎、2015年、207～208頁
32　寺脇研『国家の教育支配がすすむ——〈ミスター文部省〉に見えること』青灯社、2017年、115頁
33　同上書、118頁。各自治体のホームページ上の統計情報によれば、竹富町の人口数は4342人（2019年12月現在）、石垣市の人口数は4万9771人（2019年11月現在）、与那国町の人口数は1716人（2019年12月現在）。
34　石垣金星「アリが象を倒す！——八重山教科書問題」『けーし風』第83号、2014年、46頁
35　同上論文、48頁
36　同上論文、48～49頁
37　寺脇前掲書、97～98頁
38　同上書、114頁
39　同上書、116～117頁
40　仲新城誠『国境の島の「反日」教科書キャンペーン——沖縄と八重山の無法イデオロギー』産経新聞出版、2013年、28～29頁

41　同上書、30頁
42　同上書、31〜32頁
43　同上書、32〜33頁
44　中山義隆『中国が耳をふさぐ尖閣諸島の不都合な真実―石垣市長が綴る日本外交の在るべき姿』ワニブックス、2012年、116〜118頁
45　同上書、142〜144頁
46　同上書、148頁
47　同上書、162〜163頁
48　同上書、165頁
49　同上書、168頁
50　同上書、171頁
51　同上書、173頁
52　林博史「『集団自決』問題を考える視点」『季刊戦争責任研究』No・60、2008年夏季号、3頁
53　同上論文、4〜5頁
54　石山久夫『教科書検定』岩波書店、2008年、41〜42頁
55　『世界』編集部「沖縄『集団自決』訴訟の概要」『世界』2008年臨時増刊号、173頁
56　石原昌家「『靖国の視座』による沖縄戦の定説化に抗して」『世界』2007年7月、75〜77頁
57　林前掲論文、10〜11頁
58　林博史『沖縄戦　強制された「集団自決」』吉川弘文館、2009年、223頁
59　同上書、225頁
60　同上書、8〜9頁
61　石原前掲論文、69頁
62　高作正博「沖縄戦『集団自決』裁判」井端正幸・渡名喜庸安・仲山忠克編『憲法と沖縄を問う』法律文化社、2010年、85頁
63　高良沙哉「『集団自決』強制記述削除と教科書検定」新城将孝・小西吉呂・川崎和治・春田吉備彦編『法学　沖縄法律事情PartⅡ』琉球新報社、2008年、26頁
64　同上論文、39〜40頁
65　石山前掲論文、36頁
66　同上論文、44頁
67　石原昌家『援護法で知る沖縄戦認識―捏造された「真実」と靖国神社合祀』凱風社、2016年、57頁
68　同上書、52〜53頁
69　同上書、62頁
70　同上書、77頁
71　同上書、65頁

72 高良鉄美「日の丸・君が代問題」井端正幸・渡名喜庸安・仲山忠克編『憲法と沖縄を問う』法律文化社、2010年、74頁
73 『琉球新報』1986年3月1日「社説」
74 知花昌一「私はなぜ日の丸を焼いたか」『インパクション』53号、1988年、24頁
75 同上論文、25頁
76 同上論文、25～26頁
77 大田静男「中国脅威論と八重山への自衛隊配備」『神奈川大学評論』第82号、2015年、61頁
78 同上論文、62頁
79 同上論文、62～63頁
80 松井芳郎『国際法学者がよむ尖閣問題――紛争解決への展望を拓く』日本評論社、2014年、171頁
81 大田「中国脅威論と八重山への自衛隊配備」前掲論文、63頁
82 同上論文、64頁
83 同上論文、66頁
84 慶田城前掲論文、30頁
85 大田静男「座談会『尖閣戦時遭難事件と尖閣問題』」『やいま』2015年11月号、30頁
86 ロバート・D・エルドリッヂ『尖閣問題の起源』名古屋大学出版会、2015年、238頁
87 大島隆『アメリカは尖閣を守るか――激変する日米中のパワーバランス』朝日新聞出版、2017年、245頁
88 松井前掲書、157頁
89 松井芳郎編集代表『ベーシック条約集2010』東信堂、2010年、34頁

Ⅵ 琉球人遺骨問題と尖閣諸島問題との共通性

1 1940年、日本民芸協会の柳宗悦らが、沖縄県学務課が進める「標準語励行運動」が行き過ぎであると批判すると、同学務課が反論するなどして展開された論争。
2 金関丈夫「皇民化と人種の問題」『台湾時報』1941年1月号、24～25頁
3 清野謙次『増補版日本原人の研究』第一書房、1985年、368頁

4 常石敬一『七三一部隊――生物兵器犯罪の真実』講談社、1995年、9〜10頁
5 京都大学編『京都大学病理学教室百年史：病院病理部の新しい動きを含む：明治33年（1900）〜平成20年（2008）』京都大学医学部病理学教室百年史刊行会、2008年、40頁、51頁
6 常石敬一『医学者たちの組織犯罪――関東軍第七三一部隊』朝日新聞社、1999年、241頁
7 常石『七三一部隊――生物兵器犯罪の真実』前掲書、88頁
8 松村瞭「大阪の人類館」『東京人類学会雑誌』第205号、1903年、290頁
9 金城勇「学術人類館事件と沖縄――差別と同化の歴史」演劇「人類館」上演を実現させたい会編『人類館――封印された扉』アットワークス、2005年、43〜44頁
10 同上論文、45〜46頁
11 山極壽一「山極総長とのあいさつ会見」『職員組合ニュース』2019年度第2号、3頁
12 藤澤健一・近藤健一郎「あらたに見出された『沖縄教育』に関する解説、ならびに附表の再改訂」『復刻版沖縄教育』第39巻、不二出版、2015年、10〜11頁
13 東恩納寛惇「百按司墓調書」『東恩納寛惇新聞切抜帳3』沖縄県立図書館所蔵
14 島袋源一郎「沖縄郷土史の梗概」『沖縄教育』第300号、1941年、4頁（旧漢字を新漢字に改めた。以下同じ）
15 島袋源一郎『琉球百話』比嘉寿助、1941年、14〜15頁
16 島袋「沖縄郷土史の梗概」前掲論文、10〜11頁
17 島袋源一郎「国民思想と教育者の覚悟」『復刻版沖縄教育』第9巻、不二出版、2010年、7頁
18 同上論文、8〜9頁
19 三木健「田代安定――黎明期の沖縄研究」『新沖縄文学』第37号、1977年、68頁
20 同上論文、74〜75頁
21 田代安定『沖縄県下八重山群島急務意見目録』（沖縄県立図書館所蔵）、4〜5頁
22 同上書、7頁
23 天野鉄夫「沖縄自然界の学問的開拓者『黒岩恒』」大城昌隆編『黒岩恒先生顕彰記念誌』黒岩恒先生功績顕彰会、1969年、10〜11頁
24 同上論文、13〜14頁

25 同上論文、15〜16頁
26 同上論文、20〜22頁
27 天野鉄夫「黒岩恒――沖縄自然界の学問的開拓者」『新沖縄文学』第37号、1977年、91頁
28 天野「沖縄自然界の学問的開拓者『黒岩恒』」前掲論文、23頁
29 『琉球新報』1900年12月29日（沖縄県教育庁文化財課史料編集班編『沖縄県史　資料編24　自然環境新聞資料　自然環境2』沖縄県教育委員会、2014年）、64頁
30 「沖縄人類学会の設立」『東京人類学会雑誌』12巻132号、1896年（沖縄県立図書館史料編集室編『沖縄県史料　前近代9　考古関係資料1』沖縄県教育委員会、1996年）、72〜73頁
31 「沖縄における人類学的調査」『東京人類学会雑誌』12巻132号、1896年（沖縄県立図書館史料編集室編『沖縄県史料　前近代9　考古関係資料1』沖縄県教育委員会、1996年）、71頁
32 天野「沖縄自然界の学問的開拓者『黒岩恒』」前掲論文、23〜24頁
33 黒岩恒「尖閣列島探検記事（抄）」『地学雑誌』第12・13輯、1900年、1901年（『季刊沖縄』第56号、1971年）、194頁
34 同上論文、196頁
35 奈良原繁『無事着任　沖縄県治民情報告』奈良原繁書簡　井上馨宛（沖縄県立図書館所蔵）
36 黒岩前掲論文、199頁
37 島袋久仁「黒岩先生と農業指導」大城昌隆編『黒岩恒先生顕彰記念誌』黒岩恒先生功績顕彰会、1969年、234頁。本史料に関しては与那嶺功氏のご教示に負う。
38 喜屋武良功「黒岩先生と昆虫採集」大城昌隆編『黒岩恒先生顕彰記念誌』黒岩恒先生功績顕彰会、1969年、240頁
39 今帰仁グスクを学ぶ会編『今帰仁上り（『今帰仁グスク』第4号）』、今帰仁グスクを学ぶ会、2010年、9頁
40 喜屋武前掲論文、242頁
41 平敷令治『沖縄の祭祀と信仰』第一書房、1990年、313頁
42 清野謙次『古代人骨の研究に基づく日本人種論』岩波書店、1949年、120頁
43 照屋信治『近代沖縄教育と「沖縄人」意識の行方――沖縄県教育会機関誌『琉球教育』『沖縄教育』の

研究』渓水社、2014年、95頁
44 同上書、178～179頁
45 内閣印刷局編『職員録』、1927年(沖縄県立図書館所蔵)
46 内閣印刷局編『職員録』、1928年(沖縄県立図書館所蔵)
47 内閣印刷局編『職員録』、1930年(沖縄県立図書館所蔵)。「産業課」は1930年に「農林課」に課名が変更した可能性がある。1928年7月1日現在で井田は産業課長であったが、1930年には農林課長になっている。
48 内閣印刷局編『職員録』、1931年(沖縄県立図書館所蔵)
49 沖縄県知事官房編『沖縄県職員録』、1931年(沖縄県立図書館所蔵)
50 沖縄県人事課編『沖縄県職員録』、1935年(沖縄県立図書館所蔵)
51 近藤健一郎「琉球処分直後の沖縄教育——山県有朋『復命書』(1886年)を中心に」『日本の教育史学』36巻、1993年、41頁
52 同上論文、45頁
53 同上論文、47～48頁
54 新田義尊「沖縄は沖縄なり琉球にあらず」『琉球教育』第2号、1895年(州立ハワイ大学西塚邦雄編『琉球教育』第1巻、本邦書籍、1980年)、48～49頁。(引用文内は新漢字、新仮名遣いに改めた。以下同様)
55 同上論文、50～51頁
56 同上論文、53頁
57 新田義尊「沖縄は沖縄なり琉球にあらず(承前)」『琉球教育』第14輯、1897年(州立ハワイ大学西塚邦雄編『琉球教育』第2巻、本邦書籍、1980年)、107頁
58 村井章介『古琉球——海洋アジアの輝ける王国』KADOKAWA、2019年、32頁
59 新田義尊「沖縄は沖縄なり琉球にあらず(承前)」『琉球教育』第8輯、1896年(州立ハワイ大学西塚邦雄編『琉球教育』第2巻、本邦書籍、1980年)、312頁
60 新田義尊「沖縄は沖縄なり琉球にあらず(承前)」『琉球教育』第14輯、1897年(州立ハワイ大学西塚邦雄編『琉球教育』第2巻、本邦書籍、1980年)、103頁
61 新田義尊「沖縄は沖縄なり琉球にあらず(承前)」

『琉球教育』第17輯、1897年（州立ハワイ大学西塚邦雄編『琉球教育』第2巻、本邦書籍、1980年）、195頁

62 新田義尊・黒岩恒「日清開戦の発端」沖縄県私立教育会編『征清録』沖縄県私立教育会、1894年（沖縄県立図書館所蔵）、1頁

63 同上論文、7頁

64 1947年、昭和天皇は、在東京アメリカ合衆国対日政治顧問のW・J・シーボルトに対して、沖縄におけるアメリカ合衆国の軍事占領は、日本に主権を残したまま、25年、50年、それ以上長期租借すべきであり、これによりソ連と中国が同様な権利を要求するのを阻止することができるという内容のメッセージを伝えた。

65 井上清『天皇・天皇制の歴史』明石書店、1986年、1頁

66 安良城盛昭『天皇・天皇制・百姓・沖縄――社会構成史研究よりみた社会史研究批判』吉川弘文館、1989年、171頁

67 同上書、69頁

68 同上書、79頁

69 井上前掲書、102頁

70 同上書、7頁

71 同上書、4～5頁

72 1945年2月14日に近衛文麿が天皇に終戦を求めたが、「もう一度の戦果」がなければ終戦できないと昭和天皇が述べた。

73 沖縄県立博物館・美術館編『ずしがめの世界』沖縄県立博物館・美術館、2008年、2～5頁

74 安良城前掲書、194頁

75 篠田謙一『DNAで語る日本人起源論』岩波書店、2015年、238～239頁

76 北海道アイヌ協会、日本人類学会、日本考古学協会『これからのアイヌ人骨・副葬品に係る調査研究の在り方に関するラウンドテーブル』北海道アイヌ協会、日本人類学会、日本考古学協会、2017年、6頁（http://archaeology.jp/activity/past-activity/ 1705ainureport/）2020年2月25日確認

77 山極前掲文、3頁

78 『八重山日報』2018年5月16日

79 「コタンの会」ウェブサイト（https://kotankai.jimdofree.com）2020年2月25日確認

80 「e-Gov」総務省法令検索「文化財保護法」（https://elaws.e-gov.go.jp/search/elawsSearch/elaws_search/

lsg0500/detail?lawId=325AC1000000214&openerCode=1#2）２０２０年４月18日確認

Ⅶ　琉球独立と尖閣諸島問題

1　高良倉吉「沖縄の歴史から見た尖閣列島問題」沖縄県知事公室地域安全政策課調査・研究班編『変化する日米同盟と沖縄の役割――アジア時代の到来と沖縄』沖縄県知事公室地域安全政策課調査・研究班、２０１３年、82頁

2　同上論文、84～85頁。伊波普猷に関する批判的研究としては、伊佐眞一の『伊波普猷批判序説』影書房、２００７年、『沖縄と日本の間で――伊波普猷の帝大・卒論への道（上）（中）（下）』琉球新報社、２０１６年を参照されたい。

3　同上論文、87頁

4　同上論文、88～89頁

5　高良倉吉「はじめに」沖縄平和協力センター編『平成27年度　内閣官房委託調査　尖閣諸島に関する資料調査報告書』沖縄平和協力センター、２０１６年（https://www.cas.go.jp/jp/ryodo/img/data/archives-senkaku02.pdf. ３頁）２０２０年２月26日確認

6　沖縄平和協力センター編『平成27年度　内閣官房委託調査　尖閣諸島に関する資料調査報告書』沖縄平和協力センター、２０１６年（https://www.cas.go.jp/jp/ryodo/img/data/archives-senkaku02.pdf.）３～４頁　２０２０年２月26日確認

7　西里喜行「『尖閣問題』の歴史的前提――中琉日関係史から考える」沖縄大学地域研究所編『尖閣諸島と沖縄―時代に翻弄される島の歴史と自然』芙蓉書房出版、２０１３年、83頁

8　同上論文、86頁

9　新崎盛暉「結びに代えて――残された課題」沖縄大学地域研究所編『尖閣諸島と沖縄――時代に翻弄される島の歴史と自然』芙蓉書房出版、２０１３年、300頁

10　沖縄大学地域研究所編『尖閣諸島と沖縄――時代に翻弄される島の歴史と自然』芙蓉書房出版、２０１３年、91頁

11　同上書、207～208頁

12　新崎盛暉「国家『固有の領土』から、地域住民の『生

活圏』へ――沖縄からの視点」新崎盛暉・岡田充・高原明生・東郷和彦・最上敏樹『「領土問題」の論じ方』岩波書店、2013年、13～15頁
13　同上論文、16～17頁
14　琉球政府立法院「尖閣列島の領土防衛に関する要請決議」（1970年8月31日）『季刊沖縄』56号、1971年、178頁
15　「尖閣領有の院決議の意義」『琉球新報』1972年3月6日（『季刊沖縄』63号、1972年）、230～231頁
16　井上清「沖縄差別とは何か」『解放教育』4号、1971年、12～13頁。琉球人研究者による「琉球併合」に関する研究としては、波平恒男『近代東アジアのなかの琉球併合――中華世界秩序から植民地帝国日本へ』岩波書店、2014年を参照されたい。近年、同書は、韓国や中国でも翻訳出版されており、東アジアの歴史的文脈のなかで琉球併合が議論され始めている。
17　同上論文、14～15頁
18　同上論文、16～17頁
19　同上論文、18頁
20　安里進「日琉同祖論と琉球人民の誇り」『沖縄月報』第6号、1974年、19～20頁
21　同上論文、20頁
22　同上論文、22～24頁
23　同上論文、25～26頁
24　宮良長起「民族・自決・独立（ノート①）」『沖縄月報』第7号、1975年、21頁
25　張海鵬・李国強「馬関条約と釣魚島問題を論じる(3)」『人民日報』2013年5月8日（「人民網日本語版」http://j.people.com.cn/94474/8237288.html、2013年5月9日）2020年2月27日確認
26　同上論文
27　「侵略定義未定論への安倍氏の弁解などについて」（『人民網日本語版』2013年5月10日、http://j.people.com.cn/94474/8239569.html）2020年2月27日確認
28　「琉球問題を掘り起こし、政府の立場変更の伏線を敷く」『環球時報』2013年5月12日（「人民網日本語版」2013年5月12日、htp://j.people.com.cn/94474/8240975.html）2020年2月27日確認
29　浅見真規「釣魚嶼（魚釣島）の軍事的価値の変遷」（『浅見真規 のLivedoor-blog』2017年2月9日、http://blog.livedoor.jp/masano-i_asami-board/）

２０２０年2月27日確認

30 西里喜行「中琉日関係史から見た尖閣諸島」沖縄大学地域研究所編『尖閣諸島と沖縄――時代に翻弄される島の歴史と自然』芙蓉書房出版、２０１３年、18頁

31 大田静男「凪の海をとりもどせ」中国戦略与管理研究会・北京大学歴史学系・北京市中日文化交流研究会編『第二届琉球・沖縄前沿学術問題国際研討会』北京大学歴史学系、２０１６年、328頁

32 沖縄県立博物館・美術館編『琉球・沖縄の地図展――時空を超えて沖縄がみえる』沖縄県立博物館・美術館、２０１７年、９頁

33 同上書、23頁

34 同上書、26頁

35 同上書、35頁

36 「尖閣列島年表」『季刊沖縄』56号、１９７１年、250頁

37 ストリームグラフ編『平成28年度　内閣官房委託調査　尖閣諸島に関する資料調査報告書』ストリームグラフ、２０１７年、９～10頁

38 三木健「八重山から見た尖閣問題」『うらそえ文藝』第16号、２０１１年、29～32頁

39 同上論文、34頁

40 石垣市『石垣市の宝尖閣諸島』石垣市、２０１５年、10頁

41 大浜信泉「尖閣列島特集号の発行にそえて」『季刊沖縄』56号、１９７１年、６～７頁

42 原貴美恵『サンフランシスコ平和条約の盲点――アジア太平洋地域の冷戦と「戦後未解決の諸問題」』渓水社、２００５年、271頁

43 同上書、275頁

44 同上書、274頁

45 同上書、290頁、300頁

46 矢吹晋『尖閣問題の核心――日中関係はどうなる』花伝社、２０１３年、49～50頁

47 同上書、52～53頁

48 本田善彦『台湾と尖閣ナショナリズム――中華民族主義の実像』岩波書店、２０１６年、147頁

49 同上書、132頁

50 Kanae Taijudo "Japan's Early Practice of International Law in Fixing Its Territorial Limits" 太壽堂鼎『領土帰属の国際法』東信堂、１９９８年、228頁

51 「民族自決権」についてレーニンは次のように述べている。「民族自決権は、政治上の意味での独立権、

抑圧民族から自由に政治的に分離する権利を、もっぱら意味するのである。具体的には、政治的民主主義のこの要求は、分離のための煽動をおこなう完全な自由を意味し、分離問題を、分離しようとしている民族の一般投票によって決定することを意味する」(17頁)。またレーニンは「併合(併呑)」について次のように指摘している。「併合は、民族の自決を破壊し、あるいはそうでなくても、民族的抑圧の一つの形態をなす」(144頁)。レーニンが指導したロシア社会民主労働党の全ロシア会議(1917年4月24日~29日)において、次のような「民族問題にかんする決議」が採択された。「ロシアを構成するすべての民族には、自由な分離と独立国家形成の権利がみとめられなければならない。こういう権利を否定し、この権利の実際上の実現性を保証する措置を講じなければ、それは、侵略政策または併合政策を支持するにひとしい。プロレタリアートが民族の分離権を承認することだけが、いろいろの民族の労働者の完全な連帯性を保証し、諸民族の真に民主主義的な接近を促進する。(中略)党は、広範な地方的自治、上からの監視の廃止、義務的国定語の廃止を要求し、地方住民自身が経済と生活の諸条件、住民の民族的構成等を考慮した結果をもとにして、自治をおこなう自律的な地域の境界を決定することを要求する」(180~181頁)ヴェ・イ・レーニン『帝国主義と民族・植民地問題』大月書店、1954年

あとがき

1963年、私は米軍統治下の琉球のなかの石垣島で生まれた。父親が琉球気象台の職員であり、島々での転勤が多かったこともあり、石垣島、南大東島、与那国島そして沖縄島で生活することができた。本書執筆の最大の動機は、私が生まれ育った石垣島と与那国島において軍事基地が建設され、「尖閣防衛」のために第二の沖縄戦が準備されていることに対する「民族の怒り」である。21世紀になってもなぜ、琉球は日本の「捨て石」にならなければならないのか。

私は経済学者であるが、これまで社会運動と結びつけるかたちで自らの学問を展開し、島嶼経済論、琉球独立論、植民地主義論等の分野に関する書籍を世に問うてきた。2007年にNPO法人「ゆいまーる琉球の自治」を設立して、久高島、西表島、石垣島、与那国島、宮古島、奄美大島、徳之島、沖永良部島、与論島、平安座島、久米島、伊江島、伊平屋島、座間味島、沖縄島において、島の課題や可能性を議論する「住民の集い」を年2回、開いてきた。この集いでは、開発問題、環境問題、経済問題、自衛隊基地問題、島での沖縄戦体験、尖閣問題、琉球と奄美との関係等について、島人と直接話しあってきた。現在、奄美大島、石垣島、宮古島、与那国島において自衛隊基地が建設されるようになったが、その背景には「島嶼防衛」を掲げる日本政府の国策がある。琉球列島における軍国主義化の淵源には、「無主地先占」という帝国主義的国際法に基づく日本尖閣領有論があり、本書では同論を徹底的に批判した。

私は多くの琉球列島の島で調査、社会活動をしてきたが、「日本固有の領土」であるはずの尖閣諸島には上陸することができなかった。これは大きな矛盾である。本書では、琉球と同じく、尖閣諸島も「日本固有の領土」ではないという仮説の検証を行った。尖閣諸島の領有化は、琉球併呑と類似の手法、過程で進められ、相互に関連させられながら、割譲、「返還」が実施された。現在、尖閣をめぐる日中間の領土紛争を理由にして、琉球の軍国主義化が強化され、その平和が大きく脅かされている。

世界の植民地は、民族自決権を土台にして「無主地先占」論をのりこえて、独立を獲得してきた。琉球の場合も、尖閣に対する「無主地先占」論を批判し、琉球と尖閣との脱植民地化を実現することで、琉球独立を展望することができると考えた。

日本による琉球の植民地支配の過程で発生したのが、琉球人遺骨盗掘事件である。日本帝国の政府、大学は、琉球の土地だけでなく、琉球人の遺骨をも詐取した。現在も日本の政府、大学は琉球併呑に対し謝罪、賠償せず、琉球人の遺骨も元の墓に戻さず、研究者によって見せ物にされている。

琉球民族遺骨返還請求訴訟では多くの方々にお世話になってきた。私をふくむ5人の原告団、丹羽雅雄弁護士を中心とする弁護団、琉球・関東・関西の支援団の皆様には、物心両面から大変励ましてもらい、心より感謝申し上げたい。同問題については、『琉球　奪われた骨――遺骨に刻まれた植民地主義』（岩波書店）、『大学による盗骨――研究利用され続ける琉球人・アイヌ遺骨』（耕文社）も合わせて読んで下さるとありがたい。本訴訟にかんするこれまでの活動については、ウェブサイト「琉球遺骨の返還を求めて」（https://ryukyuhenkan.wordpress.com/）で紹介されているので、ご覧下さり、本訴訟へのご理解、ご支援を心より御願いしたい。なお、本書の印税も琉球遺骨返還運動のために寄付させていただきたい。

本書の出版にあたっては、明石書店の安田伸さんがご理解して下さり、編集において黒田貴史さんのご尽力を頂戴した。心よりお礼申し上げたい。本書の内容に関しては、私が全責任を有している。本書は、学知の植民地主義、尖閣諸島の領有や琉球の独立、琉球人遺骨盗掘問題、教科書採択・検定問題、自衛隊基地建設問題、日本の現代的植民地主義や帝国主義等について分析した学術書である。その内容に関して、具体的、客観的、冷静な反論や意見を歓迎したい。対等な立場で議論して、琉球、日本、東アジアの平和をともに実現することができれば幸いである。

本書を執筆していたなか、２０２０年1月14日に私の父、寛がニライカナイに旅立った。父の息子であったおかげで、琉球で生まれ、島々で生活することができた。また上記のＮＰＯ法人の事務局長として「ゆいまーるの活動」に参加し、その運営を支えてくれた。私を琉球の島々で育て、東京の大学で学ばせてもらい、研究者になってからも私の研究や社会活動に対しても先頭に立って応援し、励ましてくれた。台湾・基隆で生まれ育った父も尖閣諸島に強い関心をもっていた。本書を父のマブイ（霊魂）に捧げさせていただきたい。

「あとがき」を書いている今、新型コロナウイルスという疫病が地球上で猛威をふるい、多くの人を不安のどん底に落としている。日本政府は、国民の命よりも、オリンピックの経済効果、日本独占資本の経済的利益、政府の財源確保等のカネを優先し、ＰＣＲ検査を抑制し、「アベノマスク」等の失策が続き、被害者が日々増加し、収束する気配がない。国や政治家は、権力を用いて誤った施策を推し進め、国民を犠牲にし続けても、自らの権力保持に余念がない。琉球は、沖縄戦、戦後の米軍統治、米軍基地問題等を通じて、日本政府の政策や方針に従っていたら、住民の命や生活が危機に追いやられるという歴史的経験をしてきた。政府を徹底的に批判し、その政策や方針を変えることによって、自らの命、生活、地域を守ることができる。本書は、日本政府の植民地主義、帝国主義、それらを学術的に正当化した学知の植民地主義に対する批判の書である。批判的研究や社会運動を通じて琉球の脱植民地化、独立、平和を実現したいとの想いを、コロナが猛威を振るうなかで改めて強く感じた。

２０２０年５月

松島泰勝

索　引

か行

さ行

た行

な行

は行

ま行

や行

ら行

わ行

〈著者紹介〉
松島泰勝（まつしま・やすかつ）
龍谷大学経済学部教授。専門は、島嶼経済論。
主な著作
『琉球　奪われた骨――遺骨に刻まれた植民地主義』（岩波書店、2018年）、『琉球独立宣言――実現可能な五つの方法』（講談社文庫、2015年）、『琉球独立への道――植民地主義に抗う琉球ナショナリズム』（法律文化社、2012年）

帝国の島――琉球・尖閣に対する植民地主義と闘う

2020年7月31日　初版　第1刷発行

著　者	松　島　泰　勝
発行者	大　江　道　雅
発行所	株式会社 明石書店

〒101-0021 東京都千代田区外神田6-9-5
電話 03（5818）1171
FAX 03（5818）1174
振替　00100-7-24505
http://www.akashi.co.jp/

装丁	明石書店デザイン室
印刷	株式会社 文化カラー印刷
製本	協栄製本株式会社

（定価はカバーに表示してあります）　ISBN978-4-7503-5042-4